BVT

W0177060

Die lang erwarteten Erinnerungen des bekannten Mediävisten und Wagner-Kenners Peter Wapnewski liegen nun erstmals in einem Band vor. Geboren in der Weimarer Republik und aufgewachsen unterm Hakenkreuz, kommt Wapnewski 1942 als Panzerfahrer an die Ostfront, wo ihn ein Granattreffer das linke Auge kostet. Er erfährt die Schrecken des Bombenkrieges in Berlin, wird denunziert und vom Kriegsgericht angeklagt. In Hamburg erlebt er das Kriegsende, die Hungerwinter und den mühsamen Neuanfang einer Universität, die bald zum Ausgangspunkt seiner eigenen wissenschaftlichen Karriere wird. Im zweiten Teil berichtet Wapnewski von seiner Rückkehr aus Harvard und seiner akademischen Laufbahn im Deutschland der Wirtschaftswunderjahre. Der Wechsel an die Freie Universität Berlin führt ihn ins Zentrum der studentischen Revolte von 1968. Seine Zugehörigkeit zur Gruppe 47 macht ihn zum intimen Kenner der literarischen Szene, deren wichtigste Protagonisten wie Günter Grass, Uwe Johnson und Marcel Reich-Ranicki er in einfühlsamen Porträts schildert. Und so erweist sich Peter Wapnewski mit seinen sprachmächtigen Erinnerungen erneut als glänzender Erzähler.

Peter Wapnewski, Jahrgang 1922, ist Professor der mediävistischen Germanistik (emer.) und Gründungsrektor des Wissenschaftskollegs zu Berlin, Autor von Büchern und Aufsätzen zur deutschen Dichtung des Mittelalters, zur Literatur und Kultur des 19. und 20. Jahrhunderts und zu Richard Wagner. Im Berlin Verlag erschienen *Tristan der Held Richard Wagners* und *Der traurige Gott* (beide 2001).

Peter Wapnewski

Mit dem anderen Auge

Erinnerungen 1922–2000

Vollständige, vom Autor überarbeitete
und mit neuem Vorwort
versehene Taschenbuchausgabe

Berliner Taschenbuch Verlag

FSC

Mix

Produktgruppe aus vorbildlich
bewirtschafteten Wäldern und
anderen kontrollierten Herkünften

Zert.-Nr. GFA-COC-1223
www.fsc.org
© 1996 Forest Stewardship Council

November 2007 | BvT Berliner Taschenbuch Verlags GmbH,
Berlin | Mit dem anderen Auge. Erinnerungen 1922–1959
© 2005 Berlin Verlag GmbH, Berlin | Mit dem anderen Auge.
Erinnerungen 1959–2000 © 2006 Berlin Verlag GmbH, Berlin |
Umschlaggestaltung: Rothfos & Gabler, Hamburg, unter Ver-
wendung einer Fotografie von © AKG Images/Bruni Meya
sowie einer Fotografie von © Digene M. Marcovicz| Gesetzt
aus der Stempel Garamond durch psb, Berlin | Druck und
Bindung: Clausen & Bosse, Leck | Printed in Germany |
ISBN 978-3-8333-0478-1 | www.berlinverlage.de

ODIN: Nordgerman. Name des germanischen Göttervaters Wotan. Trank laut Snorris »Edda« (um 1220) Weisheit aus dem Brunnen des Riesen Mimir und musste diesem als Pfand sein eines Auge geben. (Aus einer Handschrift des 18. Jh.s)

Wir sind die Letzten.
Fragt uns aus.
Wir sind zuständig.

Hans Sahl, 1973

Inhalt

2. Teil 1959–2000

Ein drittes Vorwort

Wer am Wege baut, hat viele Meister, – mit dieser Berufung auf die Weisheit der Volksseele, die er so dringlich erforschte, eröffnete Jacob Grimm 1852 sein großes Unternehmen des deutschen Wörterbuchs. Der sehr viel bescheideneren Dimensionen eingedenk, wird auch der Autobiograph sich berufen können auf diese Erfahrung. Denn er ist der Registrator seiner Gegenwart, – und diese Gegenwart besteht aus seinen Zeitgenossen. Deren jeder sich berechtigt fühlt und auch berechtigt ist, als kritisch Wissender, auch besser Wissender sein Urteil abzugeben.

Wozu er umso eher neigen wird, als er den Anteil der Anmaßung spürt, der in unterschiedlichem Grade der Deutlichkeit das Unternehmen befördert haben mag. Denn sehr genau muß der Autor seiner selbst die Balance zu wahren bedacht sein zwischen dem Anspruch, der ihn zur Darstellung des Seinen in seiner Zeit ermächtigt, und der Pflicht, sich hintergründig zu bescheiden und als redlicher Registrator die Dinge darzustellen die sind, wie sie sind. Sich selbst lediglich als Mittler verstehend und dieser Aufgabe in umso höherem Maße gerecht werdend, als die Konturen seiner Person sich auflösen und verblassen.

Allemal macht die Fülle der sich in unseren Tagen andrängenden Lebensdarstellungen es ratsam, über die Ursache dieser sich endemisch ausbreitenden Selbstdarstellungslust seine Gedanken zu machen. Ihr Herbst nötigt offenbar die Patriarchen (darunter auch mich), zu reden von dem, was sie als den Sommer oder Frühling ihrer Welt mögen verstanden haben.

Solches – und anderes auch – hat zu bedenken, wer seine bisher erschienenen zwei autobiographischen Bände zusammenlegt, um sie ein weiteres Mal der wohlwollenden Aufmerksamkeit der Leser anheim zu geben. Das legt dem Autor die angenehme Verpflichtung auf zu bekennen, was er lernen durfte aus den ihm gewidmeten Rezensionen und Kritiken. Jedenfalls hat man ihn ernst genommen und ihm williges Verstehen nicht vorenthalten. Es nimmt jedoch unter den mit kritischem Vorbehalt sich äußernden Stimmen ein bestimmter Einwand den ersten Rang ein: Nämlich die tadelnde Klage des Missvergnügens an der strikten Zurückhaltung des privaten Autors und seiner mangelnden Bereitschaft, das individuelle Fühlen und Denken und Erfahren preiszugeben. (Solcher Tadel ging sogar so weit zu bemängeln, dass von der ersten Ehefrau des Verfassers die berichtende Rede nicht ist.)

Es ist dieser grundsätzliche Einwand so verständlich wie er gewichtlos ist. Denn er kündigt die Übereinstimmung mit dem Konzept des Verfassers. Der ja starrsinnig danach strebte, sich nicht im Scheine frommer Selbstzufriedenheit zum eigentlichen Gegenstand der Aufmerksamkeit zu machen, sondern bemüht war, sein Ich als freundliche Gleichgültigkeit einzuebnen in die tektonischen Verwerfungen seiner Zeit. Der Zeit, die sich im Wüten des Selbstvernichtungswahnes preisgab an das Reich der Dämonen und seiner Macht und sich sinnberaubt die endlich zerstörenden Schläge zufügte, – bis ihre Welt »doch nunmehr ganz ja mehr denn ganz verheeret« war. Die anklagend klagende Verzweiflungsgeste des Andreas Gryphius erinnert uns zu jeglicher Zeit daran, dass der monströse Moloch ›Geschichte‹ sich uns nicht darstellt als gelegentliche Abweichung vom Kontinuum des ›Normalen‹, sondern die große Folterkammer ist, darin der Menschheit ihr Glücksstreben ausgetrieben wird. Erfahrend, dass in ihrer Chronik die Phasen des Glücks leere Blätter bleiben.

»Auch einer« ist da der Einzelne, und hat doch immer wieder – wie die frühen Selbstbekundungen der Alten zeigen – das Bedürfnis, den Überlebenden und den Späteren das Erfahrene und nie ganz Begriffene weiterzugeben. Denn es unterliegt der Mensch, ihm ist nicht zu helfen, dem Diktat der *Spes contra spem*, in einem letzten Winkel seines Herzens die absurde Hoffnung hegend auf Besserung seines Geschlechtes im grausamen Klärungsprozeß der Geschehnisse. So deutlich ihm auch bewusst ist, dass dieses Geschlecht bleibt wie es ist und noch allzu milde davonkommt im Vergleich mit dem Wolfswesen. *Habet mundus iste noctes suas*, so weiß es der Wissende, und setzt resignierend hinzu: *... et non paucas.*

Es sind das die unendlichen Nächte, in denen der Schlaf der Vernunft hilflos ausgesetzt ist den wütigen Monstern, die er gezeugt hat.

Deren Atem auch ich verspürt habe, und nicht nur in einer Nacht. Wozu hier nicht mehr zu sagen war. Unter den weiteren das Fehlende kritisch bemängelnden Einwänden sei auch der Vorwurf erwähnt, dass ich versäumt habe, den Stoff darzustellen und die ihm zugewandte Methode, wie sie der große Gegenstand meiner lehrenden und forschenden Tätigkeit waren. Es ist wahr, ich war sehr wohl versucht, in diesem Bericht Kunde zu geben von den im Rachewahn verblutenden Nibelungen und von der tödlichen Lebensliebe Tristans und Isoldens und von des lichten Parzival Suche nach dem Wunderreich der großen Illusion und von der Pfingstherrlichkeit des Königs Artus und von dem fragilen Kunstwerk der sich lyrisch darbietenden Höfischen Liebe – indessen, all dies und mehr hab ich andernorts versucht auf seine Weise darzustellen nach bestem Vermögen, – und diese Weise war nicht die der ichverhafteten und doch abgelösten Schilderung von Zeiten und Räumen.

Auch von der Sprache bleibt noch ein Wort zu reden. Ich habe auf jegliche Weise versucht, sie zu erziehen, bis mir/ihr die optimale *Adaequatio ad rem* gelang: das Wort, das aufgeht in dem von ihm Gesagten. Man hat ihr einen gelegentlich altmodischen Ductus und eine gewisse Manieriertheit zum Vorwurf gemacht. Nun ist sie also gefordert, sich erneut zu behaupten.

Schließlich gilt mein Dank allen Lesern, die meinen Bericht freundlich angenommen und weitergedacht haben. Und viel Grund habe ich, der antwortenden Kritik dankbar zu sein: Unter den vielen Stimmen erwähne ich eigens in der Verpflichtung der ihnen zu dankenden Ermutigung und Begünstigung Fritz J. Raddatz und Hans Martin Gauger, Tilman Krause und Hermann Rudolph.

Dieses dritte Vorwort schließt mit dem Dank an die Verlegerin und ihren Verlag und seinen Mitarbeitern, hoffend, dass die Konzentration zweier Bände in einen und leicht handhabbaren sich als förderlich und der Absicht des Unternehmens angemessen erweist.

Berlin, im August 2007
P. W.

1. Teil
1922–1959

ALLER ANFANG

K iel, Bartelsallee 8. Siebter September 1922, abends
halb sieben. Eine häusliche Geburt, im Haus des
Vaters der jungen Mutter, Zimmer im ersten Stock,
der Balkon verdeckt vom Kirschbaum, aus dessen
Ästen das Neugeborene in späteren Tagen das offene
Fenster erklettern wird. Der Großvater Ernst Hennings, Rechtsanwalt, Respektsperson ganz und gar,
und Kindern in friedlicher Distanz eher abhold. Viel
Musik im Haus, denn Elvira, die Großmutter, war
eine brillante Pianistin, der man Konzertreife beschei-
nigte. Aber der Weg zum öffentlichen Auftritt war ihr
verwehrt, so wollte es die bürgerliche Konvention.
Holsteiner alle beide, er, der Sohn des Apothekers
und zweiten Bürgermeisters der Stadt Husum (der
nachbarlich befreundet war mit Theodor Storm). Sie,
Elvira, die Tochter des Provinzial-Baurates Matthie-
sen, der verantwortlich war für die Regulierung der
Gewässer im Holsteinischen. Mit glückverheißendem
Stammbaum: Auf der Insel Föhr kann man heute
noch südlich der Kirche St. Laurentii (in Süderende)
den Grabstein bestaunen, der dem Kommandeur und
Walfänger *Matthias*, gestorben 1706, nachruft, dass er
in grönländischen Gewässern INCREDIBILI SUC-

CESSU 373 BALENAS, Walfische also, harpuniert habe. Was ihm, so weiter in Latein gehauen, »nach Aller Urteil den Beinamen FELICIS, des Glücklichen« eintrug. Das Wappen des glücklichen Matthias mit dem fontänespeienden Wal prägt den Siegelring der Familie Hennings.

Dem Wappen hingegen der Familie Wapnewski misstraute ich und hielt es mit seinem Baum- und Kreuzemblem für gefälscht. Großvater Maximilian, in Danzig geboren und verantwortlich für den polnisch klingenden Namen, war Verwaltungsoffizier der großkaiserlichen Marine, verabschiedet im Range eines Korvettenkapitäns. Viel musikalische Klänge auch in dieser Familie, Klavier und Gesang unter den Kindern. Der Erste Weltkrieg sorgte gleichwohl dafür, dass mein Vater Harald sich traditionsgemäß zum Dienst in der Marine meldete und sein erstes Leben abschloss im Juni 1919, als er als Kommandant sein Torpedoboot in Scapa Flow versenkte, wie das Gesetz es befahl. Seine Versuche, im zivilen Leben Fuß zu fassen mit bürgerlicher Tätigkeit, waren nicht eben vom Glück begünstigt, er bewährte sich flüchtig in künstlerischen wie kaufmännischen Berufen, heiratete 1921 die Tochter Gertrud des Dr. Ernst Hennings und starb sieben Jahre später im Alter von 32 Jahren, seiner Witwe zwei Kinder hinterlassend. Eines davon, (Hans) Peter, war ich; neben mir, zwei Jahre jünger, die Schwester Marianne.

Meine Mutter, eine von drei Töchtern, schlug aus der Art. Sie verließ die Höhere Töchterschule von

Frau Kraus vor dem Abitur und wandte sich mit Passion dem Beruf der Schauspielerin zu. Nicht eben ermutigt, aber auch nicht gehindert durch ihre Eltern und zu früh bewunderter lokaler Größe aufwachsend. So spielte sie denn mit 19 und 20 Jahren schon an den Städtischen Bühnen der Heimatstadt Kiel ihre großen Rollen: die Iphigenie, die (Klara) Maria Magdalena, die Maria Stuart, die Antigone. Höhen, die sie später nie mehr erreicht hat, als sie in die Rollenfächer der Salondame oder der mütterlichen Figur hinüberglitt. Doch erinnere ich mich, dass ich, wohl als Zwölfjähriger, sie in Hebbels *Nibelungen* sah, wo sie die Brünhild spielte und abtrat mit einem fürchterlichen »Rache!«-Ruf. Drei Mal, jedes Mal lauter hallend, und den Sohn genierte das sehr.

Kinderspiele, Jugendzeit. Nicht so unbeschwert, wie das sentimentale Klischee will, aber auch nicht sonderlich mühsam. Der Kindergarten bei Tante Anna oder Tante Elisabeth, dazu viel Umgang mit den Dienstmädchen im großväterlichen Haus. Die Autobiographien aus großen Häusern machen deutlich, wie bestimmend der Einfluss des »Personals« auf das heranwachsende Kind ist. Was in den höheren Kreisen für den Einfluss von Erziehern, Hauslehrern und Ammen gilt, schlägt sich auch in beschränkteren Verhältnissen nieder. Erziehung durch Dienstmädchen.

Wie oft habe ich, auf dem Bauch liegend oder in einer Ecke hockend, in der Küche oder Vorratskammer Bilder angeschaut oder plappermündigen Geschichten gelauscht; und von Annie, die einst in Italien gedient hatte, lernte ich das Lied der jungen Fascisten, noch bevor ich ahnte, dass es ähnlich auch bei uns tönen würde: »Giovinezza, Giovinezza …!« Auch die erotischen Anekdoten, in Schlüsselworten ausgetauscht zwischen Maria und Martha, blieben, wiewohl im Kern unverstanden, zäh und unruhstiftend haften.

Diese Dienst-Mädchen hatten nicht eben das, was man ein leichtes Leben nennen könnte. Ich erinnere, dass sie jeden zweiten Sonntag »frei« hatten – und entsprechend in der alternierenden Woche am Mittwoch Nachmittag. Und wollten sie abends noch einmal das Haus verlassen, bedurfte es der Erlaubnis der Hausfrau (die nie anders als »gnä' Frau« angeredet wurde). Ich vermute, auch aus pädagogisch-juristischen Motiven, die »Herrschaft« rangierte zumindest bei noch nicht 21-jährigen Angestellten *loco parentis*.

Die Verfügung über Personal erweckt den Eindruck von materieller Üppigkeit. Soweit aber ich diese Zustände miterlebt habe, vertrugen sie sich sehr wohl mit einer Haltung der präzisen Sparsamkeit. In einem der bestausgestatteten Häuser Kiels erlebte ich, dass zu jeder Mahlzeit der Hausherr zur Rotweinflasche griff, – seine Frau und die erwachsenen Kinder hielten sich hingegen an Tee. Von meinem Großvater wusste seine Tochter, meine Mutter, zu berichten, dass er, zufällig des Tabletts mit dem Abendbrot für die drei Kinder gewahr werdend, das Kindermädchen zurechtwies. »Eine Hälfte genügt!« Das meinte: Jede

Brotscheibe sollte, nur zur Hälfte belegt, zusammengeklappt werden …

Man verstehe das nicht falsch: Diese bürgerliche Gesellschaft erachtete Sparsamkeit nicht als ein ökonomisches Prinzip, sondern als ein sittliches. Und so gab es das Frühstücksei auch nur am Sonntag. Ein Taxi zu benutzen galt als verschwenderische Vermessenheit, die Straßenbahn tat es auch.

Ich habe »die Elektrische« noch mit offenem Perron an Wagenspitze und -ende erlebt. Wie auch den offenen Oberstock des (Berliner) Autobusses. Ich sage *Perron* – und mir fällt darüber ein, dass wir auch *Coupé* sagten und natürlich *Billet* und *Trottoir*. Auch wohl *Cache-nez* und *Etui*, und wenn wir mit dem *Cousin* Karten spielten, dann hießen die Farben *Cœur*, *Pique*, *Caro* und *Treff* (frz. *trèfle* = Klee), und der Glückliche hatte ein *à tout* in der Hand, als »Trumpf«.

Was den erwähnten Großvater mütterlicherseits angeht, so habe ich ihn übrigens nie eine laute Tonart, geschweige denn einen Fluch benutzen hören. Der andere Großvater hingegen, seemännischer Tradition eingedenk, konnte sich zu einem von ihm als vernichtend erachteten Fluch ereifern. Die schärfste aller ihm vertrauten Versionen lautete: »Potz Blitz noch Eins!« Daran habe ich gelegentlich gedacht, wenn ich in Reih und Glied stehend dem Gebrüll des Hauptfeldwebels der 5. Kompanie ausgesetzt war, sein Fluchen tönte grell wider, zurückgeworfen von den Kasernenwänden: »Gottverfluchte Hurenscheiße!« Da schieden sich Herkunft und Zeiten. Also Welten.

Die Eisenbahn – wieder ein liebes altes Wort – bot damals drei Klassen an. In der dritten, der Holzklasse, reiste man dann am bequemsten, wenn man sich das *Coupé* – also Abteil – »Für Reisende mit Traglasten« aussuchte. Und nach dem ersten Halt seinen Reiseproviant auswickelte aus dem Butterbrotpapier: Das waren die »Hasenbrote«. Den Speisewagen des D-Zugs aufzusuchen galt als Luxus, wenn nicht Snobismus.

Hatte man eine Fahrt in einen Kurort gebucht, so konnte man nach der Ankunft vor dem Bahnhofsportal die lange Front adrett uniformierter Hausdiener abschreiten, streng geordnet gemäß der Hierarchie der Hotels. Das begann in Westerland mit dem Diener des »Miramar« und endete nach etwa 20 Positionen mit irgendeiner »Villa Meeresblick« oder »Haus Frieda«.

Farben und Töne der Kinderzeit: Die Briefkästen waren blau, und durch die Straßen hallte in Kiel am frühen Vormittag von den zweirädrigen Fischkarren aus der Ruf »Hookrabb! Frische Hookrabb!«, und das meinte die frischen Krabben. Diesem Ausruf folgte wie ein kleiner Paukenschlag das einsilbige »Bütt!«. Der Mann hatte also auch noch Butt, das heißt Schollen dabei, die Kiemen der nach Luft ringenden Tiere klappten zwanghaft auf und zu, und es waren ausgerechnet die Nazis, die hier Erbarmen walten ließen und den Verkauf noch lebender Fische verboten.

Der Polizist schritt behelmt und gravitätisch durch sein Revier, er hieß »Schutzmann«, das klingt anheimelnd und Ruhe garantierend, und niemand ahnte, dass seinesgleichen einstmals über die Zwischenstufe »Polente« im Polit-Jargon zu »Bullen« degradiert werden würde, – eine schäbig beleidigende Form. Die Post wurde zwei Mal am Tag geliefert, und sie kam sogar sonntags. Es gab großstädtische Zeitungen, die der Neugier täglich drei Ausgaben schenkten, und das Telephonieren war in der nur zögernd sich technischen Neuerungen aufschließenden, etwas abseitigen Stadt Kiel noch ein menschenstimmlicher Akt. Bis zu meinem Fortgang 1941 kannte der Apparat keine Wählscheibe. Man hob den Hörer ab, wartete auf die weibliche Stimme »Hier Amt!«, dann sagte man die eigene Nummer »Siebenunddreißignullvier« (unsere Nummer) und weiter »Bitte Dreizehnelf …«. Folgte die Gegenstimme: »Bitte warten!« Bleibt hinzuzufügen, dass das Warten gelegentlich auf harte Proben gestellt wurde.

Ferngespräche aber waren ein so seltenes wie kostspieliges Abenteuer, die Dauer der Verbindungsherstellung konnte reduziert werden, wenn man zu erhöhtem Tarif den Ruf als »Dringend!« anmeldete oder gar als »Blitzgespräch« (zehnfache Gebühr).

Wenn die Dämmerung hereinbrach, kam auf seinem Fahrrad der Laternenanzünder, mittels einer langen Stange ließ er das Gaslicht aufflammen, – das er des Morgens wieder löschte.

Unsere Kleidung: In Kiel dominierte in den Kinderjahren der Matrosenanzug, den es in drei Varianten gab: Mit der Bluse in Blau (wollen), mit der Bluse in blau-weißen Streifen (baumwollen) und ganz in

Weiß, – das war der verhasste Sonntagsanzug, und den Begriff gab es wirklich. Das Problem waren nicht die Blusen und die kurzen blauen Hosen. Das Problem war der Schlips, der im Nacken zugebunden, vor der Brust aber als Knoten mit einer weißen Schleife befestigt werden musste. Das weiße Band blieb nicht lange weiß und glatt, sondern verkrumpelte grau.

Wir Jungen trugen kurze Hosen, bevor die so genannten Skihosen aufkamen, die später auch zur HJ-Uniform gehören konnten. Dazu Kniestrümpfe, – und hier war der winterliche Streit mit den Eltern garantiert. Denn nie und nimmer wagte man sich mit langen Strümpfen in die Schule und Welt, wurde aber bei Frosttemperaturen sie anzuziehen genötigt. Und kaum hatte man das Haus verlassen, rollte man sie unter den Knien zusammen, – und erlitt nie einen Erkältungsschaden. Wenn es aber einmal des Arztes bedurfte, so kam er als Hausarzt ins Haus, er hieß Doktor Nebendahl (und wir Kinder liebten ihn), saß an unserm Bett und nahm zurückhaltend, aber gern die angebotenen nahrhaften Kleinigkeiten an, und neue Seife und frische Handtücher waren für ihn bereitgelegt. Eines Tages probierte er, von uns bedrängt, eine merkwürdige Sorte von Brot, biss zögernd in die Knisterscheibe hinein: Es handelte sich um Knäckebrot, das ich – etwa 1930 – aus dem weltstädtischen Hamburg mitgebracht hatte.

Eis war damals wie heute beliebteste Kinderspeise. Durch die Straßen zog im Sommer der kleine zweirädrige Karren, für 5 Pfennig gab es Erdbeer oder

Vanille oder Schokolade in der Tüte, für 10 Pfennig das Gleiche zwischen zwei Waffelscheiben. Nach der Schule zogen wir in großen Scharen zu Eis-Meier oder Eis-Weise am Lehmberg, die in reinster kapitalistischer Manier vom Konkurrenzprinzip lebten, Haus an Haus, und für 5 Pfennig sogar die Chance boten, ihre Produkte am Tischlein sitzend aus dem Glas zu löffeln. Für Snobs, versteht sich, gab es auch Sahneeis, und das kostete ein Mehrfaches.

Hier sei meines Freundes Gerd Laage gedacht, dem die Eltern täglich einen Groschen mitgaben, damit er sich in der großen Schulpause stärkte mittels des Kakao-Trunks, den der Hausmeister feilbot. Laage jedoch sparte sich die Labung und teilte das Geld und lud mich zum Eis ein. Die misstrauischen Eltern aber hatten den älteren Bruder, zwei Klassen über uns, beauftragt zur Kontrolle, – und so ließ er sich vom jüngeren die Hauchprobe liefern, die nach Kakao schmecken musste. Das ging nicht gut aus. Im Winter aber kauften wir »Kuchenabfall«, zwei Tüten zu je 5 Pfennig. Gerd Laage war mir überlegen als Sportler wie als Weltmann, er und der flotte Heinz Pörksen kannten sich aus in jener Musik, die so etwas wie ein bewusst gegenläufiger Ton war, klingend wider die Marschgesänge der »neuen Zeit«. Wir hielten das lockend Fremde für »Jazz«.

STRASSENKINDER

Damals, in den späten zwanziger, den frühen dreißiger Jahren, spielten wir Kinder mit Vorliebe auf der Straße. Auch wenn das Haus einen Vor-, einen Hintergarten hatte: Die Straße war das eigentliche Leben. Nun muss man wissen, dass »Straßenkinder« ein eigentümlicher Begriff war, mit ihm verband sich die Vorstellung von etwas Bösem, Gefahrbringendem, sie mochten verderblichen Einfluss ausüben auf die behüteten Lieblinge der bürgerlichen Familien. Mit denen also war kein Umgang, und sie wohnten ja auch weit weg. Wohl aber suchten auch wir auf der Straße unser Glück, man sprach ein fremdes Kind gleichen Alters an, – so wie ich, damals noch in Bremen (wo wir zeitweilig wohnten), Georg-Gröning-Straße nahe dem Richard-Strauß-Platz, eines Tages ein Mädchen namens Ina fragte: »Willst du mit mir spielen?« Sie wollte. »Vater-Mutter-Kind« zum Beispiel, die Eltern waren fünf oder vier, die Rolle des Kindes kam Marianne zu, meiner zwei Jahre jüngeren Schwester, sie fand sich greinend damit ab, in den Puppenwagen gepresst zu werden, nachdem sie doch grad laufen gelernt hatte.

Es muss der anderen Spiele gedacht werden, bevor

ihre Regeln und ihr Geist vergessen, bevor die ihnen dienenden Geräte nur noch Ausstellungsstücke sind im Volkskunde-Museum. Man trieb mit der Peitsche den Kreisel über das steinglatte Trottoir. Ihm zur Seite der imposantere Bruder, mechanisch aufgezogen: der Brummkreisel. Man fuhr die Straße entlang (und möglichst bergab) mit dem Roller, der heute wunderlicherweise nach zwei Generationen seine Wiederkehr erlebt, – allerdings nicht mehr als Kinderspielzeug, sondern als smartes Gerät für smarte Jungmänner. Die höher entwickelte und feinere Version war dann der Tretroller, man stieß sich nicht mehr vom Boden ab, sondern stand auf dem Brett, das gemäß der Verlagerung des Körpergewichts auf und ab wippte und auf diese Weise über eine gezahnte Stange das Hinterrad antrieb. Als komfortabler durfte der »Holländer« gelten, vierrädrig, man saß und steuerte die Vorderräder mit den Füßen und bewegte mit den Händen einen Knüppel vor und zurück, auf solche Weise den Antrieb über das Hinterradpaar besorgend. Der Ball war kein Fußball und diente auch nicht als solcher, er war bunt und man »köppte«, wie es auf gut Plattdeutsch heißt, also spielte ihn vom Kopf zum Kopf. Die Mädchen brillierten in raffinierteren Spielen, nach ausgeklügelten Regeln ihren Ball auf anmutige Weise von der Hausmauer als Partnerin auffangend. Oder sie übten sich im Seilhüpfen, als Solistin oder zu dritt: Zwei hielten und schwangen es, die Dritte sprang in der Mitte. Auch gab es den bunten großen Reifen, den Spielenden an Körpergröße fast gleich, man trieb ihn mit einem Stock den Weg entlang, keuchend mit ihm Schritt haltend.

Schließlich das Spiel mit den kleinen bunten Kugeln, manche von ihnen durchsichtig und aus Glas: »Picker« hießen sie in Kiel, und Murmeln oder Marmeln (da einst aus Marmorstein geformt) war ihr offizieller Name. Sie mussten geworfen werden und irgendwann eine Grube treffen, – eine Art miniaturisierter Vorform von *Boule* oder *Boccia*.

Wir fanden uns auch zusammen zu Gruppenspielen, »Verstecken« mit Anschlagen; oder »Mutter, Mutter, wie weit darf ich ...«, da musste man zusehen, als Erster oder Letzter irgendwo anzukommen am markierten Ziele. Auch bildeten wir, einander gegenüber postiert, einen Gang, streckten die Arme hoch, und dann musste einer, vom Ende her beginnend, durchgehen oder -kriechen, und dazu sangen wir: »Wir wolln eine goldene Brücke baun, wer hat sie denn zerbrochen, der Goldschmied, der Goldschmied, mit seiner jüngsten Tochter. Kommet alle durch, alle durch, den Letzten wolln wir fangen, mit Spießen und mit Stangen ...« Geheimnisvolle Verse, deren Sinn wir nicht nachfragten und in denen die Melancholie des Volksliedes webt. Oder es ritzten die Mädchen Linien in die Erde und zogen Quadrate und hüpften dann auf einem oder beiden Beinen nach kompliziertem Muster vor oder zurück oder seitwärts, es hatte zu tun mit »Himmel und Hölle«.

Im Winter fertigten wir uns, was man anderwärts wohl eine »Glitsche« nannte, bei uns hieß sie eine

»Hacker«: Gefrorene Pfützen wurden, indem man mit den Schuhsohlen über sie hackerte, also glitt, zu einer immer längeren Bahn gedehnt, und nach wildem Anlauf schoss man weit über sie hin …

Unsere Wohnung in Kiels Norden grenzte an das Düsternbrooker Gehölz, ein Terrain für Spiele jungenhafter Art. Das eine war das übliche Knabenvergnügen im Indianer- und Trapper-Gewand oder, ohne Verkleidung, Räuber und Gendarm. Das andere war subtiler und frivoler, es hieß »Liebespaare belauern«. Liebespaare hatten es damals nicht leicht, sie konnten sich noch nicht ins Auto flüchten, geschweige denn in die Privatheit eines Zimmers. Da blieb nur im Dämmer die Parkbank. Wenn wir sie belauerten, dann war schwerlich so etwas wie gieriges Voyeurtum im Spiel, eher reizte uns das indianerhafte Anschleichen und die böse Lust am Stören und Irritieren, – möglicherweise aber war da auch schon die Ahnung, ein kleines Stück dessen zu entdecken, was uns später als erotisches Geheimnis noch hinreichend beunruhigen sollte.

Als wir noch in Bremen wohnten, ich fünf Jahre alt war, riss mich ein merkwürdig schockhaftes Erlebnis aus dieser Kinderspielwelt. Ich hatte meiner Freundin Ina gelegentlich in einem der Kriegsbücher der väterlichen Bibliothek das Porträt eines Soldatenhelden (es war Gneisenau) gezeigt, stattlich-stolz und romantisch lockig das Haupt und die Brust ordenbestückt. Ich bedeutete Ina, so werde ich eines Tages aussehen, und ob sie mich dann heiraten wolle. Sie sagte Ja. Das Idyll nahm ein herbes Ende, dafür sorgte das Leben als Ordnungsinstanz. Ich ging wie so oft eines Morgens zum Haus gegenüber, klingelte und fragte, ob Ina zum Spielen komme. Da war es plötzlich vorbei mit dem Spiel: Ina, beschied man mich, Ina sei in der Schule. Wir hatten bei unsern Heiratsplänen nicht beachtet, dass die Braut ein Jahr älter war als der Mann.

Die Phase aber, die man romantisch die Jünglingszeit nennt, wurde uns von Hitler genommen. Keine Hausbälle wie einst, keine »Fêten«, keine verschwärmten Ausflüge in Wald und Au. Statt der Buntheit phantasiebeflügelter Knabenträume nun die Monochromie: Die Welt wurde braun.

SIEBENTE KNABEN VOLKSSCHULE

Siebente Knaben Volksschule, Hardenbergstraße. Immerhin ein Fußweg von fast einer halben Stunde, ich fürchtete anfangs, ihn zu verfehlen, mein Ortssinn war (und blieb) schwach. Eine preußische Gegend, die angrenzenden Straßen hießen nach Gneisenau und Yorck und man kreuzte den Blücherplatz. Zwei Mal in der Woche war da Markt, und nach Schulschluss sammelten wir uns vor dem einzigen Süßigkeitenstand, immer in der Hoffnung auf ein Bonbon oder eine Lutschstange. Vergeblich, Herr Detjen wusste, was geschehen wäre, hätte er nachgegeben: Er wäre uns nie mehr losgeworden.

Der Klassenlehrer der beiden ersten Jahre war Herr Jensen, ein Mann von simpler Schlichtheit, und seine Belehrungen kamen aus ohne Stock. Dafür pflegte er seine Nägel mit einem Taschenmesser. Ihm folgte Herr Lorenzen, er sang uns viele Lieder vor mit brüchiger Stimme, ähnlich wie sie klang seine Geige. Seine Choräle haben mich ein Leben lang begleitet: *O dass ich tausend Zungen hätte* war mir der liebste. Sodann *Wenn mit grimm'gem Unverstand / Wellen uns umtosen ...* oder *O Gott, Du frommer Gott, Du Grundquell aller Güte ...*

Eine den Lehrer auf die willkommenste Weise entlastende Stunde war die der Schönschreibübung. Da konnte er seinen eigenen Wegen nachgehen, wir aber kritzelten Seite um Seite voll mit zierlich gekringelten Buchstaben und Texten wie *Zypressenholz ist sehr geschätzt* oder *Prüfet alles, das Beste behaltet* oder *Droben stehet die Kapelle*. Oder die tiefste aller sittlich-anthropologischen Weisheiten, deren Wahrheitsgehalt mir freilich erst später, dafür aber häufig aufgehen sollte, sich beharrlich bewährend: Das Paulinische Mahnwort *Geiz ist die Wurzel allen Übels*.

Herr Lorenzen liebte es, die jeweils letzte Stunde des vormittäglichen Unterrichts zur Wanderstunde zu erklären. Es fiel auf, dass er uns konsequent den Hohenzollernpark genießen ließ, von wo aus er uns dann mit guten Wünschen für die Mittagsmahlzeit nach Hause schickte. Wir, die wir weit weg im Kieler Norden wohnten, liebten diese Wege nicht, aber man muss Herrn Lorenzen verstehen, denn er wohnte am Hohenzollernpark.

Der Religionsunterricht war Herrn Micheelsen anvertraut. Zum Zwecke nachhaltiger Wirkung unterstützte er seine pädagogisch-religiösen Unterweisungen mit dem ausschweifend geschwungenen Rohrstock. Den Takt der schmerzenden Schläge begleitete er skandierend mit dem Imperativ: »Hau ihn, dass die Schwarte knackt!« Wenn aber einer von uns kleinlaut darum bat, einmal »austreten« zu dürfen, dann kommentierte Herr Micheelsen das Bedürfnis mit der Voraussage: »Ihr schifft euch noch halbtot!« Im Übrigen war mir, als hohe Auszeichnung für vorzügliche Leistungen in der Bibelkunde, die Aufgabe übermacht, einen Herrn Micheelsens Sitzbedürfnissen zugezimmerten Hocker jeweils dem Klassenraum der folgenden Unterrichtsstunde zuzutragen. Denn Herr Micheelsen litt unter einer Gehbehinderung, die als Kriegsschaden galt.

Andere Lehrer hießen Menck oder Berneike oder Lindemann oder Bielfeldt, und ich erwähne sie nur, weil mir kaum begreiflich ist, dass ich diese Namen noch nach über sieben Jahrzehnten im Gedächtnis trage, – während andere, unendlich viel wichtigere, spurlos gelöscht sind.

Meine Schwester Marianne besuchte die angrenzende Mädchenschule, der ineinander übergehende Schulhof wurde getrennt in zwei Areale durch einen in den Erdboden eingelassenen Strich, aus Zement vermutlich oder aus Steinen. Und niemals in vier Jahren und tausend Pausen habe ich erlebt, dass ein Kinderfuß auch nur um Schrittbreite in das andere Terrain eingedrungen wäre. Idee und Praxis der Koedukation kamen erst später nach Kiel …

Übrigens trugen wir keine Vornamen. Diese sechs- bis neunjährigen Knaben hießen Wichmann und Reckow, Wentz und Wapnewski, so von den Lehrern aufgerufen, so sich untereinander nennend. Der Vorname gehörte dem häuslichen, dem familiären Bereich. Das war dann auch auf dem Gymnasium nicht anders. Merkwürdiger Kontrast zu einer späteren Zeit, zu heutigen Sitten also, da die Großen dieser

Welt ihrer Politik dienlich zu sein meinen, wenn sie einander Dick oder John, Bill oder Helmut oder Boris nennen.

Von Politik drang nichts durch die dicken roten Mauern der Volksschule. Allenfalls dass man den Klassenlehrer wissen ließ, was sein Gemüt erfreuen sollte: »Mein Vater hat Hitler gewählt.« Oder: »Meine Mutter hat Hindenburg gewählt.« Das nahm Herr Lorenzen mit unbewegter Miene hin.

Aussagen, die vorausdeuteten auf das Jahr 1933, das Jahr der Einschulung in die Höhere Schule. Es boten sich an: das Realgymnasium; das Reform-Real-gymnasium; die Oberrealschule; die Deutsche Ober-schule; das Humanistische Gymnasium: Auf keinem Felde der Gesellschaft grast oder wütet der Reform-eifer, sich selbst bewegend und aufhebend, so willkür-lich wie auf dem der Pädagogik und Volksbildung.

Die Mutter entschied zugunsten des Humanis-tischen Gymnasiums. Wofür ich ihr lebenslang dank-bar bin. Die Alte Kieler Gelehrtenschule war stolz auf ihre jahrhundertealte Tradition. Das hat sie nicht ge-hindert, auch dem Zeitgeist seinen Platz einzuräumen. Wenngleich nicht mit der beflissenen Emsigkeit, wie andere Bildungsinstitutionen sich ihm anheim gaben.

Als also das Jahr 1933 anbrach, kam Hitler an die Macht und Peter W. aufs Gymnasium. Vorgänge von freilich sehr unterschiedlicher Folgenschwere. Ein schönes Frühjahr, wenigstens im deutschen Norden. Kiel leuchtete – und tat es auch im Schmuck der vie-len Fahnen. Unter denen die mit dem Hakenkreuz nicht dominierte, noch nicht, es zeigten sich vielmehr froh auch die Farben Schwarz-Weiß-Rot und die alte Reichsmarine-Flagge und das Blau-Weiß-Rot des *op ewig ungedeelten* Schleswig-Holstein. Nur Schwarz-Rot-Gold gab es jetzt auf einmal nicht mehr, und schnodderig hieß es nunmehr Schwarz-Rot-Senf.

Jugend auf dem Marsch

Zwei Häuser weiter, Bartelsallee 4, wohnten Henning und Hartmut, ältere Freunde, die ich achtete und gern hatte. Sie taten mir in guter Absicht etwas an, was mir bald zum Unheil ausschlug: Sie warben mich – das hieß damals: sie »keilten« mich –, und ich trat ein in eine militärisch und rechtskonservativ organisierte Untergruppe der »Bündischen Jugend«: in den »Jungsturm«. Soldatisch unsere »Kluft«, graue Windjacke, eine Art Tropenhut, Kokarde und Armbinde in Blau-Weiß. Wir zehn- oder zwölfjährigen Knäblein, dazu auch ältere, mussten stramm exerzieren, die Geländespiele waren kriegerischer Natur, ich erhielt eines Tages Befehl, meine Gruppe »gegen Fliegersicht und gegen Beschuss von Westen« von einem Punkt zum andern zu führen, – das war im übersichtlich-begrenzten Gehölz nicht schwer, aber es bezeugte eine militante Gesinnung, deren Fatalität unserem kindlichen Gemüt nicht bewusst war. Sonntags wurde gezeltet. Das alles war mir nicht sehr angenehm, aber die Erwachsenen befanden, es sei von Nutzen, der Junge muss doch raus an die frische Luft, mal unter andere Jungs, er wird ja ein Stubenhocker sonst, das viele Lesen macht nur dösig …

Auch militarisierte man die bürgerliche Sitte der jährlichen »Weihnachtsfeier« in einem Keller, ausstaffiert als Unterstand vor Verdun 1917, Kerzenstummel und Salzwasser aus der Feldflasche, im Hintergrund quäkte ein Grammophon *Stille Nacht*, ihr galt eine markige Rede, in der auch schon Hitler vorkam. Auf dem Jahresfest durfte, nein musste ich auftreten und Verse von schwachsinnigem Knabenmut vortragen: »Ich bin ein kleiner deutscher Mann / Wie Vater und der Ahne, / Und halte fest so fest ich kann, / Die blauweißblaue Fahne …«

Das war nicht der Geist schwärmerischer Jugendromantik, wie er etwa die »Deutsche Freischar« oder die »Freischar Junger Nation« oder auch die Pfadfinder bewegte, wir sangen nicht *Jenseits des Tales standen ihre Zelte* und nicht *Aus grauer Städte Mauern …* oder *Schneefelder blinken, schimmern von ferne her …*, sondern trotzig das *Geusenlied* (*Gleich wie die Möwe ruhlos hastet …*) und *Die Glocken stürmten vom Bernwardsturm …* und stramme oder wehmütige Soldatenlieder. Wenn wir denn sangen, – und nicht marschierten zur so genannten Knüppelmusik, das heißt zu Trommeln und Pfeifen.

Die Fahne war dann bald nicht mehr blau-weiß-blau, sondern blutrot, mit dem Runenkreuz in der Mitte. Der »Jungsturm« wurde – wie die Bündische Jugend insgesamt – zwangsüberführt in die Hitler-Jugend, – das mag um 1935 herum gewesen sein. Mir war das so unlieb nicht, denn es ging nicht annähernd so zackig zu in den braunen Hemden wie im soldatischen »Jungsturm«. Hatte aber den Nachteil, dass ich es nun nicht mehr mit »meinen Leuten«, sondern mit Fremden zu tun hatte. Die mir missfielen, ich hatte mit der »Volksgemeinschaft« nicht viel im Sinn. Meine Karriere im Jungvolk und der HJ war eine Kette von Niederlagen. Ich schwänzte die so genannten Heimabende, schwänzte Geländespiele und Aufmärsche. Insbesondere hasste ich es, durch den jeweils angesetzten »Dienst« um den Sonntag betrogen zu werden. Auf dem allerdings, leise grummelnd, auch die Familien um ihres Zusammenhaltes willen bestanden, – was die Führung des Staates zu einer ingeniösen Erfindung inspirierte: Sie schuf den »Staatsjugendtag«, das war der bisherige Sonnabend. Er diente dem Dienst der Hitler-Jugend, und die wenigen »Zivilisten« (es waren in unserer Klasse von 30 wohl vier oder fünf) mussten irgendeine Form von staatsbürgerlichem Unterricht erdulden, lustlos von lustlosen Lehrern belehrt.

Da indessen der Unterricht weiterhin einem genau kalkulierten Plan gemäß ablaufen musste, wurden die einzelnen Wochentage ihrer ehrwürdigen Namen beraubt und von 1 bis 6 nummeriert, so konnte man denn etwa am Freitag auf der Wandtafel des Klassenraumes lesen: HEUTE FÜNFTER MONTAG SECHSTER TAG.

Ich also marschierte schwerfüßig mit, musste aber immer wieder die Einheit wechseln, ständig herausgeworfen, – und gelegentlich stigmatisiert durch das Schandmal, das meine Unbotsamkeit allen Augen bloßlegte: Mir wurde das geknotete schwarze Halstuch abgenommen.

Schließlich wurde die Zugehörigkeit zur HJ gemäß »Reichsgesetz« vom 1. Dezember 1936 Pflicht für alle, – und ich landete, ich weiß nicht wie, auf einer Schreibstube, in der ich den Tageszeitungen herausschnitt, was mit den täglichen Taten der Hitler-Jugend zu tun hatte, und dann die Artikel fein säuberlich einem Album einklebte. Darauf stand in Fraktur: HJ Gebiet Nordmark.

Mir war das braune Kleid zuwider, die Märsche und Heimabende unter dem Vorsitz primitiv-dummer Chargen mit der rotweißen Kordel oder der grünen oder der weißen, die den jeweiligen Führer auszeichneten. Das war nicht etwa die rühmenswerte Haltung eines sittlich begründeten Protestes: Mir war zwar das Treiben dieser Staatsführung unbehaglich und beunruhigend, auch entsinne ich mich, dass ich bei Kriegsausbruch naiv zu den wenigen zählte, die einen sieglosen Ausgang immerhin für möglich hielten. Aber im Grunde war meine Haltung schlicht Eigenbrötelei, ich wollte eigensinnig das Meine betreiben, mich zusammenrollen in eine Ecke, die warm war, darin ich lesen konnte. Lesen vor allem Karl May, sämtliche Bände einschließlich *Weihnacht* und *Professor Vitzliputzli*, – von den klassischen ganz zu schweigen, und die mehrmals, vor allem den *Schatz im Silbersee* und den *Schut*. Später dann die edleren Klassiker, sie verstehend oder nicht, von Homer bis Hamsun. Kindlicher Protest also des Individualisten gegen die kollektive Vereinnahmung, – und mehr nicht.

Die Formen des öffentlichen und privaten Lebens müssen sich damals schnell und gewissermaßen unvermerkt gewandelt haben. Der Gewerkschaftler war nun in der »Arbeitsfront«, der Mann vom »Reichsbanner« in der SA, das Sonntagsmenü wich kalendarisch dem kargen Eintopf, und das solchermaßen gesparte Geld sammelte der Blockleiter ein.

Vereinnahmt wurde ich schließlich doch noch: Als ich Parteigenosse wurde, ohne es zu wissen. Doch das steht auf einem anderen Blatt (nämlich S. 196 ff.).

So wurde man achtzehn, machte Abitur, das war 1941, die Fahne rief, man meldete sich – Ehrensache! – kriegsfreiwillig, ohne Enthusiasmus zwar, eher mechanisch, und Felix Krull war weit. Bis dann, bei dem einen früher, beim andern später, die große Desillusion die große Illusion ablöste.

War es so? Es war so, – und doch auch ganz anders. Es gab ein Binnenklima der Lebensformen, das hatte mit all dem organisierten Jung- und Deutschsein nichts zu tun. Nicht etwa, als ob wir hinter der braunen Fassade Widerstandskämpfer oder auch nur dezidierte Antinazis gewesen wären. Das deutsche Volk, es hat Hitler gewollt und gewählt, – zu seinen Gunsten Wahlen zu fälschen, das hatte dieser Hitler in diesem seinem Volke gar nicht nötig. Und doch: Inmitten all der hochgemuten und vermessenen Geschäftigkeit und Organisationshysterie des neuen Staates breiteten sich weite Flächen von lustloser

Gleichgültigkeit aus. Ich will das präziser zu beschreiben versuchen.

Mein Gymnasium, das sich stolz »Alte Kieler Gelehrtenschule« nannte, hatte einen Lehrkörper, der sich wohl zu 70 Prozent als nationalsozialistisch verstand und gebärdete. Die grüßten stramm mit Deutschem Gruß, die kamen auch gelegentlich im Braunhemd in ihre Klassen, waren niedrige Chargen als »Politische Leiter« der Partei, erzählten von Krieg und Kriegsgeschrei und bewährten sich im »Nationalpolitischen Unterricht« und in der »Rassenkunde«. Wunderlicherweise geriet auch die humanistische Bildung und ihr Lehrplan nicht in Konflikt mit diesem Betrieb, das ließ sich arrangieren, die Lyriker der Griechen haben ja feurige Schlachtgesänge hinterlassen, und in Platons *Staat* hätte auch die SS ein Plätzchen gefunden. Mein Abituraufsatz behandelte das Thema »Herrenmenschentum und Sklavenmenschentum in Platons Dialog *Gorgias*«. Ich wünschte, ich könnte ihn heute lesen, zustimmend oder entsetzt, aber er ist verbrannt mitsamt vielen Akten und vielen Herren- und Sklavenmenschen in einer der vielen Kieler Flammennächte des unseligen Krieges.

So also wohl drei Viertel der Lehrer. Von den übrigen waren manche betont indifferent; und einige wenige machten keinen Hehl aus ihrer Ablehnung des neuen Staates. Das mag sie in der Kollegenschaft isoliert haben, – wir Schüler nahmen es zur Kenntnis und beurteilten sie im Übrigen danach, wie sie eben als Pauker waren.

Wir Schüler: Ich weiß nicht, wie es andernorts war, aber bei uns gab es keine fanatische, keine passionierte, keine entflammte Jugend Hitlers. Sie alle machten eben mit, lustlos einige, lustvoller andere, gleichgültig viele, manche waren eine »Führer-Charge« und zierten ihre braune Uniform mit einer Schnur. Man versuchte, dem Staat zu geben, was des Staates war (oder was er einforderte), und war im Übrigen privat. Diese Jugend hatte ihre offizielle Hymne, – ich habe nie erlebt, dass sie nach Text und Melodie je wirklich gesungen wurde, wir stockten und kippten dann ab: *Unsere Fahne flattert uns voran ...*, so der Refrain. Auch der Sohn des Gauleiters und der des Kreisleiters und Oberbürgermeisters wussten es nicht besser, sie waren für einige Jahre meine Klassenkameraden, ganz nette Jungs und dazu (obwohl es heute billig klingt, aber es ist nun einmal die Wahrheit) recht dumm.

LEBEN UNTER DEM DIKTAT
DER DIKTATUR

Was freilich »Widerstand« bedeutete, das wussten wir nicht, wollten es nicht wissen, ahnten es kaum. Und was aus ihren jüdischen Kollegen und Mitbürgern geworden war, das behielten die Eltern sorgsam für sich. Sofern sie nicht auf Führers Fahne schworen, tarnten sie sich, – tarnten sich so perfekt, dass die Tarnung schon kaum mehr zu unterscheiden war von der durch sie zu schützenden Substanz.

Es ist oft notiert worden, dass 1939 keine kriegsbegeisterte Jugend zu den Waffen strömte. Das ist wahr, damals schon war es vielfach vorbei mit der völkischen Schwärmerei, – und was die Jugend angeht, so war sie gewiss zu Teilen begeistert und voller Hingabe an Spiele und Märsche und Lieder, aber auch zum andern Teil gleichgültig geworden, der dumpfe Rhythmus der Landsknechtstrommeln, die ihr den Marschtritt wummerten, klang vielen nicht mehr gut in den Ohren. Die ratlosen Eltern aber retteten sich in Lebensweisheiten, die sie mit Moral verwechselten, und der Großvater-Jurist belehrte mich: Wer die Macht hat, hat das Recht. Carl Schmitt wusste es gelehrter auszudrücken.

Immerhin, man bestimmte mir als Klavierlehrerin Frau Lamm-Nathansen, das mag 1935 gewesen sein, – schüchterner Versuch der Stützung und Ermutigung einer Verfemten. Auch scheint es, als habe ich mich nicht gewundert, dass sie die Noten eines Tages einer Nachfolgerin weitergab. (Ich aber blieb ein Stümper auf den Tasten, unter solch frühem Versagen leidend mein Leben lang.)

Hart wie Kruppstahl, zäh wie Leder, schnell wie die Windhunde? Dieses fordernde Postulat aus der bilderreichen Rhetorik ihres Führers hat meine Jugend ignoriert. Wir, meine Klassenkameraden und Freunde, hielten uns zurück und erschienen vielleicht als lahm. Das allerdings durfte man gewiss nicht Widerstand nennen, allenfalls Opposition und Reaktion, man kann Entsprechendes bei Kempowski nachlesen aus seiner und seines Bruders Jugendzeit. Wir schätzten den Friseur, der uns mit einem »Salonschnitt« versah, – lange Haare »wie ein Kommunist!«, sagte mein Onkel, das war das Schlimmste, man ließ es sich gerne gefallen, obschon man kaum wusste, was denn ein Kommunist war. Wir hielten auch nur wenig von körperlicher Ertüchtigung und empfanden die Turnstunde am Gerät oft als lästig.

Ein merkwürdiges Ensemble: Lehrer mit dem Braunhemd unter dem Bratenrock, mit Parteiabzeichen und markigen Reden, Lehrer als SA-Mitglieder und Parteigenossen: Ihre Schüler nahmen das alles gleichmütig hin wie naturgegeben und suchten, wie nicht selten in der deutschen Gemüts-Geschichte, ihre

Freiheit auf leise Weise, nämlich im »Weg nach innen«. Wir lasen Ernst Wiechert und Werner Bergengruen (*Der Großtyrann und das Gericht*) und Ernst Jüngers *Marmorklippen* – ahnten darin wohl auch Widerstand und Protest – und Stefan George, diskutierten solche Texte mit dem bewunderten Pastor, der uns konfirmierte. Aus dem gleichen Mangelgefühl und Kompensationsdrang schwärmten wir für Rosita Serrano und für die Big Bands von Jack Hilton oder Teddy Stauffer oder Will Glahé und sangen wider das kommandierte *Vorwärts, vorwärts schmettern die hellen Fanfaren …!* unser swingendes *Man sieht's am Gang und an den Haaren, was Stenze sind und Stenze waren …* nach der Melodie von *Some of these days*. Peter Igelhoff, der schnellzungige, sang uns zu seinem Klavier die plappernde Bekenntnis-Melodie einer geduckten Generation: *In meiner Badewanne bin ich Kapitän …*, gewissermaßen die infantile Trivialform der »Inneren Emigration«. Auch liefen wir in jedes Kino, wo Menschen agierten, die nie »Heil Hitler« sagten. Die Stars dieser Fluchtburg vor Staats- und Erzieherautorität waren übrigens, als wir längst unsere Jugend und ihr Schwärmen hinter uns hatten, immer noch oder wieder Stars, – und kamen wieder, als wären da kein Krieg und Weltuntergang gewesen: Ilse Werner und Heinz Rühmann und Marika Rökk und Willy Fritsch und Karl Raddatz …

Wir gruben uns auch auf andere Weise unsere Tunnel in das, was wir wohl als Freiheit verstanden. Kletterten nachts aus dem Schlafzimmerfenster und machten uns, 16-jährig, auf den Weg in das »Wiener Café« oder ins »Café Wegmann«. Adressen, die wenig mit einem Café zu tun, aber den verwegenen Ruf von Nachtlokalen hatten. Den Eintritt verdankten wir unserem Klassenkameraden Alfred, den die virile Eigentümlichkeit auszeichnete, sich Kinn und Backen schon als Quartaner rasieren zu müssen. Eine hormonelle Frühsteuerung, die wir uns bedenklich mit seiner Herkunft erklärten, war er doch als Sohn eines Missionars in China geboren.

So erlebten wir dann tolle Nächte, tranken ein Gläschen Likör oder auch zwei, vom Kellner widerwillig-misstrauisch bedient, und wenn wir großen Mut hatten, dann wagten wir uns in Kiels feinste Nachtbar, sie hieß »Halali« und hatte unter anderem den Nachteil, dass dort die Fähnriche der Marine dominierten und uns dürftigen Primanern bei den umworbenen Lyzeumsmädchen nicht die geringste Chance ließen.

Was nun meine Schulklasse und meine Freunde in ihr betrifft: Der »Beste« war ich nie, immer war einer besser, Lohmeyer zum Beispiel, oder Laux, und im Sport war ich eine mittlere Flasche, in der Mathematik ein Versager. Meine Feder allerdings hatte eine gewisse Reputation, und so heuerten mich denn die Kameraden an, wenn es galt, einen Hausaufsatz zu schreiben, und entlohnten mich in Naturalien: So »Asse« zum Beispiel, der mich mit einem Abendessen in hungernder Zeit belohnte, es gab Schwarzbrot und Bückling darauf, auch wies er mit allgemeinen Wendungen auf die Reize seiner etwa gleichaltrigen Schwester hin. Sie mögen bedeutend gewesen sein, ich hatte indes nur unklare Vorstellungen von dem Glück, das dergleichen Vorzüge spenden könnten; wir waren eine zögernde Generation. Die übrigens auch vom Tanzen nicht viel hielt, zur Friedenszeit noch ab und an ein Hausball, ein durchaus nüchternes Ereignis, und die Tanzstunde im Institut des Ehepaars Gemind in der Holtenauer Straße (Kiels erste Adresse auf dem Walzer- und Ländler-Parkett) war eher eine bürgerliche Pflicht-übung als Ausdruck schwingender Gefühlswogen. Da standen wir, artig aufgereiht, und die Jungens hatten weiße Zwirnhandschuhe an den Händen und waren auch sonst proper angezogen, zirkelten Lancier und Menuettwalzer und Polka und Foxtrott. Foxtrott, der schien uns fast schon wie Jazz, und Jazz hatte für uns den magischen Reiz der »Negermusik«, die wir doch zu anderer Stunde mit Koppel und Fahrtenmesser Geländespiele übten und exerzierend unsere zackigen Wendungen machten auf rau gebrüllte Kommandos hin.

Die gleiche Hitler-Jugend aber veranstaltete auch ihre Tennis-Meisterschaften auf den Plätzen am fei-nen Carolinenweg, da trug man strahlendes Weiß, die Hose lang wie Gottfried von Cramm, mein Freund Gerd Laage spielte lässig mit den begehrenswertesten Mädchen, für mich reichte es allenfalls zum Platz auf dem Podest der hohen Schiedsrichterleiter. Eine En-klave, an die Farbe Braun erinnerte in ihr allenfalls die Asche des Platzes.

Ob es je gelingen wird, einer späteren Generation klar zu machen, dass es ein Stück persönliche Bewährung, ja so etwas wie kleines privates Heldentum war, wenn einer von uns etwa zu Bäcker Schulte ging und »Guten Morgen!« grüßte? Denn schon an der Ladentür rief den Kunden ein Schild zur Ordnung, das sagte: *Trittst Du hier als Deutscher ein / Soll Dein Gruß Heil Hitler sein!*

Ich rede von meiner Schulzeit, und Schulzeit ist Kinderzeit. Auf der Universität hingegen, auch wenn sie im Kriege entvölkert von Männern war, haben sich Widerstand und Aufbegehren wohl gelegentlich intelligenter und moralisch fundierter artikuliert, – in kleinen Zellen freilich nur. Wie klein, mag man daraus erkennen, dass nach der Heldentat der Geschwister Scholl und ihrer Freunde »die Münchener Studentenschaft« den ekelhaften Hetzworten des über die Verurteilten zynisch triumphierenden Gauleiters wilden Beifall zubrüllte. So jedenfalls hat man es mir damals verlässlich berichtet.

Damals: Das ist nun lange her und ist nie vorbei. Rührend fast, dass wir einmal glaubten, es lasse sich diese Art von Vergangenheit »bewältigen«, solange noch die Generationen leben, die diese Vergangenheit waren, die diese Vergangenheit sind.

Ich imaginiere mir das Bild der Oberprima A des Staatlichen Gymnasiums zu Kiel – Alte Kieler Gelehrtenschule – aus dem Sommer 1940 (s. S. 251). Ein finales Dokument. Alle diese 18-Jährigen tragen Erwachsenenkleidung, manche von ihnen auch Hüte übrigens, richtige Herrenfilzhüte mit Ripsband und Krempe. Den »lüftete« man bei Begrüßung einer Respektsperson auf der Straße, um den widrigen Gruß mit ausgestrecktem Arm zu konterkarieren. Das war die tapfere Flucht ins Zivile. Im Zentrum halbrechts: der Klassenlehrer Studienrat Erich Raabe (Französisch, Geographie, Leibesübungen), das Parteiabzeichen im Knopfloch, ein wunderlicher Kauz voll ärgerlicher Marotten, aber ein redlicher Mensch, trotz allem. Ein halbes Jahr später war er dann wohl der Einzige dieses Bildes, der noch Zivil trug. Uns anderen aber in Feldgrau oder Blau oder Braun sangen von fernher die Stimmen der Heimat sentimentalen Trost oder kämpferische Ermutigung zu: Ein Bass mit Namen Wilhelm Strienz ließ alle Sonnabende lügenselig *Glocken der Heimat …!* klingen, jeweils zum Ende des so genannten ›Wunschkonzerts‹. Oder auftrumpfende Klänge jenes Herms Niel, der wohl wirklich Hermann Nielebock hieß, – Siegesgewissheit ausströmend, mit Pauken und Trompeten *gegen Engelland …*

Am Montagabend dann, weniger markig-federnd, ein Bariton namens Sven Olof Sandberg. Der sang *Und wieder geht ein schöner Tag zu Ende, voller Glück und voller Sonnenschein.* Wieder dieser Mehltau von Lüge, über die Haut des Gemütes kriechend, damals gingen Tage zu Ende und brachen Nächte an, die eben voll nur waren von Unglück und Tod und Elend und tonloser Verzweiflung. Wenn in solches Konzert rauchige Frauenstimmen wie die der Lale Andersen oder der Zarah Leander melancholisch und satt von Tränen sich einmischten, dann war auch das eine sehr merkwürdige Konzession der zynischen Obrigkeit an das Moment des Sentimentalen, das augenblicksweise nahezu den Schein des Defätismus zuließ, und es tat in einer Art Ventilfunktion, – eben um die Sache selbst zu verhindern. Kriege brauchen Musik. *Wir zogen in das Feld ...* Uns mussten also die Ohren klingen, klingen von überallher und überall-hin, ... *zu Lande, zu Wasser, in der Luft ...*

So viel zur Tonlage und Tonart im Allgemeinen unter dem Diktat der Diktatur. Man nahm hin. Man machte sich frei in sparsamen Augenblicken der un-verhofften Übereinstimmung. So ist denn im Vorüber-gehen von einem Phänomen zu berichten, das zu den wesentlichen im Leben unter der Knute der Despotie zählt. Von einem unvermutet aufflackernden Gefühl des Glücks, – wie es zu vermitteln schwer ist, wenn man unter Menschen lebt, die wie selbstverständlich der Gnade einer freien Existenz unter einer freien Regierungsform teilhaftig sind.

Und das ging so: Inmitten von Lüge und Gewalt und ständiger Bedrohung, inmitten eines Systems der Ent-Menschlichung konnte ganz unvermerkt der leise Hauch des Humanen das Gemüt streifen. Ein Wort zwischen den Zeilen der Sklavensprache, eine Formel, eine Phrase, eine Betonung, – und man fühlte sich um-weglos einem Fremden, von dem man nichts wusste, brüderlich zugetan, ja innig verbunden. Es konnte dieser Aufschein des Wahren zwischen zwei Men-schen, zwischen Wenigen erlebt, aber auch im großen

Kollektiv erfahren werden: wenn etwa im Auditorium eines prall gefüllten Hörsaals eine rhetorische Formel des Vortragenden, scheinbar unverfänglicher Art, ohne alle Verabredung empfunden wurde als Geste einer Aufkündigung der Zwangsgemeinschaft mit der Gewalt. So war es, wenn in Hilperts Deutschem Theater in Berlin Schillers *Don Carlos* gespielt wurde, Horst Caspar als Marquis Posa textgetreu König Philipp anflehte, anherrschte: »Sire, geben Sie Gedankenfreiheit!«, – und das ganze Theater auf diese an sich nicht eben sensationelle Passage hin ausbrach in rauschhaften Jubel. (Obwohl ja, streng betrachtet, die Freiheit der Gedanken weder unter der jesuitischen Inquisition noch unter der des Hitler-Terrors je gänzlich ertötet war, – aber es ging ja um die Gedanken-*Äußerungs*-Freiheit.) Diese unmittelbar von einem zum anderen aufblitzende, aufkeimende Solidarität war das Glücksgefühl, das in die giftige Stickluft der Diktatur plötzlich den reinen Hauch der Menschlichkeit eindringen ließ und zu innigen Vertrauten machte, die einander noch nie begegnet waren.

Es sei in solchem Kontext auch eine erregende Freiburger Erfahrung des letzten Kriegssommers 1944 erwähnt, die dem naiven Verständnis der Spätgeborenen als nahezu lächerlich erscheinen mag:

Inmitten einer flammend den Endsieg beschwörenden Plakate- und Parolen-Welt las man plötzlich ein Flammen-Wort und noch eines, das den Widerstand forderte. Man las es an dem einzigen unbeobachteten Platz der Universitätsgebäude: an den Innenwänden des WCs. Da war in die Farbschicht des Holzes hineingeritzt: die Stimme der Freiheit. Und man konnte das brünstige Pathos des Hingabeschwures »Führer befiehl! Wir folgen!« nun lesen in der lästerlichen Abwandlung: »Führer befiehl! Wir tragen die Folgen …« Wer aber das Kratzen des schreibenden Griffels gehört und den Schreiber denunziert hätte, dem wäre die Prämie der Obrigkeit so gewiss gewesen wie dem Verratenen der Strang. In München war es der Hausmeister der Universität, der die Geschwister Scholl verriet.

DIE GROSSEN TAGE:
TAGEBUCH EINES OBER-
SEKUNDANERS BEI KRIEGSAUSBRUCH
(rekonstruiert aus Stichworten)

Blätter, die der Zufall bewahrte inmitten des in Flammen vergehenden Berliner Hausrats (1944), – und von denen zu sagen ist nach mehr als einem halben Jahrhundert, dass sie merkwürdig irisieren zwischen Unmittelbarkeit und ironischer Distanz. (Ich hatte mich aus Anhänglichkeit an meine vertraute Umgebung geweigert, meine Kieler Schule zu verlassen und nach Berlin zu wechseln, wohin meine Mutter aus beruflichen Gründen gezogen war.)

20. August 1939, Sylt:
Die Zeitungsverkäufer auf den Saumpfaden zwischen den Sandburgen schreien jeden Tag lauter. Das hängt mit dem Terror zusammen, den die Polen ausüben gegen die deutsche Volksgruppe. Darüber ist jetzt viel zu lesen im *Berliner Lokal-Anzeiger* und im *Hamburger Fremdenblatt* und in der *Deutschen Allgemeinen Zeitung*.

Wir hören das hier nicht so gern. Die Sonne scheint, und gestern war Willy Fritsch am Strand, hinter ihm viele Mädchen, die Autogramme wollten. Wenn man den Strand nördlich entlanggeht, kommt man an ein abgezäuntes Stück, und eine Tafel steht da, die es verbietet, den Herrn Feldmarschall und seine Gemahlin beim Baden zu photographieren.

Das kann man verstehen.

22. August 1939, Sylt:
Ich wohne im »Haus Danzig«, und das will jetzt einiges heißen, wo von Danzig und nur von Danzig die Rede ist, und dass es nicht nur deutsch ist, sondern wieder in den Reichsverband zurückkehren muss.

Im Vorgarten von »Haus Danzig« steht ein Fahnenmast, und jeden Morgen ist Flaggenhissung. Von *zwei* Flaggen, die nacheinander hochgeseilt werden. Der das macht, der Besitzer, *stammt* nicht nur aus Danzig, sondern war in seinen guten Jahren Kaiserlicher Marine-Offizier. Und so weht jetzt jeden Tag vor seinem »Haus Danzig« stolz Schwarz-Weiß-Rot, darunter aber in Weiß die alte Kaiserl. Reichskriegsflagge, und unter ihr (so sei die Reihenfolge, sagt er) die andre Flagge, unsre rote mit dem Hakenkreuz.

24. August 1939, Sylt:
Die Leute sind alle ganz aufgeregt und sagen, sie können es nicht fassen. Mir klang es auch ganz und gar unglaublich, was da gestern aus dem Radio kam, und ich drehte es laut, aber da schlug es über in dieses grässliche Quieken und Pfeifen, das diese Volksempfänger so an sich haben. Also jedenfalls: Das Deutsche Reich

und die Sowjetunion haben einen Nichtangriffspakt abgeschlossen, gestern hat Ribbentrop ihn in Moskau unterzeichnet, und Stalin lacht auf allen Titelseiten und sieht eigentlich sehr onkelhaft und gemütlich aus, so dass man sich fragt, wieso wir das noch nicht gemerkt haben, dass wir eigentlich Freunde sind.

Die Leute im Westerländer »Milchstübchen« und vor dem Musikpavillon sagen, das sei ein Beispiel für große Diplomatie, und sie erinnern an Bismarck und seinen Rückversicherungsvertrag, und dass der Führer nun den Rücken frei habe, wenn es hart auf hart gehe.

Was aber niemand hoffen will.

Ich beschließe abzureisen, in Berlin bin ich besser aufgehoben. Nicht wegen der politischen Lage, denn natürlich geht es noch mal wieder gut, sondern weil Sylt keine Insel für 16-Jährige ist. Es ist eine Insel für die Erwachsenen und ihre Spiele und eine Insel für Kinder und ihre Spiele. Nicht für mich.

Ende August 1939, Berlin:
Unsere Wohnung in dem Haus Kantstraße 6 liegt direkt am Bahnhof Zoo, die Schienen führen an der Brandmauer vorbei, und wenn ich den Kopf aus der Kammerluke stecke, kann ich in die Fenster der Züge sehen. Das lohnt derzeit nicht sehr, immer das Gleiche: Truppen und Kriegsmaterial, Kriegsmaterial und Truppen, Tag und Nacht. Richtung Osten. Komisch, wenn *ich* das sehe, müssten das doch auch die Polen merken. Aber wahrscheinlich glauben sie (wie wir),

dass der Führer ein großer Pokerspieler ist und nur mit seinen guten Nerven Danzig heimholen will ins Reich.

Eigentlich sollte in diesen Tagen Reichsparteitag sein, in Nürnberg. Aber er ist abgeblasen worden. Daraus kann man auch seine Schlüsse ziehen. Willy Waltzer, unser Untermieter, ärgert sich, er hat sich nämlich extra eine neue Uniform gekauft, auf den Kragenspiegeln einen Stern und eine Litze: Obertruppführer der SA.

Im *12-Uhr-Blatt* steht heute dick und rot, dass die Polen den Staatssekretär Stuckart beschossen haben, als er nach Danzig flog. Die leisten sich wirklich zu viel, und es wäre gut, wenn diese ganze absurde Konstruktion des Korridors endlich aufgehoben würde. Danzig ist sowieso eine deutsche Stadt. Sagt jeder. Im Radio nur noch Marschmusik, Tag und Nacht, das fährt nicht mehr in die Knochen, sondern ermüdet. Immerhin aber greift die große Politik wohltuend auch in mein Privatleben ein:

Die Sommerferien sind auf unbestimmte Zeit verlängert, die Schule bleibt vorerst geschlossen.

Zum Ausgleich sollen wir einen langen Aufsatz schreiben, Titel: *Der Kampf um den Rhein.* Ich lass mir Zeit damit.

31. August, Berlin:
Im Garten unserer Eckkneipe hängen Lampions, das sieht gut aus. Es ist wahnsinnig schwül, wir trinken Berliner Weiße mit Schuss, das tut gut. Aus dem Radio

kommt der 16-Punkte-Vorschlag, den Hitler den Polen gemacht hat. Hört sich zwar hart an, aber doch vernünftig, wenn sie das annehmen, dann kriegen wir keinen Krieg, was den meisten wohl lieber wäre. Die Umsitzenden hören wortlos zu, und mit bedrückten Gesichtern. Ich weiß nicht so genau, was ich denke, der Kitzel des Sensationellen ist groß.

1. September 1939, Berlin (ein Freitag):
Es ist Krieg. Jedenfalls sind wir in Polen einmarschiert. Der Führer hat heute Morgen im Reichstag ausgerufen: »Seit 5 Uhr 45 wird zurückgeschossen. Und von jetzt ab wird Bombe mit Bombe vergolten.« Ich könnte mir denken, dass dieses Wort einmal berühmt wird.

Die Frage ist, ob man das schon Krieg nennen soll. Für uns ist Krieg doch immer: Krieg gegen Frankreich, gegen England, gegen die Erbfeinde.

Aber die wollen nicht, scheint es. Uns soll es recht sein.

Merkwürdige Beschränkungen gibt's auf einmal: Seife z. B. nur noch auf Marken. Aber ich hab rausgekriegt, dass medizinische Seifen ausgenommen sind, also bin ich gleich in drei Apotheken und hab Herbaseife gekauft, die ist auch nicht schlechter als die andern, und nun haben wir drei Stück auf Vorrat, das kann reichen für einen Krieg. Oder z. B. Schuhe: gibt's auch nicht mehr. Nur auf Bezugsschein. Mit Ausnahme von »Luxusschuhen«, die sind noch frei. Das sind Schuhe, die mehr kosten als 40,– Mark. Im Grunde versteh ich nicht, wieso in einer Volksgemeinschaft die Leute mit vielem Geld noch Schuhe kaufen dürfen und die andern nicht. Ist ja aber nicht wichtig, Schuhe halten länger als Kriege.

Mit der Verdunkelung geben wir uns gar nicht erst viel Mühe, wir machen einfach in allen Zimmern das Licht aus, bis auf Bade- und Wohnzimmer, in denen wir Decken an die Fensterrahmen gehängt haben. Bisschen provisorisch, aber warum erst viel investieren. Der Luftschutzwart Herr Geißler ist allerdings wütend auf uns und sagt, damit kämen wir nicht durch, und wenn's dunkel wird, brüllt er vom Hof rauf »LICHT AUS!«, dabei ist gar keins an.

In fünf Tagen werde ich 17, komisch, ich freu mich nicht sehr. In einem Jahr dann also 18, folgerichtig. Mit 18 war mein Vater schon Leutnant.

Montag, den 4. September 1939, Berlin:
Wir haben einen Spaziergang in den Zoologischen Garten gemacht heute, wie schon oft, weil wir ja Zoo-Aktien-Besitzer sind, und dann braucht man keinen Eintritt zu bezahlen.

Also gestern haben England und Frankreich uns den Krieg erklärt, England vormittags, Frankreich nachmittags, so war es ein erfüllter Sonntag.

Ich muss endlich anfangen mit der Arbeit an unserm Aufsatzthema *Der Kampf um den Rhein*. Macht jetzt auch mehr Spaß, weil aktuell.

5. September 1939, Berlin:

Gestern war Fliegeralarm, klingt wirklich widerlich, dieser auf- und abschwellende Sirenenheulton. Kann sein, dass wir den noch öfter werden hören müssen. Nach zehn Minuten war alles schon vorbei, wohl ein Irrtum. Der Ton von »Entwarnung« klingt viel besser.

Ich habe heimlich im Tagebuch meiner Cousine Sigrid geblättert, nicht fein, aber ich war neugierig, weil ich hoffte, es stünde etwas über mich drin. Es stand da unter Montag aber nur: »Scheiß-Krieg«. Komisch, das schon am vierten Tag zu sagen. Die Leute auf der Straße sehen auch so aus, als hätten sie das alle in ihr Tagebuch geschrieben: »Scheiß-Krieg«.

Arbeitsmann (1941)

April 1941. Ein D-Zug geistert durch die Nacht, fast leer. Die Fahrt geht nach Osten. Darin der 18-jährige Abiturient P. W. Mit kleinem Gepäck und dem Befehl, sich im Arbeitsdienstlager 161 einzufinden. Es liegt in Grutschno, und Grutschno liegt in Westpreußen. So hat man diesen Teil dieser Landschaft benannt, seit Hitler Polen erobert hat. Die Städtenamen, zur näheren Orientierung verhelfend: Thorn und Bromberg.

An die nun folgenden drei Monate denke ich zurück mit dem Gefühl tiefsten Widerwillens. Was immer der Reichsarbeitsdienst einmal gewesen sein mag: 1941 war er eine halbmilitärische Organisation, und sein Führercorps war durchwegs untauglich für eine Karriere beim Militär, untauglich für einen bürgerlichen Beruf, – also tauglich für den Reichsarbeitsdienst.

Entsprechend der Ton, der Stil des Ganzen – wenn überhaupt von einem »Stil« zu reden Anlass ist. Ich vermute, in diesen Monaten niemals ein freundliches Wort gehört, eine menschliche Geste gesehen zu haben, – es sei denn unter uns »Kameraden«. Nahezu 200 waren wir, die meisten von uns dünne und dünnhäutige Abiturienten, und ein paar Jungarbeiter dazu. Untergebracht in Baracken, deren vier jeweils einen »Zug« beherbergten. Und der »Zug« setzte sich zusammen aus »Trupps«. Denen jeweils ein »Vormann« vorstand. Aberwitzig die Dienstgradbezeichnungen: »Truppführer«, »Obertruppführer«, das mochte noch angehen, aber dann die gehobene Schicht: Das begann mit dem »Feldmeister« und ging vorerst bis zum »Hauptfeldmeister«, – ein solcher war unser Lageroberster, und er hieß Berger. Die nächste Charge war dann »Arbeitsführer« betitelt, hätte beim Militär einem Major entsprochen. Ein Mann dieses Rangs nahm zum Ende unserer Dienstzeit den Führerposten ein, und ihm (nur ihm) bewahre ich ein freundliches, wenn auch gleichmütiges Gedächtnis.

Der Dienst bestand abwechselnd aus einer Woche mit Schaufel und Spaten am Weichseldamm und einer folgenden mit »militärischer Grundausbildung«. Und jeweils zum Ende der einen Woche freute man sich auf die nächste, – wofern von »freuen« überhaupt die Rede sein konnte. Denn die Atmosphäre war freudlos ganz und gar. Brutale Kommandos hielten diese Einheit zusammen, und wir Knaben hungerten und froren. Denn der frühe Frühling im alten Polen hatte noch bitterkalte Nächte, und der Kanonenofen in der Truppunterkunft fraß viel Brennmaterial. Aber es gab keines, – es blieb jeweils ein Wunder, dass abends doch ein Feuer brannte und man rauchende Brotscheiben auf der Platte röstete. Die Verpflegung war jämmerlich, obwohl 1941 noch kein peinvolles Mangeljahr war. Immer hatten wir Hunger. Zwei Scheiben feuchten Brotes morgens und dazu ein Löffel einer marmeladenartigen Masse. Mittags dann vor allem Rote Bete, es müssen Güterwagenladungen von Roter Bete in das Lager oder zur Baustelle gekarrt worden sein. Abends wieder Brot und irgendetwas wie Wurst oder Käse –, wir waren derart ausgehungert, dass wir uns Lebensmittel bei den polnischen Bauern der Umgebung zu besorgen versuchten. Was riskant weil verboten – und den Polen zuwider war, die behalten wollten, was sie hatten. Festtag war, wenn die Küche eine gelbe süße klebrige Puddingsuppe ausgab, der Stubendienst versuchte, ihrer in Mengen und sogar auf Vorrat habhaft zu werden, das heißt, er füllte sie in seine Waschschüssel. Ein hygienisch bedenkliches Verfahren, denn diese Blechschüsseln waren nicht sauber, wie denn auch, heißes Wasser gab es nicht, sondern nur eine einzige Pumpe im Freien für fast 200 Mann (die »Führer« hatten ihre eigenen Unterkünfte und Akkomoditäten). Die Zeit zwischen Wecken und erstem Antreten war kurz, viel zu kurz, als dass man sich hätte gründlich waschen können, jeder pumpte und gab den Schwengel dem Nächsten und machte, dass er wegkam mit seiner Schüssel, um sich schleunigst in sein Drillichzeug zu zwängen. Jede Fortbewegung über das ganze weit ausladende Areal vollzog sich im Laufschritt, – nicht nur aus Zeitnot, sondern weil das Gehen im Schritt als Menschenmaß, also als Verstoß gegen die inhumane Eigengesetzlichkeit der Lagerexistenz empfunden und geahndet wurde.

Und es lag ein Buch aus, gemäß der Anordnung einer übergeordneten Instanz dazu gedacht, Zeugnis abzulegen von der Qualität der jeweiligen Mittagsmahlzeit. Da sollte dann der vom Zufall bestimmte Arbeitsmann sein Urteil formulieren, – und was durfte man Seite für Seite unter jedem Datum lesen? Niemals anderes als die gefällige Standardformel: »Schmackhaft und reichlich«.

Übrigens war nach aller Erfahrung dann doch die Woche der militärischen Ausbildung einfacher zu überstehen als die der Arbeit am Weichseldamm. Denn wir blasshäutigen und mageren Abiturienten, die nie eine Schaufel in der Hand gehabt hatten, wir wurden unerbittlich angetrieben, – und manch einer brach zusammen unter dem Zwang, die regelmäßig und allzu schnell heran- und wieder abrollenden Loren voll zu schaufeln. Die Not der Anstrengung ging weit über unsere Kräfte, wir wurden angetrieben wie Leibeigene, ich weiß, was ich sage, und ich weiß auch, dass ich in alldem eine klägliche Figur gemacht habe. Mir selbst erträglich nur durch den Umstand, dass hundert andere nicht minder kläglich zitterten. Unvergessen die Hilfe, die mir Olli Rütz zuteil werden ließ, Jungarbeiter mit dem Rücken eines jungen Stiers, und er legte nach, wo ich versagte, und er schaufelte die letzten Ladungen für mich mit.

Wehe aber dem, der einen Augenblick nur einhielt, um durchzuatmen. »Spielen Sie hier kein Arbeiterdenkmal!«, bellte es dann aus Führermund. Ohnehin arbeiteten wir ameisengleich, nach wessen Plan und

Konzept wir als letzte Rädchen im großen Räderwerk des Bauplans funktionierten, blieb unklar. Und heute, im Hernach, ist es mir ein frohes Bewusstsein, dass die Polen profitieren von unserer Arbeit am Weichseldamm, der damals »deutsches Land« einzudämmen vermeinte ...

Es verdient angemerkt zu werden, dass der Arbeitsmann Nicolaus Sombart, Sohn des berühmten Sozialwissenschaftlers Werner Sombart und mit mir dem ersten Zug zugeteilt, von Hauptfeldmeister Berger einen Auftrag erhielt, der seinem Bedürfnis nach kreativem Tun ebenso entgegenkam wie dem nach Schonung seiner Person: nämlich ein Modell des Lagers zu formen aus Plastilin. Das Kunstwerk erlebte seine Vollendung nicht, der Künstler wusste sie klüglich hinauszuzögern ...

Die Woche des ›Militärischen‹ erschien nach der Damm-Woche nahezu erholsam. Wir hantierten nicht nur das Gewehr, sondern auch den Spaten, – und für dieses Gerät hatte man ein eigenes Exerzierreglement entworfen: »Den Spaten – über!«; und »Spaten – ab!«; und – breitbeinig – »Habt – acht!«. Vor allem aber das präsentierende Glanzstück, das optisch auf die Zuschauer in den manegengleichen Foren bei feierlichem Anlass einen erhebenden Eindruck machte: »Achtung! – Spaten fasst an!« Dann reflektierten nämlich Hunderte oder Tausende von Spatenblättern das Sonnenlicht, das machte als Lichtspiel einen Überraschungseffekt von blitzender Wirkung und imponierte ungemein.

Der Alltag war auf andere Wirkung aus. Wir marschierten und sangen: »Unsre Herzen, die sind jung, / Unsre Lieder klingen. / Unsre Arbeit wird das Bruch- / Und das Brachland zwingen. / Altes vergeht, / Neuland entsteht, / Was sich uns entgegenstellt, / Machen wir zunichte ...« Unter diesen Refrain war, nicht ungeschickt, eine zweite Stimme eingebaut, kontrapunktisch stützend: »Fasst die Spaten / Kameraden, / Neuland wartet / Unsrer Taten ...« Eine Morgenfeier gab es auch einmal, und wir sangen in Rudolf Alexander Schröders Worten, was schon den Ersten Weltkrieg hymnisch begleitet hatte: »Heilig Vaterland, in Gefahren, / Deine Söhne sich um dich scharen ...«

Und der Refrain bot sich der zweiten Stimme gefällig an. So bedenkenlos wie unbedacht sang man diese Worte und fragt sich heute, ob man sich damals nicht fragte, was das heißt: »... wenn der Fremde dir deine Kronen raubt ...«; das mag noch hingehen, ist halt vaterländisches Pathos, dann aber: »Deutschland, fallen wir / Haupt bei Haupt.« Erst klingt das als Gelöbnis, wird dann zur Prophezeiung, endet in der furchtbaren Wirklichkeit derer, die da liegen Haupt bei Haupt, das waren auch meine Mitschüler ...

Wir kamen durch, irgendwie, möglichst ohne uns der Gefährdung durch das »Revier« auszusetzen, wo ein »Heilgehilfe« das Seine tat, und dieses Seine erregte eher Beängstigung als Heilung. Drei Monate als Arbeitsmann, wehe, man sagte versehentlich »Arbeitsdienstmann«. Dann wetterte es: »Dienstmänner stehen auf dem Bahnhof!«

Drei Monate nur, der Krieg hatte die Dienstzeit um die Hälfte verringert. Aber auch diese drei Monate wollten uns als endlose Zeit erscheinen. Bis wir dann unser Paket, den Pappkoffer mit unserer Zivilkleidung, wieder aufnahmen und uns auf den Weg in die Heimat machen durften. Der Weg in die Heimat war der Weg in den Krieg. Der nach Polen und nach Frankreich sich anschickte, ein Weltkrieg zu werden: Hitler griff ihn an, seinen Bündnisgenossen Stalin.

Soldat (1941–1944)

K riegsfreiwillig« hatten wir uns gemeldet. Das klingt nach hohem Ton, klingt nach Preußens Freiheitskriegen, nach Scharnhorst und Gneisenau, nach den Schill'schen Husaren und Dichters Heldentod: Theodor Körner.

Schöne Assoziationen, sie führen irre. Wir hatten uns gemeldet zum einen, weil alle es taten. Es gehörte sich so. Zum andern, weil wir wussten: Wir würden ohnehin eingezogen werden, es kam auf ein paar Monate früher oder später nicht an. So jedenfalls dachten wir. Und die Anwärter für die aktive Offizierslaufbahn wurden schon ein halbes Jahr vor dem Abitur einberufen, ohne gymnasiale Abschlussprüfung …

Auch uns, den Übriggebliebenen, wurde es leicht gemacht im März 1941, das Abitur war eine Farce und bestand im Wesentlichen aus einem langen Aufsatz.

Ins Leben entlassen, das hieß Einberufung. Wieder Abschied von der Mutter. Fahrt nach dem schlesischen Sagan, wo ich mich in der Panzer-Ersatzabteilung vier, Fünfte Kompanie, zu melden hatte.

Die Art, wie mit uns kriegsfreiwilligen Rekruten verfahren wurde, sagt einiges aus über den Geist der

Zeit, über den der Wehrmacht, der wir nun dienen sollten (und wollten).

Darum in einiger Ausführlichkeit ein Bericht über die Monate meiner Rekrutenzeit. Ich hatte den Ehrgeiz, ein guter Soldat zu sein, »wie Vater und der Ahne«.

Es galt der alte militärische Grundsatz: »Der Leutnant, für den seine Leute nicht nach wenigen Tagen durchs Feuer gehn, hat versagt.« In diesem Sinne versagten sie nahezu alle, die Offiziere, denen ich, denen wir in der Ausbildungsphase ausgesetzt waren. Versagten mit Ausnahme – und ich bin froh, mich der Namen noch zu erinnern – der Leutnante Ritter und Moch. Der eine uns vorgesetzt noch im Ersatzheer, der andere an der Front. (Moch war dann später in den Jahren der Berliner Universitäts-Turbulenz 1967 f. Vize-Polizeichef, – und wurde so ungerecht wie heftig angegriffen.)

Chef der Fünften Kompanie war Hauptmann Dr. du Ménil. Altfranzösischer Adel, als »du Ménil« wurde der Sohn des großen Malers Georges de La Tour nobilitiert im 17. Jahrhundert, aber von de La Tour wusste ich damals noch nichts. Hauptmann Dr. du Ménil war ein Mann in den Fünfzigern. Aufgedunsen das grobe Gesicht, aufgebläht der massige Leib. Er verbrachte seine Nächte mit Saufen und seine Tage mit Schlafen, – so hieß es, und das war kein bloßes Gerücht. Sich um die ihm anvertrauten Rekruten zu kümmern kam ihm nicht in den Sinn, ich habe ihn nur wenige Male gesehen, – das erste Mal, als er mich vor versammelter Mannschaft bei der Parole- und Briefausgabe anbrüllte: »Sie scheinen mir ein riesengroßes Arschloch zu sein!« Mein Vergehen: Meine Mutter hatte einen Brief an den Schützen »Herrn« P. W. gerichtet.

Eine andere Begegnung mit Hauptmann Dr. du Ménil geschah zu nächtlicher Stunde. Wir tief und erledigt schlafenden Rekruten wurden geweckt durch Musik und knallenden Marschtritt auf dem Flur. Unsern staunenden Augen zeigte sich der Hauptmann im Paradeschritt, eskortiert von einem Korporal mit Handharmonika und zwei jungen Mädchen jeweils rechts und links im Arm, – Tänzerinnen im Kostüm und wohl übrig geblieben von einer der gehobenen Abendveranstaltungen im Offizierskasino. Der lebensfrohe Lärm verhallte, und wir krochen wieder auf unsere Matratzen.

Das pädagogische Ideal der Rekrutenerziehung war in diesen Jahren degeneriert zum Prinzip des Kadavergehorsams. Die Mittel zu diesem Zweck waren durchwegs sadistischer Natur. Das Unteroffizierkorps der Heimatarmee bewährte sich auf niedrigstem Niveau. Ihnen, den Unteroffizieren und Feldwebeln, waren wir ausgesetzt, – die Offiziere hingegen kümmerten sich vor allem um sich selbst und die Instandhaltung ihrer Uniform mit Hilfe ihres Putzers (im alten Heere hießen sie »Burschen«), und jedem Offizier stand einer zu. Kein unbeliebter Posten übrigens, er dispensierte oft vom strengen Dienst.

Der Unteroffizier unserer Korporalschaft hieß

Kurschewitz. Er übte mit uns »das hässliche Lachen«, wenn er uns nächtlich aus dem Schlaf scheuchte, und was immer wir gut- oder übelwillig machten, es war in seinen Augen und Worten »Mausepisse«. Der die Kompanie faktisch beherrschende »Spieß«, der Hauptfeldwebel, hieß Staskewitz. An jedem Sonnabend stand »Revier reinigen« auf dem Dienstplan, und an jedem Sonnabend brüllte er bei der Befehlsausgabe: »Kriegshilfsnotabiturient Wapnewski mit vier Mann zum Reinigen der Aborte und Waschräume.« Das mochte noch angehen, aber wenn ihm das Resultat unsres Mühens nicht zusagte, dann konnte es geschehen, dass er uns befahl, mit unseren Zahnbürsten die Rillen des Fußboden-Kachelbelags zu säubern …

Zugführer des Ersten Zugs war Leutnant Brodhagen. »Im Zivil« irgendeine Charge beim Zoll. Montags »schliff« er uns mit besonderem Vergnügen, ließ uns also bis zum Umfallen exerzieren, »Christenverfolgung« nannte er das poetisch, die höchste Steigerung war der gebrüllte Ausruf »Gaas!«, und dann mussten wir uns, atemlos wie wir schon waren vom Laufen, Knien, Robben, die Gasmaske über den Kopf ziehen und weitermachen, – ich erinnere mich, wie Tränen der Wut an meiner Maske herunterleckten und im Frost zu kleinen Eiszapfen erstarrten.

Leutnant Brodhagen gab auch Unterricht. So belehrte er uns über den Fahneneid. Dessen sittliche, ihn begründende Voraussetzung ursprünglich die Freiwilligkeit gewesen war. Ich meldete mich: »Bitte Herrn Leutnant fragen zu dürfen, was geschieht, wenn ich den Eid auf den Führer nicht ablege?« Leutnant Brodhagen klärte den heiklen Fall so schlicht wie eindeutig. »Kohlrübe ab, Wapnewski!«

So viel zum Fahneneid, – der, wie man weiß, für die Offiziere des 20. Juli 1944 eine ambivalente, qualvolle Gewissensprüfung war. Und so viel zum Chef der Fünften Kompanie, so viel zum Führer des Ersten Zugs. Den Abteilungskommandeur (die »Abteilung« entsprach bei der Panzertruppe dem »Bataillon« des Heeres) habe ich ein Mal gesehen, von ferne, als eine Art entrückter Gottheit. Dabei war er doch nur Major, und er hieß Waldeck (alter österreichischer Adel, sagte man).

Ich sagte es schon: Ich wollte ein guter Soldat sein. Das hatte Folgen. Als nach abgeschlossener Rekrutenausbildung das Gros der Kompanie versetzt wurde, zwang ein Befehl ein Dutzend von uns zum Bleiben. Wir wurden ernannt (nicht »befördert«) zu dem lächerlichen und verachteten Grad eines »Oberschützen« und zu Hilfsausbildern. Den Korporälen zur Seite gestellt, um ihnen nützlich zu sein bei der Ausbildung des nächsten Rekrutenjahrgangs. Dem ich zuweilen auch das Singen beizubringen hatte, denn der Gesang befeuert den Marschtritt und nährt den Gemeinschaftsgeist. Es ging bei uns vor allem um ein Lied, dessen Text einer unserer Korporäle verfasst hatte, und der ging so: »Wir sind die Panzerschützen / Vom Todesregiment. / Wo Dreck und Kugeln spritzen, / Ist unser Element. / Das gibt ein hartes Ringen / Der Sieg, er muss gelingen.« Dies die logische Conclusio, ihr folgte der Refrain: »Liebes Mädel, lass das Weinen, / Liebes Mädel, lass das Weinen sein. / Ist die letzte Schlacht gewonnen, / Kehr ich zu dir heim …«

Der kriegerische Frohsinn der ersten Strophe, stümperhaft alten Landsknechtsliedern abgehört, forderte seine Ergänzung in Strophe zwei: »Und sollt' ich dabei fallen / Für unser Vaterland, / So denke stets: mein Leben, / Es lag in Gottes Hand. / Der Sieg er muss gelingen …« und so weiter. Hans Henschel, nicht nur mein Kamerad, sondern auch mein Freund, fragte, nicht dumm, ob es nicht besser heißen solle: »Mein Leben / Lag in des Führers Hand …«

Der für diesen Fall als zuständig geltende Unteroffizier, Hartwich sein Name, kam, dem Konflikt ausgesetzt, sich für die göttliche oder die Führerkompetenz zu entscheiden, mit sich überein, den erdachten Ernstfall doch besser der Sache mit Gott zu überlassen.

Jenseits des Liedgutes und seiner vaterländischen Komponente hatte ich meinen Korporal zu entlasten, wenn es um Waffendienst ging, also um das Auseinandernehmen des MGs 34 (»Nichts leichter als wie das«, trompetete Unteroffizier Kurschewitz), außerdem meldete ich mich zur Fahrausbildung. Nicht zu der im Auto, also LKW, was vernünftig, nämlich voraussehend gewesen wäre. Aber die Wagenfahrer gehörten zum Tross der Kompanie, nicht zur panzerbewehrten Kampfstaffel. Die Männer vom Tross aber hatten graue Uniformen statt der schwarzen und verkörperten eine mindere Schicht soldatischen Ansehens. Also lernte

ich Panzerfahren und erhielt schließlich den Führer-
schein, der mich zur Meisterung sämtlicher damals
gängiger Panzertypen berechtigte. Es gab, dies sei als
Kuriosum für den Erfahrenen mitgeteilt, einen Typ
(er trug die 7,5-Kanone), der mit einer Automatik von
Maybach ausgestattet war und nicht weniger als zwölf
Vorwärts- und vier Rückwärtsgänge hatte. Und entsprechend schwer beweglich war. Als weitere Kuriosität sei nicht unterschlagen, dass es mir einmal gelang,
den einen einzigen mageren Baum auf weiter freier
Ebene zu Schanden zu fahren … Der vor Wut seine
Stimme ins Falsett zwängende Fahrlehrer strafte mich
durch die Übung des »Bodenfreiheit-Messens«, das
heißt, ich musste unter dem Panzer in all seiner Länge
hindurchkriechen, mehrere Male … Was wörtlich
atemberaubend war.

Bleibt die Frage, die vorläufig nur zu beantwor-
tende: Was hat man gelernt in dieser Lebensphase, die
man in romantischer Zeit die des Jünglingsalters genannt hat? Weltbewegendes wie Waffenreinigen und
Bettenbau, und vielleicht, dass wir mehr aushalten
konnten als gedacht, wir, die psychisch und körper-
lich unzulänglich ausgestatteten Bürgersöhnchen.
(Aber das hatte auf seine Weise auch der Arbeitsdienst
schon zu lehren vermocht.) Und »gelitten« in einem
strengeren Sinne haben wir ja nicht, – was wir durch-
machten, ist nichtig im Vergleich mit dem, was Hunderttausende von Kameraden dann an den Fronten
und schließlich in den Arbeitslagern der Gefangenschaft zu durchleben und zu durchleiden hatten.

AN DER FRONT

Im Juni 1942 wurde die Fünfte Kompanie verladen. Panzer vom neuesten Typ: »Fünfzentimeter Langrohr«, auf Tieflader-Güterwagen nach Ost ging unser Ritt. Etwa sechs Tage und Nächte lang. Und wir machten uns staunend eine erste Vorstellung von der oft berufenen Weite der russischen Landschaft. Wir gehörten zur Heeresgruppe Süd, zur 13. Panzerdivision unter Generalleutnant Herr.

Unsere Panzer fuhren, ausgeladen, tagelang in ein endlos sich erstreckendes Meer von Sonnenblumen hinein. Ein Bild der Unwirklichkeit, nur der Breitleinwand des Kinos vergleichbar: Die abendliche Sonne über uns im Rücken, leuchteten uns Zehntausende, Hunderttausende von Sonnen an, es war ein Rausch in Goldgelb und ganz und gar unwirklich und fern allem Kriegsgeschrei. Mein Freund und Kamerad Sepp Schydlo aus Breslau aber schmetterte vom Turm mit hellem ausgebildetem Tenor die Gralserzählung aus dem *Lohengrin*: »In fernem Land, unnahbar euren Schritten ...«

Das riesige Gebiet hinter der eigentlichen Frontlinie, Ruhe- oder Aufmarschstellung, ist besonderer Beschreibung wert; es ist eine Landschaft, durchzogen von vibrierenden Strömen, ein durcheinander wirbelndes geordnetes Chaos von Panzern und Kübelwagen, von Motorrädern und Sanitätsautos, ein wirres Gemisch von Truppenteilen in den verschiedensten Uniformen, Kaskaden von Zeichen und Nummern, das Ganze oszilliert und funktioniert geisterhaft nach unsichtbaren Signalen. Wir tankten auf, munitionierten auf, – und gaben irgendwann unsern ersten Schuss ab. Das war nördlich von Rostow beim Übergang über den Don. Die ersten Toten lagen als aufgedunsene Leichen am Weg, beklommen in Augenschein genommen von den Unerfahrenen (die Kompanie bestand zur Hälfte aus Neulingen); und bald waren die Toten unsere eigenen Kameraden. Der Kompaniechef – ein Oberleutnant – befahl mir, einen Brief zu schreiben, dem weitere folgen sollten: an die Angehörigen von Kameraden, die ich doch kaum gekannt hatte. Immer aber hieß es: »Einer unserer Besten …«

Der Sommerfeldzug, allemal einfacher zu ertragen als das Wintergefecht oder die Winterschlacht, hat seine egozentrischen Eigentümlichkeiten. Bedingt vor allem durch die Kürze der Nacht. Da fielen die Russen wie wir in betäubten Schlaf, drei oder vier Stunden nur. Auch der zur Wache Eingeteilte wurde von der Müdigkeit widerstandslos überwältigt, – »Wachvergehen«, das Militärstrafrecht kennt kaum ein schlimmeres Versagen …

Mich hatte das Los getroffen – anders kann ich den Vorgang nicht ausdrücken –, in unserem Panzer den Posten des Ladeschützen einzunehmen. Für den ich ungeeignet war, nicht zuletzt, weil nur als Richtschütze ausgebildet.

Wie denn überhaupt zu sagen ist – und diese Feststellung kann einem noch nach einem halben Jahrhundert den Atem beklemmen –, dass wir ganz und gar unzulänglich vorbereitet waren für das Kriegshandwerk. Wir hatten gemäß HDV (»Heeresdruckvorschrift«) das »Erweisen der Ehrenbezeigung« (zivil: »Grüßen«) gelernt, die Schritte abgemessen und den Kopf gewinkelt; hatten gar das völlig sinnlose »Panzerexerzieren« (das heißt Übungen nach Marionettenart am Panzergehäuse) geprobt, – aber wie Fahrer und Funker und Schützen im Detail ihr Gerät zu behandeln, wie sie sich zu verhalten hatten im feindlichen Feuer, – das begriffen die Neulinge erst, als es sehr ernst – und manchmal schon zu spät war.

Dazu ist überdies anzumerken, dass die Militärverwaltung meiner Person nicht gewachsen war. Der Panzerwaffe sollte nur zugewiesen werden, wer nicht größer war als 1,80 m. Ich aber war acht Zentimeter länger. Und wer kein Brillenträger war, – ich aber trug eine solche seit langem. Beide Vorbehalte waren, bezogen auf die Bedingungen der Panzerwaffe, durchaus vernünftig, denn die Körperlänge wie die Brille waren jeder Entfaltung persönlicher Kampfkraft in dem engen und bei Tempo im Gelände wild schaukelnden Stahlkäfig spürbar hinderlich. So hatte ich mich denn auch, einigermaßen korrekt informiert, zur Panzerabwehr-Truppe gemeldet, – und landete just bei denen, die ich abwehren wollte: bei den Panzern also. Und hielt mich im Gefecht, zusammengekrümmt, so brav, als es nötig war: Schleuderte die Granate unterschiedlichen Typs, Spreng- oder Panzergranate, über den Verschluss ins Rohr, knallte die Faust auf den Sicherungsknopf, brüllte »Fertig!«, – dann konnte der Richtschütze schießen. Ein Bewegungsfeldzug gehorcht nicht einem imaginären soldatischen, sondern einem sehr nüchternen mechanischen Gesetz. Irgendwann – und meist sehr bald – ist der Treibstoff verbraucht, die Munition verschossen. Und Menschen und Material atmen durch in der Ruhestellung, – wenn die Lage es erlaubt. Hier war ein sehr deutscher Wesenszug zu beobachten. Kaum zur Ruhe gekommen, ruhten wir doch nicht, bevor wir nicht unsere Kleidung und uns gewaschen hatten, mit Wasser, das wir uns von den Russen holten aus ihren Katen. Und wenn es das Glück wollte, gab es auch Eier und Brot und Milch. Wir forderten nicht, sondern fragten – und zahlten.

In freundlicher Erinnerung bleibt mir eine Szene in friedlicher Abendsonne. Ich stand vor dem Major, meinem Abteilungskommandeur, meinen Stahlhelm nicht etwa auf dem Kopf, sondern in beiden Händen, und er griff in einen Haufen von Bonbons und teilte aus, – kommentierend, dass ihm nun ein Kindheitstraum erfüllt werde: Mit vollen Händen in einen Haufen von Süßigkeiten greifen – und sie essen und ausgeben zu dürfen … Eroberte Ware, und nicht eben sehr bekömmlich. Meine ganze Besatzung lag magenkrampfig darnieder, nur ich war noch einsatzfähig, es war gut, dass die Russen ähnliche Probleme zu haben schienen an diesem Tag.

Im Übrigen ist über mich als Frontsoldaten nur zu sagen: Ich hatte wahrlich Glück. Während des wohl fünften Angriffs unserer Kompanie drang ein panzerbrechendes Geschoss in unser Gefährt und explodierte vor meinem Gesicht. Vermutlich die Ladung einer so genannten Panzerbüchse. Es drangen Dutzende von kleinen Splittern in meine linke Gesichtshälfte, – und in das Auge. Hätte ich den Kopf nicht zufällig nach rechts gehalten, wäre ich, wie einleitend berichtet, blind gewesen.

Noch während des Gefechts wurde ich aus dem Panzer gehoben (alles war voller Blut, und ich sah beschädigter aus, als ich war) und von einem Sanka (Sanitätskraftwagen) zum Hauptverbandsplatz gefahren. Wo sie alle lagen, blutend und verstümmelt und stöhnend, ja wimmernd in Reihen aufgebahrt. Zwischen ihnen weiß wimmelnd Ärzte und Pflegepersonal, und es kam mir all dies vor wie Kino, und die Bilder flimmerten, und im Kopf hämmerte die Melodie dieses idiotischen Marschlieds von den Panzerschützen und vom Dreck und den Kugeln, die spritzen …

Wie ich dann in das zerschossene Rostow gekommen bin, weiß ich nicht mehr, wohl aber, dass ich mich mit vielen andern Verwundeten wiederfand auf dem Fußboden eines Klassenzimmers in einem Schulgebäude, das getroffen aber noch standfest war. Wir lagen auf Stroh, und es gab eine Tafel Schokolade; an

Schlaf war inmitten der animalischen Geräusche versehrter Menschen nicht zu denken.

Irgendjemand brachte mich am nächsten Tag in seinem Wagen nach Taganrog am Asowschen Meer. Ich hatte eine Karte vor der Brust, die meine Hilflosigkeit auswies und meine Identität angab und Tag und Stunde und Ort und Art der Verwundung. Der Kopf war dick eingewickelt in sich allmählich verfärbenden einst weißen Mullbinden, das rechte Auge blieb frei.

Eine Nacht im Notlazarett von Taganrog, neben zwei gänzlich verpuppten Gestalten, aus ihren weißen Mullrüstungen drangen nur mühsame Atemzüge: Minenopfer alle beide. Es war noch Nacht, als der Arzt mich weckte und mir einen Brief in die Hand gab, ich solle ihn in der »Heimat« frankieren und abschicken. Ein Brief an seine Frau.

Ich wurde in ein Flugzeug geladen, in eines vom Typ der guten alten Tante Ju. Der erste Flug meines Lebens, ich hatte ihn mir anders vorgestellt. Wieder lag ich inmitten anderer Verwundeter, gebettet auf Stroh, und wieder gab es eine Tafel Schokolade. Ich konnte mich hochziehen ans Fenster und sah, dass wir tief flogen, knapp über den Baumwipfeln, und so vor Abwehrfeuer vom Boden geschützt. Irgendwann landeten wir, – und waren in Krakau. Wieder ein Lazarett, jetzt ein hygienisch geordnetes. Die Ärzte versuchten, mir die Splitter aus Auge und Gesichtsgewebe mittels eines Magneten herauszuziehen, – was zu aller Enttäuschung misslang, das Geschossmaterial erwies sich als magnetresistent. Also war der Chirurg gefragt, – und der war weit. Man lud mich nach einer Woche etwa – in der ich von Krakaus Wundern und Schönheit nichts zu Gesicht bekommen hatte – in einen weißen weichen Lazarettzug, der fuhr und fuhr und kam irgendwann in einer kleinen sächsischen Stadt namens Leisnig an. Das Lazarett war dann auch sächsisch ganz und gar, das heißt von einem klinischen Ordnungs- und einem soldatischen Kommandowesen bestimmt. Bis hin zur Regelung der Kopfbedeckung, falls ein Schritt in den Garten erlaubt oder geboten war. Unvergesslich Stabsarzt Dr. Stephan, der – kaum zu glauben – doch ein Reservist war. Seine Visite – ich verbürge mich für jedes der hier geschilderten Details – bestand in folgendem Ritual: Es meldete der Stubenälteste, ein Korporal: »Zimmer siebzehn belegt mit neun Mann. Keine besonderen Vorkommnisse!« Nun gab sich Stabsarzt Dr. Stephan seiner ärztlichen Berufung hin. Das geschah, indem er sich ans Ende der nebeneinander aufgereihten Betten stellte, ein Knie beugte (er hatte auffallend schicke Reitstiefel), ein Auge zukniff und nun die oberste Linie der Fußenden aller neun Bettgestelle anvisierte, ihre reine Reihung prüfend, abgleichend. War das Ergebnis befriedigend (es war, denn wir kannten diese Marotte und hatten zuvor die Betten sorgfältig zurechtgerückt), nahm er sich unserer Wunden an – und kommentierte sie in meinem Falle mit den tröstlichen Worten: »Als ob de Radden dran geknabbert hätten!« Denn es war in der Tat so, dass die linke Gesichtshälfte immer noch geschunden war von den Geschosssplittern, die Nase vor allem.

Nicht zu vergessen der Besuch der niedlichen BDM-Jungmädchen: In hellem sächsischem Singsang: »Heil Hitler! Die Heimat grüßt euch! Wir bringen Liebesgaben!« Das waren Kekse und Bonbons und Büchelchen vom Heldenkampf unserer Soldaten. Wir erhielten all dies aber mit strenger Weisung, die guten Dinge nicht anzurühren, bevor nicht der Ortsgruppenleiter der Partei uns und sie betrachtet habe. Er kam dann, am nächsten Tag, und wir durften zu den Liebesgaben greifen ...

Dankbare Gefühle aber gehen zurück zu der tüchtigen Stationsschwester, Margot hieß sie, und zu der schönen Schwesternhelferin Edeltraut, der mein Sehnen gehörte. Ohne Folgen, denn meine Mutter hatte inzwischen eingegriffen. Sie hatte erfahren, dass ein Verwundeter, dem ein Heilungsvorgang von geraumer Zeit noch bevorstand, auf Antrag in die Stadt seiner Familie transferiert werden konnte. So wurde ich wieder in Marsch gesetzt, ein (vorläufig) letztes Mal. Und abgesetzt in Berlin, im Reservelazarett 101, Spandauer Damm. Ein weit gespannter Klinikkomplex, aus vielen einzelnen Häusern bestehend (späteres Virchow-Klinikum). »Augen« war Station (und Haus) 17.

Damit setzt ein neues Kapitel meines Lebens ein. Eins von einschneidender und nachwirkender Bedeutung.

Hier »lag« ich vom Herbst 1942 bis Januar 1944. Hier lernte ich Horst Lange kennen, der ein bedeutender Schriftsteller war und der mir (und mit ihm seine Frau Oda Schaefer, eine wunderbare Lyrikerin) ein väterlicher Freund wurde. Ihnen gebührt ein eigenes Kapitel (S. 96 ff.). Hier wurde ich unter der geistigen und medizinischen Obhut dreier ausgezeichneter Ärzte gepflegt und erzogen. Von hier aus war ich in einer halben Stunde in der Wohnung meiner Mutter, Kantstraße 6 in Charlottenburg. Hier lernte ich Caroline kennen, die ich acht Jahre später heiratete. Diese fast anderthalb Jahre waren für den unerfahrenen jungen Mann ein Initiationserlebnis – menschlich, literarisch, politisch, intellektuell. Und ich betrat zum ersten Mal eine Universität.

Drei Ärzte

Sie waren natürlich Reservisten, alle drei. Chef war der Oberstabsarzt Dr. Max Rütz, ein liebenwürdiger älterer Herr von jovialer Humanität. Ihm zur Seite zwei Stabsärzte. Dr. Gescher, leise und behutsam, fragil wirkend und voll des hintergründigen Witzes. Verheiratet mit der »Muschelkalk«, der Witwe des Joachim Ringelnatz. Im Entree seiner Wohnung übte, der Anatomie abgekauft, wo es zu Lehrzwecken gedient hatte, ein menschliches Skelett das Wächteramt aus. Als das Haus von Bomben getroffen ausbrannte und zusammenstürzte, grub man neben den Leichen auch dieses Skelett aus, – es hieß Jonathan und wurde dann mit den andern in eiliger Feierlichkeit offiziell beerdigt. Gescher hat den Tod gefunden (gesucht?), als die Russen das Lazarett besetzten, im Mai 1945.

Schließlich Dr. Grieger. Glänzender Operateur, pragmatisch und imperativ die große Mehrzahl der täglich anströmenden ambulanten Patienten-Soldaten in sein Sprechzimmer schleusend und behandelnd. Ein Mann, streng im katholischen Glauben gebunden, der Welt vernunftgemäß zugewandt, philosophisch gebildet – und mir auf väterliche Weise zugetan. Unsere Schritte aufeinander zu (bei dem großen Abstand) waren die noblen Keats-Verse aus dessen *Ode auf eine griechische Vase*: »Beauty is truth, / Truth beauty …« und »Mehr als dies braucht ihr auf der Welt nicht zu wissen«. Dass ich dieses Gedicht ›wusste‹, war der Beginn einer Beziehung, die ich freundschaftlich zu nennen versucht bin, – wären nicht die soziale Distanz und der Altersunterschied so groß gewesen. Dr. Grieger erlöste mich aus dem immobilen Patientenzustand und erzog mich zu seiner Sprechstundenhilfe, ich notierte und gab Hilfestellung wo nötig, schließlich vertraute er mir sogar die Sehschärfenbestimmung an und behauptete kühn, ich sei so weit, in den mit Gewissheit zu erwartenden endzeitlichen Wirren nach Kriegsende dank gefälschter Papiere sogar als Ophthalmologe wieder aus dem Chaos auftauchen zu können.

Es geht schon aus diesen Andeutungen hervor, dass in Station 17 der Geist, das heißt der Ungeist der braunen Herrschaft nicht nistete. Im Gegenteil, die verachtende Aversion gegen das Regime war auf Schritt und Tritt spürbar, – freilich bei niemandem in solch beißender Schärfe wie bei Dr. Grieger. Dessen Abneigung gegen die Naziherrschaft sich zu Ekel und Hass verdichtet hatte, – auch übrigens gegen jedes militärische Gehabe und dessen Strammstehen und Hackenknallen. Unsere verwegenen Gespräche über die düstere Lage hatten staatsfeindliche Schärfe, – und waren sich dessen bewusst und in Verzweiflung froh.

Die Natur meiner Verwundung machte eine Reihe von Operationen nötig, alle dazu – letztlich vergeblich – angetan, das Auge zu retten, – wenn auch nicht dessen Sehkraft. Vor allem die nachoperative Phase brauchte Zeit zur Heilung, – und meine toleranten Ärzte erlaubten mir, da tagsüber beurlaubt, mich an der Friedrich-Wilhelms-Universität immatrikulieren zu lassen. Deren Räume – noch unversehrt – ich im Mai 1943 mit andachtsvollem Staunen betrat, mir deklamierend: »Tês d'aretês hidrôta theoì propàroithen ethékan.«

Die Einschreibung schenkte mir eine kuriose Überraschung, die um ihres zeittypischen Charakters willen memoriert zu werden verdient. Es bewegte sich träge eine lange Schlange von Menschen, weiblichen Geschlechts zumeist, auf den Schalter zu, der für meinen Namen zuständig war. Und ihnen allen wurde, wie ich – über die Schultern hinweg – knapp entziffern konnte, eine Urkunde überreicht, die ihnen einen Orden, wohl genauer: ein mir nicht bekanntes »Lothar Kreuz« zuerkannte. Das schien mir übertrieben, dennoch hielt ich es in dieser jegliche Art von Ehrenzeichen freigebig verteilenden Zeit für nicht ungewöhnlich. Zu meiner nicht geringen Irritation vermachte man, als ich an der Reihe war, auch mir diese Auszeichnung, – die indessen keine war. Meine verminderte Sehschärfe hatte mich getäuscht, denn in der Hand hielt ich nun die Urkunde, die bezeugte, dass der Student P. W. zum Sommersemester immatrikuliert wurde »Unter dem Rektorat des Professors der Orthopädie LOTHAR KREUZ«.

Eingeschrieben hatte ich mich natürlich an der Philosophischen Fakultät. Und doch so natürlich nicht, denn mein Abiturzeugnis vom Jahre 1941 schmückte noch die Behauptung: »Wapnewski will Jura studieren«. Im Sommer 1943 aber war ich immerhin klug genug, um zu wissen: Dieser Krieg wird mit der endgültigen Niederlage Deutschlands enden. Darüber hinaus aber war ich neunmalklug überzeugt, dass es dann für unsereinen keine Möglichkeit ›normalen‹ Weiterlebens geben würde. Ich hielt Deportation und gänzliche Entrechtung für möglich, ja wahrscheinlich, und hatte vage von Plänen etwa Morgenthaus oder Vansittards vernommen … Früchte der Belehrung durch meine Ärzte in der Station 17. Also war ich mir auch sicher, nie einen bürgerlichen Beruf ausüben zu dürfen, – daher beschloss ich, ›das Schöne‹ zu studieren, und das ohne jedes ordnende System. Willkürlich also hörte ich Collegia und belegte Seminare, je nach ihrem anreizenden Titel. Tiefsten Eindruck machte mir Eduard Spranger, bei dem ich mich auch persönlich vorstellte. Zur näheren Erklärung muss gesagt werden, dass inmitten dieser Studentenmengen Männer eine Rarität waren, und wenn sie gar Uniform trugen und durch einen Verband als verwundet gekennzeichnet waren, dann nahmen sie eine privilegierte Stellung ein. Man war, so wollte es das Pathos der Zeit, »Ehrenbürger der Nation«, – und wurde auf mannigfache Weise bevorzugt. Das sollte mir eines Tages zum Schaden, fast zur Katastrophe gereichen. Doch davon später am gehörigen Ort.

So nahm mich denn auch der große und mir schon

greisenhaft erscheinende Nicolai Hartmann (damals 61) auf in sein Oberseminar, darin fertige Doktoren und andere gereifte Persönlichkeiten ihr Denken übten. (Er galt zu jener Zeit neben Heidegger als der bedeutendste deutsche Philosoph.) Und sich in einem mir kaum verständlichen Fachidiom äußerten. Das Thema war des Aristoteles Schrift *Perí psychês (De anima)*, und man erhob sich, wenn der Professor den Raum betrat (was mir als Geste des Respekts gut gefiel). Er lehnte am Fenster, sein Auge sah hinaus und hinauf, unermessliche Dimensionen berührend, und sagte in seinem baltischen Zungenschlag: »Es lohnt sich schon, darüber nachzudenken …« Für mich lohnte es nicht sachlich, wohl aber hatte ich ein Objekt für mein Verehrungsbedürfnis gefunden (wie schon im Falle Spranger).

Des Weiteren hörte ich Kunstgeschichte bei Pinder (der Letzte, der noch den Ehrentitel »Geheimrat« trug, der 1919 abgeschafft worden war); Theaterwissenschaft bei Knudsen; die so genannte Zeitungswissenschaft bei Emil Dovifat, ihrem Begründer; auch Geschichts- und Musikwissenschaft. Und – natürlich – Germanistik. Denn das Fach »Deutsch« war zu Schulzeiten mir das liebste gewesen. Keinem von diesen Dozenten hörte ich Sympathien ab für die herrschende Lehre und ihre verderbliche Ideologie.

Die Germanistik wurde damals vertreten durch die Ordinarien Franz Koch, Hans Pyritz und den Altgermanisten Julius Schwietering, dem wissenschaftlich bedeutendsten, didaktisch unfähigsten unter ihnen.

Bei seinem Assistenten Friedrich Ohly erlitt ich ein lähmend langweiliges althochdeutsches Proseminar (Ohly wurde später in Münster ein weithin anerkannter Mediävist).

Über Franz Koch braucht kaum etwas gesagt zu werden, er war ein Produkt des Zeitgeistes und hatte eine *Geschichte deutscher Dichtung* geschrieben, – so zäh und langweilig zu lesen wie sein Vortrag anzuhören war. Seine Art, uns von deutscher Art in Sprache und Dichtung zu zeugen, hatte den Charme einer Geräte-Turn-Stunde.

Hans Pyritz, klein von Wuchs, und mit leicht weinerlich klingender, berlinisch gefärbter Stimme vortragend. Er hatte Verdienste als Barock- und Goethe-Forscher, und keiner baute sein Männchen zur Begrüßung seiner Hörer so stramm wie er mit steif ausgerecktem Arm. (Denn natürlich – und wie unnatürlich klingt dieses »natürlich« ein halbes Jahrhundert später – begann jedes Kolleg, jede Seminarübung mit dem »Deutschen Gruß«.)

Dann aber das für mich entscheidende, noch ungeahnt mein späteres Leben bestimmende Bildungserlebnis. Ein schon nicht mehr junger Privatdozent namens Ulrich Pretzel las über die Mittelhochdeutsche Lyrik, über die Gedichte aus *Minnesangs Frühling*. Und nahm sich dieser Lieder an und gab sie weiter an seine Hörer mit einem so hohen Maß an philologischer Genauigkeit wie musischer Empathie, dass mir damit der Weg angedeutet wurde hin zu der Disziplin der »Alten Germanistik«. Die mich ursprünglich nicht gereizt hatte; wenn ich an die Literaturwissenschaft dachte, dann an ihre dem 18. und 19. und 20. Jahrhundert zugehörigen Gegenstände, also an die Dichtung von Gryphius über Goethe bis Rilke. Und mancherlei Gedichte, darunter viele Stefan Georges, hatte ich mir durch Auswendiglernen zu Eigen gemacht. Doch wurde mir im Laufe der späteren Semester die so genannte Neuere Germanistik als Literaturwissenschaft unbehaglich, ich fand in ihr allzu viel unverbindliche Redseligkeit und die Tendenz, sich der genauen Bestimmung des Textes zu entziehen zugunsten der Lust am spekulativen Räsonnement.

Davor schützte in der Alten Germanistik die Notwendigkeit, vor allem geistreichen Urteil das Wort zu studieren und Gotisch zu lernen und Althochdeutsch und Mittelhochdeutsch, historische Grammatik dazu.

So erfuhr ich unter Pretzels behutsamer Anleitung eine erste Näherung an die Mittelalter-Literaturwissenschaft, – ohne dass ich diesen von vielen seiner Hörer angeschwärmten Dozenten damals schon persönlich kennen gelernt hätte.

Bekannt aber wurde mir seine Antwort auf die Frage, warum ein solcher Mann eigentlich (noch) nicht Professor sei? Diese Frage, replizierte er, sei ihm lieber als die, warum einer eigentlich Professor sei …

In diesen beiden ersten Studiensemestern lernte ich meine spätere Frau Caroline aus dem altpreußischen Hause Finckenstein kennen. Und mit ihr Katharina, spätere Mommsen, die eine prominente Goethe-Forscherin in den USA wurde. Und die mir ans Herz wuchs, weil sie, wie man mir kolportierte, über mich zu einer Freundin gesagt hatte: »Der Kerl ist mir so unsympathisch, der ist bei der SS ...« Ein Missverständnis, dem ich nicht nur ein Mal anheim fiel. Ich trug die schwarze Uniform der Panzerschützen, – die verwechselte mancher leichtfertig mit dem Schwarz der ursprünglichen SS-Uniform-Farbe. Die Waffen-SS aber war feldgrau gewandet wie die Masse des Heeres mit bestimmten Unterscheidungskennzeichen.

So viel zu den ersten und als tastend unverbindlich empfundenen Schritten in den Kosmos der Universität. Unernste erste Versuche, mich zurechtzufinden in der Bildenden Kunst, der Literatur, in beider Geschichte. »Unernst«, weil ich an die Chance einer Zukunft nicht glaubte.

HORST LANGE

Von einer großen, mich behutsam belehrenden und erweiternden Freundschaft ist hier noch einmal gesondert zu berichten: Es war in den ersten Tagen nach meiner Einlieferung in das Reservelazarett 101, Berlin, Spandauer Damm. Ich kannte sie noch nicht, die anderen Patienten, die Schwestern und die Ärzte. Augenkranke sind leicht zu handhaben, relativ wenig Bettlägerige, und wir standen an, um Essen zu fassen. Neben mir einer, ein gut Stück älter als ich, das Haar grau gestrählt, der Kopf kantig, von Bau mittelgroß und eher schmächtig. Das war der Gefreite Horst Lange, und ich wusste, er war ein Dichter. Mir schien die Gelegenheit günstig, eine Beziehung herzustellen, unsere Gemeinsamkeit war deutlich, wir trugen beide die gleiche Kleidung, beide einen Verband über dem Auge, beide das Essbesteck in der Hand, – also ich sagte: »Die Kunst geht nach Brot.« Das hatte ich zu bereuen, denn aus dem verbliebenen Auge traf mich ein aussagemächtiger Blick, mir die alberne Zitat-Bemerkung entschieden verweisend, wenngleich nicht ohne Milde. So begann unsere Freundschaft.

Eine Freundschaft, die ungleich austeilte und lohnte. Zwischen einem Manne, der jetzt seine »besten

Jahre« hätte leben sollen, der erwachsen war, ein Akademiker, der die Welt kannte; sie schreibend zu begreifen, auch zu verändern versucht hatte. Der sich hatte den Wind um die Nase wehen lassen, der nicht nur schrieb, sondern auch malte, der vertraut war mit den Namen (und den Menschen hinter den Namen) aus der Szenerie der Kunst und der Künste.

Ich hingegen war nichts – was einem beim Militär besonders deutlich gemacht wurde angesichts der sich ständig wiederholenden Notwendigkeit, den Beruf zu nennen. »Abiturient«, das war eine Angabe von der gefährlichsten Brisanz, leerer konnte keine Existenz gefüllt sein als diese.

Horst Lange also nahm sich meiner an, der Unergiebigkeit des Partners zum Trotz. Und erst spät begriff ich, wie bedacht und überlegt sie es taten, er und seine Frau Oda Schaefer, und beider Freunde.

Denn sie wussten, dass sie mit ihrer Generation noch den Begriff der Freiheit, das *Dulce nomen libertatis*, erfahren hatten. Zwei Jahre vor Hitler waren sie in Berlin angekommen, aus dem schlesischen Oderbruch von Liegnitz, hatten das Kommende erst geahnt, dann gewusst; hatten das, was gefährdet, was unwiederbringlich verloren sein würde, aufzunehmen, aufzuheben versucht; hatten das Berlin der zwanziger Jahre in den ersten beiden Jahren des vierten Jahrzehnts noch in seiner geistigen Gespanntheit, seiner sensiblen Vitalität und kreativen Explosivität zu erfahren vermocht. Und hatten den Umschlag erlebt, verzweifelt, und wider alles bessere Wissen ein besseres Hoffen setzend, und lebten nun in ihrer hellen, mit alten Möbeln und neuer Graphik belebten Dreizimmerwohnung in Zehlendorf, Riemeisterstraße. Im Parterre zwar, aber doch in einer Art Untergrund.

Sie haben mir gegenüber ihre Fürsorge niemals begründet, Horst Lange und Oda Schaefer, aber es ist gewiss, dass sie das Bedürfnis hatten, von allem, was sie bewegte und was sie bestimmt hatte, was sie als menschlich und des Menschen würdig erfahren hatten: dass sie davon ein Teil festzuhalten, weiterzugeben versuchten, indem sie es dem Jüngeren anvertrauten. So tat ich denn, der Einäugige geführt von dem Einäugigen (aber Horst Lange behauptete, Einäugige sähen schärfer und tiefer), vorsichtige Schritte in ein Zwischenreich, das materiell kaum mehr existierte und doch als eigentliche Wirklichkeit zu überdauern bestimmt war. Bücher und Menschen, und da im Lazarett kein Raum war für sie, verließen wir es illegal in den Nächten und wichen den kontrollierenden Heeresstreifen aus mit routinierter List, wie sie das Werkzeug der Schwachen ist. Denn zwar hatten wir keine Passierscheine, wohl aber einen Schlüssel für den geheimen Hintereingang des weitläufigen Lazarettgartens, den Horst Lange als teures Vermächtnis übernommen und später mir übermacht hat. Dieser Weg hieß im Klinik-Jargon der Eingeweihten die »Analfistel«.

So traf ich, illegal auf meine kleine Weise, auf die Spuren der großen Illegalen, traf Heinrich und Thomas Mann und Georg Heym und Thomas Wolfe und

Kafka und Freud, las die Arbeiten der Lange-Freunde Peter Huchel und VauO Stomps, Günter Eich und Elisabeth Langgässer, traf schließlich auf lebendige Menschen hinter Büchertiteln, auf Ilse Molzahn und Henry Goverts, auf Friedo Lampe und August Scholtis, auf Günter Birkenfeld und Erich Kästner, – und zuweilen war auch jemand da, der Worte sprechen machen konnte, Elisabeth Flickenschildt und Maria Wimmer und Lola Müthel.

Es waren karge Zeiten, aber man ging freundlich um mit den Verwundeten, und wenn das mit den »Ehrenbürgern der Nation« auch eine vollmundige Phrase war, so rückte man uns angesichts der Blessuren doch gelegentlich großzügig eine Flasche Wein unter der Theke heraus, es kam einiges zusammen, wenn wir systematisch ausschwärmten, und so nahmen denn die Nächte ausladende Formen an, in denen Horst Lange, der zum Wein ein brüderlich-emphatisches Verhältnis hatte, seine Stimme schwellen ließ bis zum grollenden Donner und in Zungen sprach, und ganz Schlesien war darin und vor allem das dunkle Liegnitzer Bruch und die verlorene Zeit und hilflose Verzweiflung über die gegenwärtige Lage und das Bewusstsein vom hoffnungslosen Geschlecht.

Seine Erzählung *Die Leuchtkugeln* schenkte er mir eines späten Abends mit der nicht eben leicht zu entschlüsselnden Widmung »Das Schwein scheint wie ein Hund ...«.

Ein Dichter, dem man seine Zeit wegnimmt. Der mit dem Beginn seiner dreißiger Jahre seinen ersten

Ruhm erfährt: Da erschien bei Goverts, es war 1937, der Roman von der *Schwarzen Weide*, ein Buch wie ein »östlich breit dahinfließender Strom« (so nennt ihn Oda Schaefer in ihren Lebenserinnerungen), ein Buch von Schuld und Sühne, vom Verbrecher, der zurückgezwungen wird an den Ort seiner Tat, von Gier und Bosheit und Liebe, und alles wuchert heraus aus der Sumpferde des schwarzen Oderbruchs und findet wieder dahin zurück. Die Verständigen begriffen, wie einige Rezensionen zeigen, die Bedeutung dieses Werks, einige vielleicht gar den Versuch darin, den aus der Tiefe emporgegurgelten Führer-Dämon widerzuspiegeln, – die offizielle Kunstbetrachtung freilich vermochte, verständlich genug, nichts anzufangen mit dergleichen östlicher Epik, die voller versehrender Traurigkeit war und bestimmt vom Bewusstsein des Zwanghaften und Getriebenen, die zeugte vom Mühseligen und Geschundenen im Menschen.

Dann der zweite große Roman, *Ulanenpatrouille*, seinem tschakoblitzenden Titel zum Trotz ein durchaus unmilitärisches Buch. Es erschien zu Beginn des Krieges, vorabgedruckt in der *Frankfurter Zeitung*. Wieder ein Versuch, den Osten zu bewältigen, – den man aus diesen Romanen tiefer und wirklicher wird kennen lernen können als aus den Verlautbarungen der heimisches Brauchtum pflegenden Traditionsverbände. Man müsste sie wieder lesen.

Die Augenabteilung unseres Lazaretts war ein nobler Ort, eine Aussparung im System jenes militärischen Schwachsinns, der durchaus auch die der Wundenheilung zubestimmten Institutionen beherrschte. Die drei beschriebenen Ärzte waren ihrem respektablen Dienstgrad zum Trotz nicht Vorgesetzte, sondern menschliche Partner, und den Gefreiten Lange umgab eine Aura von Achtung und Respekt. So fand er hier, zwischen zwei Operationen jeweils, auch die Möglichkeit zu schreiben, das heißt, er selbst zu sein.

Der schließlich aus dem Lazarett entlassene Pionier Lange ging wieder zur Truppe, wurde Korporal und überstand den Krieg. Überstand? Er hat ihn nicht überstanden. Ich weiß nicht, ob das Klischee vom »Stahlbad« je zu Recht geprägt wurde. Ich weiß nicht, ob es das je gegeben hat, dass Tugenden, die man zuzeiten als »männlich« empfand, im Krieg sich nicht nur bewährten (denn das haben sie in der Tat, unter Frauen nicht minder als unter Männern), sondern gar gepflegt, entwickelt, gefördert worden sind. Aber es ist wahr, dass viele, die überlebten, sich nicht wesentlich verändert haben. Andere aber sind, zurückgekehrt, nicht zurückgekehrt. Horst Langes nervöse Sensibilität, seine Leidens- und Mitleidensfähigkeit, das differenzierte System seiner seelischen und intellektuellen Registratur: Sie haben das seit 1933, das seit 1939 Erlebte nicht abhaken, nicht erledigen können. Er war weit über seine Verwundung hinaus ein Kriegsbeschädigter. Zwar spielte München 1946 und 1947 seine Theaterstücke (*Der Traum von Wassilikowa; Die Frau, die sich Helena wähnte*), zwar druckten die bedeutenden Zeitschriften seine Gedichte (die Gottfried Benn sehr schätzte), der Rundfunk brachte seine Hörspiele, die Freunde ermutigten ihn, und es erschienen neue Novellen und Romane: Aber er blieb doch einsam, in sich und sein Schicksal eingefangen, und seine magische Naturdichtung, Mensch und Tier und Pflanze und Fluss nicht trennend, sondern als Elementarpartner ineinander fügend, blieb fremd in einer literarischen Umwelt, die sich soeben auf die Technik des Kahlschlags einübte. Mit der Stunde Null anfangend. Bei ihm war Oda Schaefer, mit ihr ihre Gedichte.

Ich habe ihn nur selten wiedergesehen. Man vertröstet sich auf das nächste Mal, und begreift zu spät, dass es kein verbrieftes Anrecht auf ein nächstes Mal gibt. Wir lebten räumlich weit auseinander, mein berufliches Tun berührte ihn weniger als das seine mich. Ich glaubte ja auch, wir hätten Zeit. Am 6. Juli 1971 ist er gestorben, 66 Jahre alt. Im Sommer, wenn alles hell ist und die Erde für Spaten leicht.

DIE ANKLAGE

Es war am 25. Mai 1943. Horst Lange und ich machten uns das Vergnügen, das Lokal – eher eine Bar – »Johnny« am Kurfürstendamm aufzusuchen, das Künstlern und Intellektuellen zugetan war, und sie ihm. Nun war es so, dass weniger unsere Uniformen, sondern eher unsere Kopfverbände uns eine gewisse Aura gaben. Wie auch immer politisch eingestellt, – man wollte uns wohl. Und holte unterm Tresen eine Flasche Rotwein hervor oder auch mehrere, und »Johnny« hielt sich nicht zurück, sondern spielte auf und goss fleißig aus. Wir fühlten uns wohl und nahmen unbefangen Kontakt auf mit drei oder vier jungen Offizieren der Luftwaffe. Und nun kann ich lediglich Gedächtnisfragmente wiedergeben: Das waren freundliche Eindrücke, ich meinte, in unsern Gesprächspartnern verständnisvolle Kameraden gefunden zu haben. Zugegeben, meine Erinnerung war lückenhaft, denn dass Lange und ich sturzbetrunken das Lokal verließen, um in die Nacht hinein ein Preislied auf die Schauspielerin Lola Müthel zu singen (die wir an jenem Abend getroffen und gesprochen hatten), – das war mir noch gegenwärtig. Wie wir dann in unser Lazarettbett gekommen sind, bleibt unklar.

Wie auch immer, ich gedachte dieses rauschhaften Abends mit freundlichen Gefühlen – bis zum Abend des 11. Juni. Die Nachtschwester informierte mich: Ich würde am nächsten Morgen festgenommen werden … Der Schock ließ keinen Zweifel: Ein mir möglicherweise angelastetes Vergehen konnte nur politischer Natur sein, – das war Dr. Grieger wie mir klar, als ich ihm am nächsten Morgen den Fall rapportierte. Er reagierte ohne zu zögern: »Ich erkläre Sie für nicht-haftfähig!« Eine der erfahrenen Krankenschwestern – Irmgard hieß sie und war die OP-Schwester – meldete sich sofort bereit, in die Wohnung meiner Mutter in der Kantstraße zu fahren und eventuell belastendes Material beiseite zu schaffen. Es gab keines, aber es ist dieses Hilfsangebot bezeichnend für den Geist, der auf dieser Station herrschte.

Um zehn Uhr erschien ein alter Unteroffizier, eher wie ein Landsturmmann aussehend, umgeschnallt und mit Pistole, dazu – wie er mich wissen ließ – 16 Schuss Munition. Er lieferte mich im Militärgefängnis Moabit (Lehrter Straße) ab, genauer: im Gericht der Wehrmachtkommandantur Berlin. Ein Kriegsgerichtsrat las den Text der »Strafsache gegen den Gefreiten P. W.« vor. Den ich nur oberflächlich verstand, – wichtiger war mir das Verhalten des Kriegsgerichtsrates. Er schrie mich an: »Das kostet Sie Jahre Zuchthaus, wenn nicht mehr!«, und weiter: »Sauft doch zu Hause …!« Da klang unüberhörbar ein menschlicher Ton durch, und vielleicht ist dieser Jurist, der Kriegsgerichtsrat Dr. Hasselbach, der erste der Schutzengel,

denen ich meine wunderbare Bewahrung vor Gefäng-
nishaft und Gericht und Verurteilung – und dann
wohl vor dem Galgen – zu danken habe. Jedenfalls, er
nahm das Attest Dr. Griegers, das mich für haftunfähig
erklärte, mit den Worten zur Kenntnis: »Dann kann
ich Sie nicht hier behalten und muss Sie gehen lassen.«
Und mein Unteroffizier brachte mich unversehrt wieder zurück in das Reservelazarett 101.

Ich bin einigermaßen sicher, dass Dr. Hasselbach
die Möglichkeit, vielleicht sogar die Pflicht gehabt
hätte, mich dem Gefängnisarzt zuzuführen, – der
mich zweifellos für haftfähig erklärt hätte. (Immerhin
war ich ja vor kurzem noch imstande gewesen, mich
in einer Bar bis zur Bewusstlosigkeit zu besaufen ...)
Die »Strafsache« lautete drohend auf »Zersetzung
der Wehrkraft«, und das war, wie damals jedermann
wusste, ein todeswürdiges Vergehen.

Wie denn auch unerklärlich bleibt, dass die Mili-
tärjustiz den Verdächtigen ungestört ließ in seinem
Lazarett, Station 17. Bis zum Tag der Entlassung. Das
war am 26. Januar 1944. Da befahl mich der Chefarzt
des Lazaretts zu sich, ein aktiver Oberfeldarzt und
dumpfer Kommisskopf namens, wenn ich mich recht
erinnere, Dr. Hohoff. Er ließ mich strammstehen vor
seinem Schreibtisch und verlas einen abenteuerlichen
Text, nämlich die (mir später zugesandte) »Anklageverfügung« des Gerichts der Wehrmachtkommandantur Berlin gegen den Gefreiten P. W., »weil er hinreichend verdächtig ist, am 25. Mai 1943 zu Berlin
es unternommen zu haben, die Manneszucht in der

deutschen Wehrmacht zu untergraben, indem er im Lokal ›Jonny‹ anlässlich einer Unterhaltung erklärte: Die Napola gehört auch zu den HJ-Vereinen, der eine vollkommen falsche Erziehungsmethode vertritt. Der Nationalsozialismus mit seiner Weltanschauung sei Blödsinn, das sei alles Quatsch und würde sich rächen. Über Orden sagte er: ›Orden und Ehrenzeichen sind doch nichtig, das sei alles nichts, sie würden doch ungerecht verteilt. Offizier könne jeder werden; sie bekämen dann auch die entsprechenden Orden.‹ Bei Lokalschluss sagte der Angeklagte zu Lt. Heesen in der Garderobe: ›Es ist schade, dass Sie Offizier sind.‹ Auf dessen Frage, warum, antwortete er: ›Es gibt noch sehr viele Laternenpfähle, an die diese Herren dann passen.‹« – Folgt: »Verbrechen nach § 5 Abs. I Ziff. 2 KSSVO, § 73 RStGB. Beweismittel: Einlassung des Angeklagten, verlesbare eidliche Bekundung des gefallenen Lt. Heesen, Zeugnis des Gefr. Horst Lange, 1. Pi.Ers.Batl. 23. Das Kriegsgericht ist nach § 9 KStVO zu besetzen. Der Gerichtsherr: gez. von Hase, Generalleutnant. Der Untersuchungsführer: gez. Dr. Herrlinger, Lt.d.R. u. Heeresrichter kr.A.« (Von trauriger Ironie im Nebenbei die Erinnerung, dass dieser Gerichtsherr wenig später zu den Aufständischen und Opfern des 20. Juli gehörte.)

Ein Dokument des Wahnsinns. Das sprachliche wie gedankliche Kauderwelsch aber lässt keinen Zweifel, dass es schlecht stand um den Angeklagten. Was ich in jenem von mir als angenehm empfundenen Gespräch mit den Leutnants aus den Tiefen meiner

Trunkenheit gesagt habe, mag im Tenor, gewiss nicht im Wortlaut dem entsprechen, was der Anklagetext in hilfloser Fassung wiedergibt. Ich muss bramarbasiert haben, – der Gefährdung durch Partner und Zeugen nicht achtend. Aber konnte der Anzeigende mich nicht ein wenig erhabener zitieren: »Blut, geronnen zu Medaillenblech«, – so etwa … Dass ich in meinem vernebelten Wahn hätte Offiziere hängen sehen an Laternenpfählen, mag eher eine üppige literarische Reminiszenz gewesen sein an Schilderungen der Revolutionswirren 1918 ff. als eine zukunftsgerichtete Vision. Sie hätte, wenn ernst gemeint, ja auch nicht wenige meiner Freunde und Schulkameraden tödlich betroffen. Die Frage, warum der mich erst mit großem zeitlichem Abstand meldende Luftwaffenleutnant die inkriminierten vorgeblichen Schimpftiraden mit derart verquasten Formulierungen wiedergegeben hat, bleibt unklar, doch sind seine angeblichen Worte wohl eher dem stilistischen Unvermögen des Protokollanten zuzuschreiben als ihm. Merkwürdig bleibt inmitten dieses Wirrsals aus rekonstruierten alkoholbenebelten Gesprächsfetzen und gedanklichem Aberwitz, dass die anderen zwei oder drei Offizierskameraden dem Meldenden nicht als Zeugen zur Seite standen. Wohl aber stand Horst Lange seinen Mann und machte den eindrucksvollsten Gebrauch von seiner Dichterphantasie und erfand für den Untersuchungsrichter eine so wunderliche und absurde wie überzeugende Geschichte von Menschen am Galgen, die er an jenem Abend behauptete vorgetragen zu haben ... Meine Rolle aber war kein Meisterstück, fürwahr. Kein Heldenstück, fürwahr. Wilde Kritik an der Naziherrschaft, aber kein Aufbegehren aus dem Geist der Freiheit. Kein Ansatz zum Widerstand aus der lodernden Empörung des moralischen Gesetzes. Nur wirr wütende Rodomontaden eines juvenilen Gemütes, das undiszipliniert seine Façon durchbrochen hatte im rauschverworrenen Zustand der Entrückung. Kein Anlass zum Stolz, damals so wenig wie heute, zwei Lebensalter danach.

KARLROBERT KREITEN, ICH UND WIR

Wie ähnlich die Lebenslinien junger Menschen in jener Endphase des Krieges verlaufen konnten, um durch glückliches Geschick oder widrige Umstände an dem entscheidenden Punkt eine andere Richtung zu nehmen oder jäh unterbrochen zu werden, möchte ich am Beispiel des genialen jungen Pianisten Karlrobert Kreiten darstellen. So gewinnt die Schilderung des eigenen Schicksals im Spiegelbild des Gegenschicksals seine privat-geschichtliche Dimension.

Berlin, September 1943. Der Krieg geht in sein fünftes Jahr, – und geht langsam, allzu langsam, seinem Ende zu. Im Hinrichtungsschuppen der Strafanstalt Plötzensee werden in einer einzigen Nacht 186 Menschen exekutiert, werden erhängt an Fleischerhaken, jeweils in Gruppen zu acht. Unter ihnen Widerständler, »Defätisten« – solche, die sich in Worten und Vorhaben empört hatten gegen Hitler, seinen blutigen Unflat, seinen Krieg. Die Henker können nicht Schritt halten mit ihrem mörderischen Auftrag, müssen schließlich gegen Morgen Pause machen, nehmen ihre Arbeit am nächsten Abend wieder auf, und mehr noch als weitere hundert Opfer werden in der folgenden Nacht zum Galgen getrieben und an den Fleischerhaken erhängt.

Unter denen, die da auf den Schemel unter dem Strick gestellt werden, gefesselt und mit nacktem Oberkörper: Karlrobert Kreiten, 27 Jahre alt, geboren in Bonn. Die Musikwelt bewundert ihn als schon frühen Ruhm genießenden Künstler, Claudio Arrau nennt ihn (später) »eines der größten Klaviertalente, die mir persönlich je begegnet sind«, man vergleicht ihn mit Backhaus, mit Gieseking, Furtwängler fördert seine Karriere.

Was war sein Verbrechen? Die Zeitungen vom 15. September wissen es: »Am 7. September 1943 ist der 27 Jahre alte Pianist Karlrobert Kreiten aus Düsseldorf hingerichtet worden, den der Volksgerichtshof wegen Feindbegünstigung und Wehrkraftzersetzung zum Tode verurteilt hat. Kreiten hat durch übelste Hetzereien, Verleumdungen und Übertreibungen eine Volksgenossin in ihrer treuen und zuversichtlichen Haltung zu beeinflussen gesucht und dabei eine Gesinnung an den Tag gelegt, die ihn aus der deutschen Volksgemeinschaft ausschließt.«

Wie schloss man sich damals aus der deutschen Volksgemeinschaft aus? Kreiten hatte einer Freundin seiner Mutter erklärt, der Krieg sei schon verloren und es laufe hinaus auf den gänzlichen Untergang Deutschlands und seiner Kultur. Auch sprach er vom Wahnsinn Hitlers und davon, dass nun bald die Köpfe des Führers und seiner Paladine rollen würden. Die Frau behielt nicht für sich, was sie da hörte, trug es zwei Freundinnen zu, die in ihrem fanatischen Wahn Anzeige erstatteten und die insistierten, als die erste Denunziation die erhoffte Wirkung nicht zeitigte, nun liefen sie von der »Reichsmusikkammer« zum Propagandaministerium, und endlich war die Gestapo am Zuge.

Am 3. Mai wurde Kreiten verhaftet, nach vier Monaten qualvoller Gefängnisnot und trotz leidenschaftlicher Rettungsbemühungen der Familie und hochgestellter Fürsprecher (darunter Furtwängler) wurde er vom Volksgerichtshof am 3. September zum Tode verurteilt. Von heute auf morgen, in Abwesenheit der Verteidiger und unter Missachtung noch anhängiger Gnadengesuche.

Die Eltern erhielten erst nach der Hinrichtung Nachricht und dann eine Rechnung über Reichsmark 639,20, zahlbar binnen acht Tagen als materieller Beitrag zur Tötungsverrichtung ihres Sohnes.

An dieser Stelle des Berichtes mische ich mich ein. Es ist nicht viel übrig geblieben von den materiellen Dingen, mit denen ich damals lebte, im Grunde nichts. »Alles verloren« zu haben war ein allgemeines Schicksal in jenen Jahren, es lohnt nicht, davon Aufhebens zu machen. Geblieben aber ist ein abgeschabtes Notizbüchlein, graues Kriegspapier. Zum 7. September findet sich darin folgende Eintragung: »Geburtstag. Einkäufe, und wir feiern mit Horst Lange, bis uns übel wird.« An jenem Tage wurde ich 21, also nach damaligem Gesetz volljährig.

An diesem Tage also »Einkäufe« in der schon

bombenzernagten Reichshauptstadt, eine sehr banale Angelegenheit: Angesparte Fleisch- und Lebensmittelmarken wurden kumuliert, das gab ein üppiges Essen zu dritt, und an jenem Abend also tranken wir, tranken zu viel und, entwöhnt, wie wir waren, mit üblen Folgen. Höllenspuk. Ich landete im Badezimmer und blieb da.

Das war die Nacht vom Plötzensee, der ein paar Kilometer weiter nördlich liegt, die vom 7. auf den 8. September. Die letzte Nacht Kreitens und der anderen 185.

Am 3. Mai dieses Jahres 1943 war Kreiten verhaftet worden, in Heidelberg, wo das für den Abend angekündigte Konzert nun abgesagt werden musste. Fünf Wochen später wurde ich festgenommen, am 11. Juni. Das Gericht der Wehrmachtkommandantur Berlin ermittelte – wie berichtet – in der »Strafsache« gegen den Soldaten P. W. »wegen Zersetzung der Wehrkraft«.

Kreitens Freunde betonen immer wieder, er sei ein im Grunde »unpolitischer Mensch« gewesen. Was man unbesehen glauben wird, – wer damals gegen die offensichtliche Brutalität und den schreienden Widersinn des delirierenden Nationalsozialismus Worte fand, bedurfte dazu nicht eines spezifisch politischen Sinnes. Es genügten Vernunft, Verstand, ein Organ für Gerechtigkeit und das Gefühl für Anstand. Warum aber diese schlichten Voraussetzungen einer moralischen Existenz damals millionenfach getilgt, annulliert, vergessen waren: Das wird man nie verstehen.

Als ich damals meine Volljährigkeit auf solch unvergessene Weise »feierte« und Karlrobert Kreiten mit vielen anderen und doch in eisiger Einsamkeit starb, standen er wie ich unter der gleichen oder doch vergleichbaren Anschuldigung, hatten wir beide das Gleiche oder doch Vergleichbares getan. Er musste dafür sterben. Ich überlebte. Es ist nicht einfach, mit dieser Feststellung fertig zu werden.

Ich denke an Kreiten. Versetze mich immer wieder in ihn, in die Monate seiner Haftzeit, die letzten Stunden, den letzten Augenblick. Lese seine Briefe aus dem Gefängnis an die Familie, die von einer rührenden, durchaus kindlichen Fürsorge zeugen, und von – auch kindlicher? – ungebeugter Hoffnung. Zehn Tage noch vor seinem gewaltsamen Tod bittet er um neue Schuhe, »meine sind so ausgetreten, dass ich sie nicht mehr lange tragen kann«. Und man möge ihm zum Schutz gegen die nahende Herbstkälte den »alten blauen Mantel schicken«.

Der Gefängnisgeistliche in jener Nacht, er war in der Tat – um es einmal so banal zu sagen – überlastet. Aber er konnte nach eigenem Bericht diesem jungen Mann, der ein genialer Klavierspieler war und nichts zu tun haben wollte mit der Politik, den ein blutiger Aberwitz in den Würgegriff der Justizmordmaschine gepresst hatte, – er konnte ihm beistehen, konnte danach den Eltern die Versicherung geben: »Er ist diesen letzten Weg ganz gefasst und ruhig gegangen, er ist *gut* gestorben.« Was immer man darunter auch verstehen mag, – wie gefasst und ruhig mögen fortan die gelebt haben, die schuldig waren an seinem Tod? Die drei Denunziantinnen und seine Richter.

Wie mag der Schreiber des Artikels im Berliner *Zwölf-Uhr-Blatt* vom 20. September 1943 überlebt, weitergelebt haben, der in schwülstigen Phrasen die »Wirklichkeit eines Künstlerlebens aus dem fünften Kriegsjahr« der »Wirklichkeit« eines Arbeiterlebens gegenüberstellte, gipfelnd in der furchtbaren Tirade: »Wie unnachsichtig jedoch mit einem Künstler verfahren wird, der statt Glauben Zweifel, statt Zuversicht Verleumdung und statt Haltung Verzweiflung stiftet, geht aus einer Meldung der letzten Tage hervor, die von der strengen Bestrafung eines ehrvergessenen Künstlers berichtete.« Und so fort, – man sträubt sich, das ekelhafte, das mörderische Getön weiter zu zitieren, weil man das Gefühl hat, es krieche auf einen über und beflecke den Lesenden.

Eine »Hinrichtungshymne«, hat man zu Recht gesagt. Ihr Verfasser heißt Werner Höfer. Es handelt sich um jenen Werner Höfer, der nach dem Kriege seine Fernsehkarriere machte, der mit politischem Feinsinn am Sonntagmorgen dem *Frühschoppen* präsidierte, ihm zur Seite die Journalisten aus Ländern, die Hitler gern ausradiert hätte. Höfer erinnerte sich später: Es seien in jener Zeitung »Passagen unter meinem Namen, die gar nicht von mir waren« erschienen. Das kann man ihm glauben. Denn hätte sich, was da gedruckt war, nicht nur mit seinem Namen, sondern mit seiner Person gedeckt, er wäre vor verzweifelndem Entsetzen in sich zurückgekrochen, wäre leise geworden, stumm geworden, die Reue hätte ihm den Mut, die Scham die Zunge gelähmt.

Es mag indessen sein, dass dem schändlichen Hassgesang ein Stück Klarheit zu entnehmen ist. Es mag sein, dass die sinnberaubte Radikalität, mit der ein Gericht diesen jungen Künstler dem Tod auslieferte, obschon alle Zeichen für einen glimpflichen Ausgang einer Affäre sprachen, die man zur Bagatelle hätte schrumpfen lassen können, – es mag sein, dass des amtlichen Richtspruchs letztes Motiv dem schrillen Tenor des widerwärtigen Nachrufs entsprach. Es sollte ein Exempel statuiert, sollte der Volksgenossenschaft brutal demonstriert werden, wie dieser Staat mit seinem gefährlichsten Widersacher, dem Gegen-Geist, zu verfahren gedenkt; was Künstler und Intellektuelle erwartete, die Wissen umzuwandeln versucht waren in Gewissen. So lieferte denn der Pseudo-Höfer in seinem Propagandablatt den Richtern im Nachgang die erweiterte Urteilsbegründung.

Dem Schicksal des Ermordeten hat Hartmut Lange sein 1987 im Rahmen der Berliner Festspiele uraufgeführtes *Requiem für Karlrobert Kreiten* gewidmet, das inmitten der namenlosen Masse der Gequälten und Gemordeten in ihm den Menschen mit den fasslichen Zügen, dem persönlichen Schicksal erkennt, – und sich bewusst wird, dass den anderen ihre fasslichen Züge, ihr eigenes Schicksal vorenthalten wurden. Man wird diesem einen Toten nur gerecht, wenn man in ihm das große Schattenheer der auf gleiche Weise Getöteten sieht; wenn man keine Ruhe findet beim Fragen danach, warum die einen starben und die anderen überlebten.

Uns vergessen wir, wenn wir Karlrobert Kreiten vergessen. Wenn wir vergessen, was Menschen Menschen anzutun vermögen – im Namen von Menschen, auch von Göttern. Noch einmal davongekommen zu sein, – das ist zu ertragen nur, wenn man es im Angesicht der Qualen, der Einsamkeit des Sterbens, der frierenden Todesgewissheit, der letzten Gedanken und Gefühle jener tut, die nicht davonkamen. Und die ihren Tod, wenn sie ihn ertrugen, nur ertrugen in der gewissen Hoffnung, er werde das Seine tun, den Überlebenden zu einem besseren Leben zu verhelfen. So lautet – man kann es anders nicht ausdrücken als mit diesem pathosbewehrten Wort – ihr Vermächtnis.

Mein eigener Lebensweg nahm nach jenem Spätsommer 1943 den angedeuteten anderen Verlauf: Am Tage meiner Entlassung aus dem Lazarett verlas mir dessen Chefarzt die Anklageverfügung. Zeitgleich hätte erneut die Verhaftung erfolgen müssen. Sie blieb aus. Unbehelligt fuhr ich in den mir zustehenden Genesungsurlaub (zum Skifahren nach Trins am Brenner, wohin etwa zur gleichen Zeit Rudolf Borchardt deportiert wurde, – von dem ich damals noch nichts wusste). Meldete mich dann in meinem Ersatztruppenteil, der damals in Wien-Mödling stationiert war: einziger Preuße inmitten von Österreichern auf Grund unentwirrbarer Verfügungen der Militär-Bürokratie. Nicht eben gern gesehen von den so genannten Kameraden als »Marmeladinger« und Repräsentant der

»Erdäpfelfresser«. Und Tag und Nacht verfolgt von der sehr begründeten Angst, verhaftet zu werden. (Ich begriff in jenen Monaten, was es auf sich hatte mit dem Schwert des Damokles.) Stattdessen erhielt ich Studienurlaub, wie es mir als Verwundetem der »Versehrtenstufe II« zustand. Ein sommerliches Semester 1944 in Freiburg, sonnenhell in der scheinbar noch kriegsfernen liebenswerten Wein- und Obstlandschaft des Breisgaus – und dunkel überschattet von den Ereignissen des 20. Juli. Der Aufstand, der mich persönlich tiefer treffen musste als die beteiligt oder unbeteiligt zuschauende Welt. Aber in jenen Tagen war ich schon erlöst aus der mich würgenden Klammer. Denn am 6. Juni traf ein Telegramm meiner Mutter ein, mit dem so lakonischen wie ein Leben neu erweckenden Text: »Verfahren eingestellt. stop. Glückwunsch. stop. Deine Mutter«. Das war das Datum der alliierten Landung an der Küste der Normandie.

Nach dem Gang des Rechtes, das keines war, aber damals galt, hätte ich dem Kerker, dem Gericht, dem Urteil überliefert werden müssen. Der erste Anwalt, den ich mit meiner Vertretung beauftragte, streckte bald die Waffen. Den nächsten Anwalt habe ich nie zu Gesicht bekommen. Durch ihn erfuhr meine Mutter von dem unglaublichen Einstellungsbeschluss. Zur andeutenden Erklärung hilft die Information, dass die Unterlagen mit den Zeugenaussagen zu dieser Strafsache offenbar vernichtet waren, verbrannt im Feuer, nachdem das Gefängnis Berlin-Moabit und darin die Gerichtsakten von britischen Fliegerbomben getroffen worden waren, – und die Rekonstruktion der Papiere sich schwierig anließ im vorletzten Kriegsjahr, in dem Menschen und Dinge sich auflösten. Das aber sind vage Überlegungen, die zur letzten Erklärung nicht taugen. Es bleibt unerfindlich, welche Instanz aus welchem Motiv im Mai 1944 verfügt hat: Das Verfahren sei einzustellen. Ich verdanke dieser Instanz, und kann es weniger pathetisch nicht ausdrücken, mein Leben. Womit ich einfacher fertig würde, könnte ich fromm sein. Da ich mich aber nicht an einen persönlichen Gott halte, bleibt nur das Gefühl einer tiefen Dankbarkeit einer Gewalt gegenüber, deren Eigentümlichkeit sich mir entzieht. Mir wäre leichter, ich wüsste, wem ich wo und wie meinen Dank abstatten dürfte.

Als ich mich, aus dem Lazarett entlassen und nach dem Studienurlaub, pflichtgemäß im August 1944 wieder bei meiner Truppe meldete, wollte man mir den Anschein meiner Wirklichkeit nicht glauben, sondern hatte sich damit abgefunden, dass ich vom badischen Freiburg aus in die Schweiz desertiert sei. Der schwerfällige Justizapparat hatte nach mir gefahndet, hatte im Rektorat der Freiburger Universität nachgefragt, – und eine negative Antwort erhalten: ganz einfach, weil ich mich erst zum Ende der Immatrikulationsfrist hatte einschreiben lassen, nicht aus irgendeinem Kalkül, sondern aus Lässigkeit. Man hätte beim Wehrmachtsstandort, bei dem ich mich befehlsgemäß gemeldet hatte, die erwünschte Auskunft erhalten. Man fragte nicht. So dass anlässlich meiner Rückmeldung in meinem Truppenteil zu Mödling der Gerichtsoffizier nicht Unrecht hatte mit seiner Vermutung: Da sei ich ja noch einmal »haarscharf am Galgen vorbeigerutscht«. Das waren die Worte des Leutnants Strauß, eines kleinen aufgeblähten Wieners, der erst von seiner Schreibhilfe gehindert wurde, mich festzunehmen, – denn die Einstellung des Verfahrens war ihm entgangen. Der Beschluss aber lag ihm vor, und ich war so schlau, um die Auslieferung eines dieser Dokumente zu ersuchen, – er aber war schlau genug, sie zu verweigern. Denn wir beide wussten, dass diesem Dokument eine gewisse Bedeutung für eine zwar erst undeutlich sich abzeichnende, aber doch unentrinnbar nahende Zukunft zugedacht war.

Denn im Spätsommer 1944 schritt der Krieg mit furchtbaren Schritten seinem furchtbaren Ende zu: Die Russen standen in Polen, vor Ostpreußen, die Engländer marschierten in Italien nordwärts, auf Florenz zu, an der Westfront hatte die Invasion den Weg zum Rhein geöffnet, – und die »Heimat«, die Heimat lag unter Bombenteppichen und zitterte.

In jenen Tagen, genauer am 29. August 1944, erschien in allen wichtigen Zeitungen Deutschlands ein Artikel, der wurde inbrünstig gelesen und wieder gelesen, und ging von Hand zu Hand, und den Briefen an die fernen Soldaten war er beigefügt, und ein jeder sprach davon. Er wirkte, wie Dinge nur in finalen Stadien sich ausbreiten können, wenn die Ordnung des Verstandes außer sich ist, weil das Geschehen über alles Verstehen hinausgeht, wenn das Denken und die

Vernunft sich selber nichts attestieren können als die große Hoffnungslosigkeit ihres Versagens, wenn ein jeder die apokalyptischen Zeichen erkennt, die sieben Engel ihre Posaunen geblasen und die sieben Zornesschalen ausgeleert haben.

»In einem halben Jahr spätestens werden wir wissen, was heute noch wenige wissen: dass diese letzte Kriegsphase, die am 16. Juni 1944 ausbrach, ein Geheimnis gehabt hat und dass die drei Monate Juni, Juli und August in Wahrheit ein ganz anderes Gesicht hatten, als wir alle glaubten. Die Zeit, die wir jetzt, unmittelbar jetzt, durchmachen, ist das Dramatischste, was die moderne Geschichte jemals erleben kann. Spätere Zeiten werden einmal klar und deutlich sehen, dass es auf Millimeter und Sekunden ankam und dass es auszurechnen gewesen sein musste, warum Deutschland siegte.«

Die Fronten zerbrechen, die Städte brennen, die Menschen fallen, ersticken, werden dem Schafott zugetrieben und dem Galgen. Ein jeder weiß es, ein jeder sieht es. Nun jedoch ist zu lesen: »Aber *dieses Bild ist falsch.*« Und dem Verlorenen wird ein Weg, dem Ertrinkenden das Ufer gezeigt.

»In einem halben Jahr wird es ohnehin jeder wissen. Dann wird es ein Gefühl sein, als wenn nach einer tosenden, lärmerfüllten, dunklen Gewitternacht am nächsten Morgen ein Tag anbricht, ganz still, ganz klar alles, ganz einfach alles, nichts Furchteinjagendes mehr, nichts Bedrohliches. Die ganze vergangene Nacht ist einem dann fast unverständlich.«

Und die Angst, die Verzweiflung, der panische Schrecken zwangen es dem Leser hinein, er sog es auf, er machte das, was diese Buchstaben sagten, zu einem Teil seiner selbst, – seit er sein Grab sah, wollte er nichts als leben, und hier war einer, der ihm das Leben versprach.

Wer diesen Aufsatz heute liest, wird ihn in all seiner banalen Sentimentalität und beschwörenden Nichtigkeit für ein Muster journalistischer Stümperei halten. Zu seiner Zeit jedoch wirkte er, wirkte eben durch seine gänzliche Geist-Losigkeit, durch seine raunende Beschwörung des großen Wunders im Tanzschritt um das leere Loch. Denn wie endet er?

»Bis zum Herbst! Damit wissen wir, wofür wir die letzte große Kraftanstrengung machen müssen. Sie geht nicht über unsre Kräfte. Wir haben in diesem Kriege noch nie in einer kritischen Lage aufgegeben. Wir werden den letzten Preis, den wir noch zu bezahlen haben, eben bezahlen. Mit allen Mitteln und mit allen Kräften. Der Sieg ist wirklich ganz nahe.«

So war es zu lesen, in den Zeitungen der letzten Augusttage des Jahres 1944. Der das damals in der Genesenden-Kompanie zu Wien las und sah, wie die andern um ihn herum es lasen und wieder jene Haltung von Glauben und Gläubigkeit von ihnen Besitz ergriff, die das ganze Elend zu verantworten hatte: der beschloss, sich den Namen des Verfassers zu merken und ihn nicht zu vergessen: den Namen des SS-Kriegsberichters Joachim Fernau.

Wer will die Wirkung des Wortes, seine Verantwortlichkeit im Geschehen der Geschichte messen? »Der Sieg ist wirklich ganz nahe« – wie viele Brückenpfeiler mag dieses Wort noch gesprengt haben, wie viele Panzerfäuste in Anschlag gebracht, wie viele weiße Fahnen mag es heruntergerissen haben, – und: Wie viele Menschen mögen für dieses Wort bezahlt haben, Gefallene, Aufgehängte?

Ein halbes Jahr später, nach dem endgültigen Ende des Krieges, drängte sich mir die Frage auf, die mich seither nicht mehr losgelassen hat: Wie wird einer fertig damit, dass er lügt und verführt und betrügt mit der Sprache, dass er Verantwortung und furchtbare Folgen auf sich lädt, dass er merkt, wie grauenhaft Irrtum und Täuschung, von ihm ausgestreut, aufgegangen sind, – und dann, wenn alles vorbei ist, einfach weitermacht? Nicht »weitermacht« mit dem Leben, das ist Menschenart, und so müssen wir wohl sein. Nein, weitermacht mit dem Wort, mit der Bestandsaufnahme, mit der Deutung, mit der Belehrung, mit der Sorge um Deutschland. Schreibt, als habe er nie anders geschrieben, richtet und glossiert und kommentiert die Geschichte seines Volkes mit dem Anspruch des Wissenden, der den schändlichsten Durchhalteartikel dieses Krieges geschrieben und mit ihm seine Gläubigen vor die Panzer und Maschinenpistolen getrieben hat.

Ist es denn nicht so, dass die schauderhafteste Fehldiagnose, die je ein Zeitungsberichterstatter geliefert hat, ihm definitiv die Approbation entzieht? »Der Sieg ist wirklich ganz nahe« – wer das diesem Volke im August 1944 versprach, ist entweder ein Schwachkopf von unvorstellbarem Format – oder aber ein infernalischer Lügner. Das eine wie das andere: Zwingt es nicht dazu, das Handwerk des Schreibens zu lassen, die Kunst der Prophetie aufzugeben, vor der Geschichtsdeutung zu kapitulieren, das eigne Volk mit Bestandsaufnahmen künftig zu verschonen?

Es zwingt offenbar nicht; und da liegt ein großes Wunder. Aber Leute wie Fernau stehen mit Wundern offensichtlich auf gutem Fuße. Und in seinem Buch *Deutschland, Deutschland über alles …* (1952) skizziert der Geschichtsdeuter Fernau nochmals eben jene Situation, die wenige Jahre zuvor bereits der Kriegsberichter Fernau so hellsichtig getroffen hatte:

»Hitler glaubte noch in letzter Minute, eine völlige Umstellung der Waffen und Kriegsführung herbeiführen zu können. Deutschland war im Besitz phantastischer Erfindungen, die sehr wohl imstande schienen, eine vollständige Wendung zu bringen. Die heutigen modernen Waffen der Sieger beruhen darauf. Aber die Zeit reichte bei weitem nicht mehr aus. Die Alliierten waren in Frankreich gelandet. Es war zu spät.«

So einfach ist das also. Eine Sache der Distanz. Der Distanz von acht Jahren …

Bomben auf die Reichshauptstadt (1943/44)

Anderthalb Jahre unter Bomben auf Berlin. Vergeblich werden wir einst, so sagten wir damals, den Kindern und Enkeln dieses Geräusch nahe zu bringen versuchen, dieses grausame, Luft und Mauern und Atem zerschneidende Jaulen der Luftschutzsirenen, das Auf- und Abschwellen dieses mörderischen Tons, einer heulenden Wolfsmeute gleich, der schlagartig das Lebensgetriebe lähmte, es verwandelte und den Menschen ihren jeweiligen Ort, ihr jeweiliges Tun zu verlassen befahl und sie in einen Schutzraum drängte. Das heißt in den Keller unter den Häusern, nicht als Zuflucht gebaut, allenfalls Schirmung versprechend, wenn die Bombe nicht direkt zuschlug. Man hastete, stolperte, schlich die Stufen hinunter, von »Luftschutzwarten« gewiesen oder getrieben, die scheinbaren Unentbehrlichkeiten in Taschen und Koffern an sich gerafft, oder auch ohne Gepäck, wenn ereilt irgendwo unterwegs, am Tag oder in der Nacht.

Das Leben oben erstarrte, es verkroch sich unter die Erde, S-Bahn und U-Bahn und Straßenbahn hielten an bestimmten Punkten, die Passagiere verflüchtigten sich in gruftartige Gänge, Keller, Bunker.

Nächtlich dann die bellenden Stimmen »Licht aus!«, wenn irgendwo ein Licht die Verdunkelung durchbrochen hatte, ein Vorhang nicht geschlossen war; und die Autos blinzelten trübe durch Schlitze aus ihren abgeblendeten Scheinwerfern.

Das warnende Radio hatte sie angemeldet. »Mittlere« oder »schwerere Verbände« auf dem Flug nach – und dann klammerte man sich an das Sankt-Florians-Prinzip und hoffte, diese fliegenden Verbände würden abbiegen, eine andere Stadt als Ziel suchend. Eine Hoffnung, die dann der so genannte »Voralarm« zerstörte. Der in den eigentlichen Alarm wellenheulend überging. Wer da in der Nachtschwärze noch einmal zum Himmel blickte, konnte die Lichtgebilde entdecken, von Pilot-Flugzeugen in den Himmel geschossen als Fixpunkte für die nachfolgend zielenden Bombenträger, – wir nannten sie mit poetischem Zynismus »Christbäume«.

Die Tortur der Stunden im Luftschutzkeller. Die Angst lag als ein Mehltau über uns, verdichtete sich zu stickiger Luft, zum Schneiden dick, ich habe erlebt, wie alterprobten Frontsoldaten die Zähne klapperten, – nicht als Metapher, sondern als physischer Reflex auf diese grausame Situation einer Bedrohung, der man blind und gelähmt ausgeliefert war, keinen Gegner erfassend, zu keiner Geste der Gegenwehr fähig. Man zählte die Einschläge, schätzte die Entfernung vom eigenen Ort, registrierte »Bombenteppiche« und benannte fachmännisch das Bombenkaliber, duckte sich zusammenzuckend unter den schwersten, die wir »Luftminen« nannten. Kalk blätterte von den Wänden, Wände und Boden zitterten, nicht nur Kinder wimmerten, und leise nur die Worte von einen zum andern. Und merkwürdig: Nicht ein Mal habe ich in diesen ungezählten-zählbaren Stunden so etwas gehört wie aufbegehrende Verwünschungen gegen die Feinde, wie Flüche der Empörung gegen England oder die USA. Wohl aber eine gelassene Hilfsbereitschaft erlebt der so genannten Hausgemeinschaft, deren Mitglieder sich bisher kaum zur Kenntnis genommen hatten, allenfalls ein kurzer Gruß bei der Begegnung im Treppenhaus oder im Fahrstuhl. Und Herr Geißler, unser Haus- und Luftschutzwart, verließ den Schutzraum und inspizierte die Stockwerke und den Speicher, Brandbomben aufspürend. Bis er mich als einen der wenigen beweglichen Männer zur Hilfe aus dem Keller holte. »Nun ist es so weit …!« Das Haus brannte lichterloh, brannte stockweise ab, binnen Stunden, vom Giebel an erdwärts; zum ersten Mal erlebte ich die Wirklichkeit einer Feuerwand, einen mit rasendem Rauschen sich schrittweis vorarbeitenden Flammenvorhang, die weite Wohnung Meter um Meter auffressend; ich ging an die Bücherwand, nahm in einer Art von Trancezustand diesen und jenen Titel heraus, schleuderte ihn in die Flammen … Wir retteten ein paar Bilder, einen Teppich, den kostbarsten, auch er war bald verloren, einen Kabinenkoffer, ein paar Taschen, – sahen dann von der Straße aus die Mauern unseres vierstöckigen Hauses zusammenbrechen, schleppten das zusammengeraffte Zeug in eine verlassene Wohnung: »Durchgepustet«, so nannte man Wohnungen, die vom wüsten Luftdruck der in der Nähe einschlagenden Bombe bis zur Unbewohnbarkeit demoliert waren. Aßen zufällig entdecktes Rhabarberkompott, eingeweckt in Sektflaschen, schliefen ein paar Stunden auf den Koffern, holten uns am nächsten Tag Lebensmittelkarten von improvisierten Verteilungsständen. Es mag verwunderlich klingen, wenn ich vor den rauchenden Trümmern, aus denen ich ein paar Tage später noch Tafelbesteck herausklaubte, so etwas empfand wie Erleichterung: Nun brauchte es die Sorge nicht mehr, die monatelang bedrückende, um das materielle Hab und Gut, jetzt war man auf eine brutale Weise arm, also frei. Hatte »alles verloren«, gängige Formel damals.

Übrigens war dieser Feuerbrand eine hochsymbolische Lohe: Das Datum war der 30. Januar 1944. Der Tag der »Machtübernahme«, richtiger: der Machtübergabe, exakt elf Jahre vorher.

Es muss noch ein Wort gesagt werden zu der Stimmung in unserem Luftschutzkeller in der Kantstraße Nr. 6. In der Wohnung über der unseren, im 2. Stock, wohnte und praktizierte ein Zahnarzt. Sein Nachname polnisch klingend wie der meine, aber seit geraumer Zeit trug sein Arztschild einen zusätzlichen Vornamen, nämlich »Israel«. Er war also Jude, trug den gelben Davidstern, und dass er, bis sie verbrannte, noch eine Wohnung hatte, verdankte er dem Umstand, dass seine Ehefrau Nichtjüdin, also »arisch« war. Und heute bemächtigt sich meiner Erinnerung eine Situation, die ich weder damals noch in der Folgezeit als bemerkenswert empfunden hatte. Erst die Lektüre der erschütternden Erlebnisse des Romanisten Victor Klemperer in Dresden, diese Begebnisse der widerwärtigsten Demütigung, der schäbigsten Erniedrigung, der brutalsten Gemeinheit durch die damaligen »Volksgenossen« hat mich eine aufschlussreiche Tatsache begreifen gelehrt: dass Berlin offenbar anders war. Dass dieser preußische Menschenschlag inmitten aller Unmenschlichkeit sich einen spürbaren Rest von Menschlichkeit reserviert hatte. Solche Mentalität hat Verfolgung, Deportation, Ermordung nicht verhindert und auch nicht die Torturierung, die seelische und körperliche in den Zentralen der Gestapo in der Prinz-Albrecht-Straße, in den Amtsstuben und Gefängnissen, – aber in der alltäglichen Wirklichkeit des Kriegsalltags hat nach meiner Beobachtung nie stattgefunden, was in anderen Provinzen (wie etwa der von Klemperer erlebten) offenbar gängige und sadistisch praktizierte Übung des Inhumanen war. Und also berichte ich hier, was ich bisher nie für berichtenswert hielt: Dass der Soldat P. W., in voller Uniform »mit Orden und Ehrenzeichen«, in dem dicht besetzten Kellergewölbe unmittelbar neben dem anderen saß, dessen Ehrenzeichen der gelbe Stern war. Und man unterhielt sich miteinander in ruhiger Selbstverständlichkeit und ohne jegliche abschirmende Vorsichtsgestik über die politische Lage. (Den »deutschen Blick« nannte man damals den ängstlich sichernden Blick ringsum zu Beginn eines Gesprächs.) Und der

Jude bot dem Soldaten sogar – gegen das Gesetz – seine zahnärztliche Hilfe an, – eine Offerte, von der beide, vermutlich zu ihrem Glück, nicht Gebrauch gemacht haben.

Es bleibt unvergessen, dass nicht nur keiner der so genannten Volksgenossen in dem voll gedrängten Keller Anstand genommen hat an dieser – einer Demonstration verdächtigen – Begegnung, sondern dass auch nur der Gedanke, es könne solche Gemeinsamkeitsbezeugung berührt sein von dem Hauch des »Besonderen« oder gar Ungehörigen, niemanden angerührt hat.

Als dann das Haus brannte, haben wir zuallererst aus der Wohnung des gefährdeten Ehepaars einige Gegenstände zu retten versucht, wohl wissend, dass es den Eigentümern schwerer als uns gemacht werden würde, wieder Fuß zu fassen. (Doch es ist ihnen gelungen: Meinem Kollegen Hartmut Jäckel verdanke ich die Information, dass Dr. Norbert Kubatzki nach dem Krieg in Schmargendorf praktiziert hat.)

Bombenterror, Bombenschrecken über Berlin. Im Herbst 1943 nahm er wütend zu. Ich habe mich durch U-Bahn-Schächte durchgeschlagen, als die Straßen brannten und kein Durchkommen mehr war. Ich habe den ekelhaften süßlichen Leichengeruch eingeatmet, der aus den Haustrümmern herausschwelte. Habe, von Entsetzen gelähmt, die Berichte gehört von den Kellern, die nicht zusammengestürzt waren, aber in die unaufhaltsam Wasser floss aus zerbombten Rohren, und der Wasserspiegel stieg Zentimeter um Zentimeter, und schließlich erstickten gurgelnd in ihm die letzten Atemzüge. Man hatte die Schreie der eingemauerten Ertrinkenden noch gehört, – und so verzweifelt wie vergeblich versucht, sie zu retten. Und ich stand vor Ruinen, die einst die Wohnungen der Freunde und Verwandten gewesen waren, – und wenn man Glück hatte, wenn sie Glück gehabt hatten, kündeten Zettel und Kreideaufschriften, dass sie lebten, noch lebten, wieder lebten, und dass man sie da und dort finden könne.

Entwarnung, – süßer Ton ... Man stieg aufs Dach, ortete die brennenden Häuser, die den Himmel rötenden glühenden Stadtteile. Und fühlte sich dem Leben wieder geschenkt, für 12 Stunden oder 24 Stunden, oder gar länger? Denn man kalkulierte, erfahrungsgestärkt, mit gewissen Wetterlagen und durfte gelegentlich vermuten, dass zum Beispiel die kommende Nacht Ruhe geben werde, denn bei Vollmond flogen die Bombengeschwader nicht, ein allzu leicht zu treffendes Ziel für die Flakgranaten abgebend. Der Mensch ist wunderlich organisiert, nämlich so, dass er sich des Lebens freuen will, auch wenn die Frist für Leben und Freude begrenzt ist. So aber war es. Mehr noch: Die Gewissheit der in Bälde wiederkehrenden Lebensgefährdung steigerte den Lebensgenuss.

Man kontrollierte Elektrizität und Gas und ließ die Badewanne wieder voll laufen, – denn von den mittlerweile als Normalität empfundenen Mängeln war einer schwerer denn alle zu ertragen: das Fehlen von Wasser.

Ich vermag nicht zu sagen, ein wie großer Teil des deutschen Volkes damals (noch) aus enragierten, aus überzeugten Nationalsozialisten bestanden hat. Da ein jeder Mensch sich seine Umgebung, soweit irgend möglich, selbst auswählt, mögen meine Begegnungen nicht als exemplarisch gelten können. Meine Ärzte in der Abteilung 17 (»Augen«) des Lazaretts gaben sich wenig Mühe, ihre dezidierte – wenn auch abgestufte – antinazistische Gesinnung zu tarnen. Ähnlich die Krankenschwestern, – von einer nur, von Paula wusste man, dass sie eine Nazisse war und man sich vor ihr besser zurückhielt mit flotten staatsgefährdenden Sprüchen. Die Patienten, die Kameraden waren zwar politisch nicht gerade oppositionell eingestellt, schienen mir aber von einer nüchternen, indolenten oder auch phlegmatischen Gleichgültigkeit bestimmt zu sein. Es hatte zwar den Anschein, dass damals die Nation immer noch »wie ein Mann« den Krieg bestand, zu ihrem eigenen katastrophalen Unglück, doch bin ich sicher, dass diese opferungswütige Einhelligkeit auch Folge des innenpolitischen Terrors war: Die Klammer der Angst lag als Joch über dem Kollektiv. Der Einzelne hingegen fand sich ab mit Hilfe einer Form der schnoddrigen Resignation. Wie etwa am 20. April 1943. Der schenkte jedem der Lazarett-Insassen eine Flasche Sekt. Ein übles Gesöff, man war nach wenigen Schlucken schon betrunken, da taten wir uns zusammen zu einem parodierenden Reigentanz und sangen den idiotischen Hohn-Text: »Unser Führer hat Geburtstag. / Darum kriegen wir alle Sekt! / Hei der schmeckt, hei der schmeckt, / Unser schöner Führer-Sekt …!« So tat sich kund, auf dürftigste Weise, was uns nicht schmeckte.

Keine Racheschwüre gegen die Bomben werfenden Alliierten. Man fühlte sich ihnen ja in gewissem Sinne solidarisch verbunden, sie würden jenes System zerstören, das wir selbst mit irrendem Pathos sinnberaubt errichtet hatten und das zu erledigen uns die Kraft fehlte. So saßen wir nächtens geduckt vor dem auf geringste Lautstärke eingestellten Radiogerät und hörten London, hörten die hallenden Paukenschläge des Schicksals nach Beethovens Art, hörten jenes Volkslied, dessen Melodie ich heute noch heiter pfeife, – hätte ich das damals öffentlich gewagt, es hätte mich überführt und dem Henker ausgeliefert. Das waren die Eingangssignale der britischen BBC-Nachrichten für Deutschland, und Hugh Carleton Greene und die Stimmen anderer wurden vertraute Freunde. Wir sahen ja in ihnen unsere künftigen Befreier, und dass ihre Vorhut mörderische Spuren in unser Land hineinbombte, wollte uns als gesetzmäßig erscheinen. Dass die Bomben gezielt auch auf Wohngebiete, fern allen militärischen Anlagen, abgeworfen wurden, mit der Absicht, auf diese Weise für die Demoralisierung der Bevölkerung zu sorgen, war uns wohl klar. Nicht klar aber blieb und bleibt mir aus meinem begrenzten Blickwinkel, inwieweit dieses Ziel tatsächlich erreicht wurde. Vermutlich haben Brand und Zerstörung mancherorts auch trotzigen Widerstandswillen entzündet.

Die Moral der Nation und der Zivilbevölkerung
suchte das Regime und seine Propagandamaschine
wuchtig zu stärken auch durch markige oder sentimentale Gesänge. Kontrapunktisch dagegen erklang
heimlich ein Gegensang, ein zarter Schlager fast, dessen Text so etwas wie Hoffnung und Glück verhieß,
und die Möglichkeit von Zukunft:

»Wenn die Lichter wieder scheinen
Und wir wieder unsern kleinen
Bummel durch die hellen Straßen machen:
Werden wir lachen,
Und werden wir weinen
Zugleich …«

EIN SOMMERSEMESTER
IN FREIBURG (1944)

Frühjahr 1944. Ich war Soldat, wie alle meines Jahrgangs. War verwundet worden, wie viele meines Jahrgangs. Und tat nun einen sinnlosen Dienst in irgendeiner Panzer-Ersatzabteilung am Rande von Wien, in der so genannten Genesenden-Kompanie. Da aber erschlich ich mir listig, die »Versehrtenstufe II« half, einen Studienurlaub von drei Monaten. So wurde ich ein Zeitstudent im Mai 1944.

Zu Freiburg war ich einst Student ... Ein Buch mit diesem Titel hatte schon den Bücherschrank meines Großvaters geziert. In der Tat war er einst Student zu Freiburg gewesen, hatte dem schlagenden Corps Rhenania angehört und ließ sich vom neugierigen Enkelkind die Narben auf dem kahlen Schädel betasten, die man in solchem Kontext »Schmisse« nannte. Die mag er sich – 1872 geboren – vor nun wohl 110 Jahren geholt haben. So scheint es denn nicht verwunderlich, dass auch ich eines Tages Student zu Freiburg wurde. Und doch verwunderlich genug, bedenkt man Zeit und Umstände. Denn es war das im Jahre 1944, im letzten Sommer und letzten Sommersemester des Krieges.

Ein merkwürdiges Semester, und in Freiburg vor

allem merkwürdig, weil die Stadt und ihr Leben sich der Wirklichkeit märchenhaft entzogen. Berlin lag schon zum unguten Teil in Trümmern, und es kamen die Wochen, in denen Hamburg verbrannte. Freiburg aber kannte keinen Fliegeralarm, Freiburg war lieblich, war (noch) unzerstört, hatte Weinlaub im Haar, der Kaiserstuhl und Straßburg lagen nahe, die Landschaft verdiente es, »lieblich« genannt zu werden, und ihre Felder und Bäume trugen Früchte wie einst. Die Hörsäle der Universität waren zum Überlaufen voll, auf einen männlichen Hörer wie Walter Jens oder mich kamen hundert Mädchen – eine Situation, so reizvoll nicht für unsereinen, wie der Ahnungslose denken mag.

Walther Rehm las über die Geschichte der Tragödie, und in das verzweiflungsvolle Pathos seiner Darstellung ging manches ein von der verzweiflungsvoll empfundenen Gegenwart, auch wenn er von Antigone sprach und von Woyzeck, und viele verstanden das. Heidegger las über die Anfänge des Denkens und dunkel über Heraklit. In dieser absurden Atmosphäre von Mangel und Sommerwind, von Seiten füllenden Todesanzeigen der Zeitung und Ausflügen ins Markgräfler Land, von Seminarreferaten über Bürgers *Leonore* oder den *Erlkönig* und Wehrmachtsberichten über so genannte Frontbegradigungen, in dieser bizarren und von Widersprüchen der Wirklichkeit bis zur Unwirklichkeit entstellten Atmosphäre ereignete sich etwas Merkwürdiges, das, obwohl erschreckend und traurig und im Augenblick entmutigend, doch nicht ohne Sinn war und vielleicht Hoffnung machen konnte. Und einige verstanden es.

Und das war so:

Auch der letzte Kriegssommer pflegte noch, so wollte es die Selbstbehauptungsgeste des angeschlagenen Staates, die deutsche Kunst. Freiburg hatte ein Orchester, das Orchester hatte einen Generalmusikdirektor, er hieß Bruno Vondenhoff. Er gab Beethovens Neunte, und der Schlusschor an die Freude konnte gelingen, weil in ihm viele Studenten mitsangen, und sie taten es mit Begeisterung. Denn was das Singen im Chor betrifft, so schenkt es flüchtig verführend das Gefühl der Teilhabe an einer besseren Welt. Solche Augenblicke aber suchten wir damals mit Inbrunst.

Nun plante Vondenhoff auch die Aufführung eines Oratoriums von Händel. Eines aus dem Jahre 1752, und es war dem großen Helden des Volkes Israel gewidmet, den man aus *Richter 10* kennt, der das Volk der Ammoniter besiegte und dem furchtbaren Gott Jahwe zum Dank für diesen Sieg vertragsgemäß seine Tochter opfern muss: *Jephtha*. Ein Stoff, in manchem Sinne beziehungsreich deutbar in jenen Jahren, – und das auf abenteuerliche Weise. Natürlich konnte er nicht bleiben, was er war, sondern musste gereinigt, musste ›arisiert‹ werden. Das Stück hieß nun *Der Feldherr*, uns war auch das recht, wir wollten singen und damit ein Widerspruch sein zur Zeit.

Es wurde geprobt, und die Sache lief gut. Bis sie verboten wurde, verboten von der Stadtverwaltung.

Das aber hatte wieder zu tun mit dem schmutz-
befleckten Reinheitsdenken jener die Welt mit Brand
und Mord überziehenden Herrschaft. Vondenhoff
nämlich sei, so hieß es, verheiratet mit einer Jüdin.
Und dieser Umstand war nicht durch eine einfache
Um-Schreibung des Textes zu ändern wie im Falle des
Feldherrn Israels.

So hatte es denn also in Konsequenz der ›Rassen-
gesetze‹ in ungezählten Fällen Berufsverbote gegeben – von Schlimmerem zu schweigen –, auch Vondenhoff wurde jetzt davon betroffen.

Und damit auch wir, die wir hatten singen wollen.

Seit elf Jahren war an ungezählten Orten zu ungezählten Malen in unserem Land großes Unrecht und
sehr viel Furchtbareres als diese Absetzung geschehen,
und es hatte geschehen können, weil es mit freier Zustimmung vielleicht nicht, allemal aber mit verdrucks-
tem Schweigen quittiert wurde, und Schweigen ist die
Chance der Diktatoren.

Die Freiburger Studenten, was mochte in sie gefahren sein, schwiegen damals nicht. Sie fanden sich
zusammen, an einem Mittag unter freiem Himmel,
und ein Oberfähnrich der Marine machte sich zu
ihrem energischen, mutigen und vernünftigen Spre-
cher. (Den Oberfähnrich der Marine muss ich wohl
erklären: Es studierten in Freiburg, kaserniert, Hunderte von Medizinern in Uniform, sie sollten Militär-
ärzte werden, dazu kam es gottlob nicht mehr.) Und
wir beschlossen, ein wunderlicher Fall im Deutsch-

land jener Jahre, dass wir uns wehren wollten gegen obrigkeitliche Willkür. Also teilten wir uns in Gruppen zu je etwa zehn, bestimmten deren Anführer und gingen an die Arbeit.

Diese Arbeit bestand darin, dass wir Papierbogen beschafften und Farbstifte, alles nicht so einfach in einer rationierten Mangel-Welt, vor allem aber Leim kochten, wozu wir Mehlmarken preisgeben mussten von unseren Lebensmittelkarten. Das geschah nächtlich in irgendeiner Bude, wir malten große Buchstaben, hatten viel Spaß und taten, als könnten wir die Dämonen weglachen. Dann, zu verabredeter Stunde, machten sich die einzelnen Trupps auf in Freiburgs nächtliche Gassen. Und es geschah, was Deutschland seit wohl zehn Jahren nur in seltenen Ausnahmefällen erlebt hatte: Es wurden handgemalte Plakate an die Mauern der Häuser geklebt, deren Inhalt Protest war gegen amtliche Verfügung und Willkür. Nichts, das man hätte als brisantes politisches Manifest verstehen dürfen, nichts, das auch nur annähernd vergleichbar gewesen wäre dem hochherzigen Verzweiflungsmut der Geschwister Scholl, die ihre brennenden Aufrufe in den Lichthof der Münchener Universität hatten herabflattern lassen. Wir waren harmloser und wollten ja mit unserem Unternehmen nicht Hitler stürzen, sondern Vondenhoff halten, und mit ihm Händel. So war denn auf unseren Zetteln zu lesen: WIR WOLLEN HÄNDEL SINGEN UND NICHT STIFTEN (eine Art salvatorischer Klausel). Oder: HÄNDEL ROTIERT IM GRABE. Oder: WIR SINGEN MIT

BEGEISTERUNG – DIE STADTVERWALTUNG DANKT MIT STUNK.

Dergleichen einfältiges Aufbegehren mag heute in der Tat kindisch und abgeschmackt klingen, – wer nicht begreift, dass es damals eine schon mutig zu nennende Aktion des Nein-Sagens war, die den Eltern jener Studenten zur rechten Zeit nicht hatte einfallen wollen, der begreift auch jene Zeit nicht. Die wir doch begreifen müssen, damit wir uns begreifen.

Das Ende ist bald erzählt. Natürlich war jene Protestversammlung unter Freiburgs täuschendem Sommerhimmel von der Gestapo beschickt worden, und Spitzel hatten vorgesorgt. Die städtische Polizei, im letzten Kriegsjahr mit schwachen und schwächlichen Figuren nur besetzt, löste nächtens noch von den Mauern, was wir angeklebt hatten, und kaum einer unserer Aufrufe mag gelesen worden sein. Sie tat aber mehr: Jener Trupp, der meiner Anführung vertraut war und den ich an der Tête witternd sicherte (denn natürlich war auch eine Art Indianerspiel-Lust an der Sache beteiligt), wurde verfolgt. Leicht hätten die beiden Mädchen in der Nachhut entkommen können, sie waren sehr viel schneller als diese eher rührenden Reserveaufgebotsmänner, aber sie ließen sich bewusst greifen und festnehmen: In diesem Augenblick konnten die anderen sich in Sicherheit bringen, und sie taten es auch. Dann folgten angstvolle Tage. Wir sprachen vor beim Rektor, bei der Polizei, der Gestapo, man hielt uns hin und die Mädchen im Gefängnis. (Sie klebten übrigens buchstäblich Tüten.)

Nach drei Tagen wurden sie entlassen, kamen zurück, kamen während eines Kollegs durch die Tür des Hörsaals, als sei nichts gewesen.

Es war aber viel gewesen, ein hilfloser Aufschrei von Fast-Kindern noch, in seiner Folge zwar ganz und gar ergebnislos, aber wer ein gut gewolltes Tun nur nach seinen messbaren Folgen wertet, vermindert auch das folgenreiche Tun des Guten.

Wenige Wochen nach unserer Aktion ließ Stauffenberg die Bombe im Führerhauptquartier explodieren. Wenige Wochen später fielen die Bomben vom Himmel, und Freiburg wurde zu dem, was es heute ist: Erinnerung an das alte Freiburg.

Aber die Vondenhoff-Affäre dieses Sommers war nicht alles, war Begleitmusik. Es gab auch die Wissenschaft und ihre Vermittlung. Von Rehm war schon die Rede, – es gab auch Heidegger. Und Philologen.

Das Kolleg hieß *Die Vorsokratiker*, aber es handelte eigentlich nur von Protagoras. Noch heute scheint mir der griechische Name korrekt zu klingen nur in heller schwäbischer Lautung. Denn der Dozent hieß Walter Nestle, war Philolog und eines Philologen Sohn, er lehrte mit großer Intensität, ja mit eindringender Heftigkeit. Wir hörten staunend zu, und fast ein wenig willenlos. In diesem kleinen Hörsaal sah ich zum ersten Male Walter Jens. Wir nahmen einander interesselos zur Kenntnis, bemühten uns nicht umeinander, ahnten nicht, dass wir eines Tages Kollegen werden und Freunde sein würden.

Aber als Zufall will es mir denn doch nicht erscheinen, dass wir einander im Namen des Protagoras zum ersten Mal begegnet sind. Im Namen eines Rhetors und Aufklärers, eines leidenschaftlichen Lehrers, eines *homo politicus*. Wer sich an ihn hielt, wie er da in schwäbischen Zungen sprach, erfuhr auch etwas von der damaligen Wirklichkeit mit Hilfe ihres Gegenbildes.

Der Rationalist Protagoras, der Asebie angeklagt, floh vor dem Urteil und ist 421, heißt es, bei einem Schiffbruch umgekommen. Nestle aber wurde, als der Krieg zu Ende war, von marodierenden *displaced persons* erschlagen.

Literatur als *Instrument* des Widerstandes: Das wäre hier allzu dramatisch, wäre zu vermessen ausgedrückt. Wohl aber doch als ein *Ort* des Widerstandes. Wir erlebten das auch in anderen Vorlesungen, in denen Heideggers, in denen Walther Rehms. Und wussten, wovon die Rede war, wenn Heidegger Heraklit interpretierte, vielmehr deutete. Den so erbärmlich Missbrauchten, der – freilich provozierend genug – den Krieg den Vater aller Dinge genannt hat. Eben doch auch der furchtbaren, der schrecklichen, der unmenschlichen Dinge. Von denen Rehm sprach, wenn er die gequälte Kreatur Woyzeck vor uns leiden ließ. Physisch spürbar ging da ein den großen Hörsaal bewegender Protest durch die Reihen, – Protest nicht gegen den Professor, nicht gegen seinen Stoff, sondern vielmehr *mit* diesen beiden gegen unsere Zeit. Die nicht die unsere war und die uns doch hatte.

Wer nicht frei sprechen darf, befreit sich, indem er

sich die Fesseln einer Rolle anlegt. Wir spielten also Theater. Die Leitung hatte Dieter Waldmann. Knabenhaft zart wirkte er und war es auch, aber schon damals beherrscht von einem energisch gestaltenden und inszenierenden Willen, dem wir uns alle, manche älter und erfahrener als er, selbstverständlich unterordneten. Er brachte die federnden Perioden der Sätze, die metrischen Schwingungen der Verse in die ihnen gebührende Ordnung, lehrte uns sprechen und das Gesprochene verstehen.

Es waren die Verse der *Elektra* des Sophokles. Furchtbare Vorgänge, triefend von Hass und Blut und Rache, aber vibrierend auch vom Pathos der Reinigung. Es gibt eine Chance für den Menschen, das selbst verantwortete Chaos zu überwinden. Gegen die Götter, mit den Göttern: Sie sind die Projektionen überhöhten Menschseins. Die Götter sind sterblich.

Wir hielten mit Vehemenz und Passion unsere Proben ab, stiegen nachts durch die Fenster in das Hauptgebäude der Universität und bewegten uns szenisch auf der schwarzen Bühne der großen Treppe im flackernden Dunkel-Licht von mühsam errafften und gehorteten Kerzen, – des Verdunkelungs-Gebotes halber.

Wir probten auch im Gasthof-Saal. An dessen Stirnseite war auf einem Brett ein gipserner Hitler-Kopf postiert. Und da geschah, mitten hinein in unsere Deklamationen, etwas Ungeheuerliches. Eines der Mädchen (*à part* gesprochen: Wir hatten eben dieses Stück in männerarmer Zeit auch ausgewählt, weil

es von Frauenrollen getragen wird: Elektra, Chryso-
themis, Klytaimnestra), – eines der Mädchen also
unterbrach ihren Text, ging, nein schritt durch den
ganzen Saal, setzte hallend Fuß vor Fuß, rückte am
Ende sich einen Stuhl zurecht, stieg darauf, packte
den Hitler-Kopf mit der Hand, drehte ihn zur Wand
und sagte dazu, tonlos und laut: »Ich kann dieses Gesicht nicht mehr sehen.«

Hitler verlor sein Gesicht. Das geschah vor beklommen schweigenden zwanzig oder dreißig Zeugen, und wir kannten einander nicht eben gut, denn
nur das Spiel hatte uns zusammengebracht aus vielen
Richtungen. Ich weiß, was ich sage: Diese Tat hätte die
Studentin ihrerseits den Kopf kosten können. Und sie
bleibt dem Fräulein Monika v. Zitzewitz unvergessen.

Dieter Waldmann übrigens wurde dann ein prominenter Dramaturg und Regisseur am Südwestfunk
in Baden-Baden, auch Autor: Gründgens wagte die
Uraufführung seiner Harlekinade *Von Bergamo bis
morgen früh* (1960). Er ist nicht alt geworden. 1971 ist
er – 45-jährig – gestorben. An jenem Herzleiden, das
ihn schon damals in Freiburg zeichnete.

BESUCH BEI MARTIN HEIDEGGER

Meine Freiburger Begegnung mit Martin Heidegger, der für kurze Zeit auch mein akademischer Lehrer war, setzte sich fast 20 Jahre später auf wunderliche Weise noch einmal in Szene.

Es war Anfang der sechziger Jahre in Heidelberg. Hans-Georg Gadamer und Frau Gadamer baten zum Abendessen, zu Ehren ihres Besuchers Martin Heidegger. Im kleinsten Kreis: Geladen waren der Historiker Werner Conze und ich, der Altgermanist.

Ich war mir der Ehre bewusst und hatte in Schubladen und Fächern gekramt, hatte dann jenen Schein gefunden, den ich nun bei der Vorstellung im Hause Gadamer gewissermaßen als Passepartout vorwies. Heidegger nahm ihn, las, lachte und verkündete: »Das ist ein großes Dokument!« Von ihm wird noch die Rede sein …

Der Abend war von ernster Heiterkeit, die Politik – die raketenmächtige und in den Weltraum hinausgreifende – war eines der Themen. Und zimmerfüllend war des Denkers vergnügte Heiterkeit, als einer der geistvollen Bildwitze aus dem *New Yorker* zitiert wurde: Ein Computer, riesig wie ein Wolkenkratzer, davor zwei winzige Männer, aus dem Schlitz des Gerätes drängt sich die Fahne der bedruckten Papierrolle, und der eine sagt zum andern: »Damned, he always says: *Cogito, ergo sum ...!*« Das das Sein begründende Denken; Heideggers listige Augen verengten sich zu Schlitzen im herzlichen Gelächter.

Was aber hatte es auf sich mit dem »großen Dokument«?

Mein Kieler Jugendfreund Werner Creutzfeldt, heute hoch angesehener Göttinger Internist, damals in Freiburg als Marinefähnrich in der Sanitätskompanie, nahm mich – den Neuankömmling – mit in Heideggers Kolleg. Wenn ich anfüge, dass Creutzfeldts Mutter damals im Gefängnis saß, weil sie Hitler gelästert hatte und denunziert worden war, so hat diese Anmerkung insofern mit Heidegger zu tun, als wir von dem Rektor des Jahres 1933 und seiner Rede nichts wussten, das war schon elf Jahre her, damals waren wir Kinder gewesen; 1944 schien sich keiner an diese unselige Verstrickung zu erinnern.

Heidegger las über die Vorsokratiker, las über den dunklen Heraklit. Die Stimme ein wenig heiser, hoch und nasal getönt, der Blick aufs Manuskript oder durch uns hindurch, das voll besetzte Auditorium nahm er nicht zur Kenntnis, er war in seiner Präsenz wie abwesend. Die Haltung der Strenge und der Isolation, ja der Einsamkeit war es mehr als die philosophische Botschaft, was mich bewegte. Zumal ich nach einiger Selbstprüfung begriffen hatte, dass es mir an einer eigentlich philosophischen Begabung gebrach. Es mag ja den späten Nachfahren als eine Bagatelle erscheinen, und doch war es ein Ereignis von sensationellem Charakter, dass Heidegger, das Podium betretend, verzichtete auf das peinliche Ritual, das ausnahmslos alle seine Kollegen in jenen Jahren im Angesicht des Hörsaals fügsam vollzogen: Ausstrecken des rechten Armes zum so genannten »Deutschen Gruß«. Den leistete er damals nicht. Und wir nahmen es zur Kenntnis.

Zum Ende des Semesters durchsetzte er einmal die wissenschaftliche Verkündung mit einer persönlichen, einer privaten Mitteilung. Das war wenige Tage nach dem Tode Max Kommerells (25. Juli 1944), des Marburger Literaturwissenschaftlers, Dichters und früheren Freundes von Stefan George. Ich meine, den Wortlaut des Nachrufs getreu wiederzugeben: »Er war der Einzige seines Faches, mit dem ich fruchtbare Gespräche führen konnte …«

Es war die Verpflichtung zur Anstrengung des Denkens, die als solche in ihrer Strenge und Zeitentrückung uns zu gelten schien als ein Widerspruch gegen die Zeit. Weit entfernt, eine dezidierte Widerstandshandlung zu beherbergen, war auch dieser Hörsaal doch ein Ort der spröden Verweigerung – so jedenfalls verstanden wir ihn.

Heidegger hielt überdies ein Seminar ab, *Grundbegriffe des Denkens*. Die Besonderheit war eine Limitierung, nämlich: »Nur für Kriegsteilnehmer«. Dabei ging es ihm nicht etwa um die Übersetzung von Kriegs- und Kampferlebnissen in die Kategorie des Philosophierens. Er wollte es in der damals zu nahezu

90 Prozent von Mädchen besetzten Universität endlich einmal nur mit männlichen Partnern zu tun haben, – wie und ob sie Kriegsdienst geleistet hatten, blieb hier eine freundliche Gleichgültigkeit. (Sein Assistent damals aber war eine Assistentin.) Nun zu dem »großen Dokument«. Ich verfasste eine Seminararbeit, nichts von Belang, das Protokoll einer Sitzung. Und flocht einige Überlegungen ein, die nicht von denkerischer Gewichtigkeit, wohl aber doch von einiger Unkonventionalität geprägt waren, – und die vergnügte Zustimmung des Seminarleiters und der Teilnehmer erregten. Immerhin aber hatten sie in solchem Maße Heideggers Aufmerksamkeit gefunden, dass er zum Ende des Semesters, als ich ihm in der Schar der anderen den Seminarschein mit der Bitte um Unterschrift vorlegte, mit eigener Hand zwischen die vorgedruckten, die Teilnahme bestätigenden Zeilen die Worte einschob: »Mit großem Fleiß und bestem Erfolg«.

Das »große Dokument« ermutigte mich damals zu einer Handlung, die ich besser unterlassen hätte. Es widerstrebte mir, das Semester, damit Freiburg und damit eine Phase freilich sehr relativer und doch als Geschenk begriffener Freiheit zu verlassen, ohne Abschied zu nehmen von alldem, auch von Heidegger. So erbat ich mir das Privileg, ihn zu Hause besuchen zu dürfen, die Bitte wurde unkompliziert bewilligt, ich nahm das Fahrrad und suchte ihn auf in einem Haus aus Holz, innen wie außen, – so jedenfalls habe ich es in der Erinnerung. Da saßen wir einander dann gegenüber, und ich redete, wohl ebenso befangen wie unbefangen über das, wovon das Herz voll war. Und das war, wie denn anders, die Situation von Geist und Moral und Individuum inmitten der Brutalität einer Ideologie und ihrer barbarischen politischen Entsprechungen, die sich längst ad absurdum geführt und insoweit erledigt hatte. Ich äußerte mich durchaus ungeschützt und kam mir dabei nicht einen Augenblick mutig oder gar kühn vor (es war die Zeit nach dem 20. Juli 1944, in der jede verdächtige Äußerung als »defätistisch« mit dem Bluturteil beantwortet wurde). Denn unbeirrbar war ich dank der Stunden vor Heideggers Katheder der Überzeugung, dass er den Geist schlechthin gegen den Widergeist verkörpere.

Natürlich argumentierte ich nicht etwa als ein ihm angemessener philosophischer Gesprächspartner, aber doch war, was ihm zu sagen ich mir und ihm zutraute, von dem heillosen Ernst eines Endzeitphasen-Bewusstseins bestimmt. Es geschah aber etwas Merkwürdiges. Heidegger schwieg. Jedenfalls reagierte er nicht. Wich aus in Floskeln, sagte etwas davon, dass »Ärzte für die Seele wichtiger seien als solche für den Leib«, und blieb von einer nicht zu fassenden Unverbindlichkeit. Ich verabschiedete mich und zog fremder aus, als ich gekommen war.

Heute weiß ich mir so wenig eine Antwort auf dieses Schweigen wie damals. Allenfalls mag ich die Vermutung nicht ausschließen, dass er, Kenner des Seins wohl eher als Kenner der Menschen, mich für einen *Agent provocateur* hielt. Vielleicht auch, dass er an die Rektoratsrede des Jahres 1933 dachte …?

Wenige Tage später packte ich meine Sachen, zog wieder Uniform an, meldete mich zurück bei meinem Truppenteil. Wenige Wochen später verbrannte das alte Freiburg. Mit ihm auch ein Kollegheft mit dem Skript einer Heidegger-Vorlesung.

Nachwort:
Jenes Protokoll aus meiner anfängerhaften Feder, das der Wiederbegegnung mit Heidegger im Hause Gadamer eine Art von Autorisation gab, von mir in seiner schriftlichen Fassung längst vergessen und verloren geglaubt, ist zu meiner Überraschung nun gedruckt erschienen: Im Band 87 der Heidegger-Gesamtausgabe, Nietzsche. Seminare 1937 und 1944, hg. von Peter von Ruckteschell, Frankfurt am Main 2004, S. 298–302.

Entlassung aus dem Wehrdienst

Superlative haben, das ist ihre Absicht, eine exkludierende Funktion. So zögere ich denn, von dem »glücklichsten Tag meines Lebens« zu reden (denn es gab deren noch einige mehr, gottlob), wenn ich auf den Tag meiner Entlassung aus dem Wehrdienst zu sprechen komme. Wieder ist eine Absurdität zu vermelden, die an das Wunderbare grenzt. Als wäre ich aus der Zeit gefallen. Im finalen Stadium des Krieges, als man mit allen Mitteln das letzte Aufgebot zusammenraffte aus Alten und Schwachen und Allerjüngsten und Kranken, – da verhieß eine gegenläufige Maßnahme der Militärverwaltung jener Kategorie von Soldaten die Entlassung aus dem Wehrdienst, die »avH« geschrieben waren, das heißt »arbeitsverwendungsfähig Heimat«. Dank ärztlicher Bescheinigung zählte ich zu diesen im Militärdienst deutlich überflüssigen Soldaten, die Kartoffeln schälten in der Stammkompanie oder sinnlos Wache schoben oder irgendwo einen Graben ausheben mussten, der die russischen Panzer vor Wien aufhalten sollte. (Unvergesslich der österreichische Korporal, der mit zehn Mann und Hacke und Spaten ausgezogen war zum Zwecke solcher Befestigungsarbeit. Wir aber legten uns erst einmal in die karge frühherbstliche Sonne und bekundeten Arbeitsunlust, – was der Unteroffizier zum Entzücken des einzigen Preußen in der Schar quittierte mit dem verzweifelten Ausruf: »Geht's, Leidln, tut's arbeiten und treibt's ka Sabotasch …!«)

Ich also gehörte zu den wenigen Glücklichen, denen die Entlassung anstand. Aber der den endgültigen Befund klärende Arztbesuch stand noch mit Drohgebärde vor dem Freiheit verheißenden Weg. Wieder half mir die gnädige Lässlichkeit des österreichischen Wesens. Unter der Schar der in der Ambulanz des Lazaretts wartenden Soldaten hatte sich herumgesprochen, dass der zuständige Stabsarzt Dozent war in einer der medizinischen Fakultäten der Stadt. Und ingeniöser Eingebung folgend, meldete ich mich vor ihm nicht – wie gehörig – mit seinem militärischen Rang, sondern adressierte ihn als »Herr Dozent« (mit lang gezogenem »e«). Damit tat ich recht, denn ohne ein weiteres Wort bestätigte er den alten entlastenden Befund, und ich war der Freiheit einen Schritt näher. Noch nicht den letzten Schritt, so leicht geben die Preußen ihre Leute nicht auf. Aber ich wurde in Marsch gesetzt in die von mir angegebene Ziel- und Heimatstadt, also Berlin. Und es musste eine letzte militärärztliche Hürde, die Bestätigung der Bestätigung, dort noch genommen werden. Mit den Unterlagen bestückt, wurde ich kommandiert in die Augenabteilung eines mir unbekannten Lazaretts, – und erfrechte mich zu einem letzten Akt der illegalen Unbotmäßigkeit: Ich suchte statt des befohlenen Ziels ein anderes, mein altes vertrautes Lazarett, suchte die alte vertraute Station 17, suchte die alten vertrauten Ärzte auf. Und prompt gab Dr. Grieger imperativisch zu Protokoll: »Entlassung dringend empfohlen!« Blieb noch das fatale Problem mit der authentischen Stempelung, der korrekt absegnenden, denn ich war ja im »falschen« Lazarett, in der falschen Augenstation. So bemächtigte ich mich denn, die alten Handgriffe saßen noch, des Arzt- wie des Stations-Siegels und stempelte so, dass die Namens- und Orts-angaben über den Rand des Formblattes hinaus-ragten, also der Abdruck zwar rudimentär, aber doch deutlich offiziell sich darbot, – eine nicht weiter auf-fallende Lässigkeit.

Und ich wurde entlassen. War frei, – so frei wie seit nahezu vier Jahren nicht. War Zivilist. Und der Zivi-list hatte sein Zivil, das heißt das, was er auf dem Leibe trug – sonst nichts. Und förderte aus dem Militär-fundus drei Zeichen heraus in die andere, die ›nor-male‹ Welt: das Panzersturmabzeichen in Silber, – das war in der Ordnung, da es die Teilnahme an mindes-tens drei Angriffen bezeugte. Kein Verdienst war ver-bunden mit dem Verwundetenabzeichen, und zwar in der Silber-Fassung. Damit war der Verlust eines Auges abgegolten; – und dass mir eines Tages Stabs-arzt Dr. Gescher das Eiserne Kreuz Zweiter Klasse angeheftet hatte, war nicht die Prämie für eine he-roische Tat, sondern die mechanisch vorgeschriebene Konsequenz aus der Verleihung jenes Verwundeten-abzeichens.

Herbst 1944: Der Zivilist durfte nun auch wieder Student sein. Ich ließ mich inskribieren in der Universität einer vom Krieg noch kaum beschädigten Stadt: in Jena.

Ein Wintersemester in Jena
(1944/45)

Der neu hergestellte Zivilist räumte also im November 1944 das Tag und Nacht den Fliegerangriffen ausgesetzte Berlin und zog zur Fortsetzung des Studiums nach Jena. Und durfte sich wieder eines Privilegs erfreuen. Der dortige Ordinarius jenes Fachs, das nun das meine geworden war, hieß Carl Wesle. Und er war ein alter Freund der Familie, wir hatten in der Bartelsallee in Kiel Haus an Haus gewohnt. Und Tochter Dorothee war eine Schulfreundin meiner Schwester Marianne.

An Wesles also wandte ich mich, wohnungsuchend. Und erhielt prompt von ihnen den Zuschlag. Ich durfte nunmehr, überraschend genug, Tür an Tür mit dem Professor »meines Faches« wohnen, in ständigem Austausch von Frage und Antwort.

Die Zeit geriet langsam, aber mit deutlichem Geräusch aus den Fugen. Mutter und Tochter Wesle brauchten Medikamente gegen ihre Migräne, – ich erhielt sie als Kriegsbeschädigter in der freundlich gesinnten Apotheke. Wir hungerten nicht, aber spürten den Mangel in allen Knochen, – ich machte den Mittagstisch der Familie reicher mit Hilfe der »Krieger-

witwenkartoffeln«. Mit ihnen hatte es folgende Be-
wandtnis: Es saßen ja kaum Männer im Hörsaal in
diesem letzten Kriegssemester, und unter den sie um-
ringenden weiblichen Studenten waren noch ganz
junge Frauen, die schon Witwen waren, Kriegerwit-
wen eben, denen ein eigenes Heim eingerichtet war,
darin sie auch versorgt wurden. Und zwar immerhin
in allem Mangel so reichlich, dass sie mir, der ich nicht
nur bedürftig aussah, sondern es auch war, Kartoffeln
ihres Mittagstischs mitbrachten ins Kolleg. Die ich
wiederum der Wesle'schen Küche zugute kommen
ließ. Übrigens war Wesle zu jener Zeit auch Dekan
der Philosophischen Fakultät, es fielen während der
Mahlzeit mancherlei Informationen ab, die mich die
Eigentümlichkeiten der Universitätspolitik in jener
Zeit näher erfassen ließen. Keine ermutigenden Informationen.

Und noch weniger ermutigend, was legale und ille-
gale Nachrichten und Gerüchte ins Haus brachten.
Die stolzen Sondermeldungen mit des missbrauchten
Franz Liszt *Les Préludes* waren längst verklungen,
jetzt markierten »Frontbegradigungen« den Lageplan,
und die nüchternen Aussagen wurden propagan-
distisch überlagert von den längst durchsichtig gewordenen Schichten der Lüge: Ihr sinnentleertes
Durchhaltepathos, ihre nur noch scheinbar Hoffnung
kündenden Parolen bestätigten komplementär, was
die so genannten Feindsender nächtens verbreiteten.
Der Krieg taumelte seinem Ende zu, und nur unwillig
räumte ich zu nächtlicher Stunde meinen Platz vor

dem leise gedrehten Radio, London abhörend, wenn der Professor im Bademantel ins Zimmer trat und mich ins Bett scheuchte. Er glaubte der Nazipropaganda zwar nicht, aber noch weniger wollte er den anderen glauben ...

Allerdings wurde eine wohl überhöhte persönliche Erwartung gelegentlich enttäuscht, mit der ich eingezogen war in das Professorenhaus. Statt sich mit mir gelehrt zu besprechen über die nordischen Vorstufen des Nibelungenlieds oder über das Versgerüst der frühmittelhochdeutschen Epik, räsonierte Wesle lieber über die besten Methoden der Fermentierung jener Blätter, die die Bäume in seinem Garten hergaben. Damit er sie in seine Pfeife stopfen und sich wenigstens die Illusion eines Tabakgenusses verschaffen konnte. Ein mich weniger als ihn ständig bewegendes Thema.

Dabei rührte eine scheinbare Bagatelle mich an, mir bedeutend, wie die Universität selbst im Winter 1944/45 noch ein Bewusstsein dessen pflegte, dass geistige Disziplin etwas zu tun hat mit der Disziplin der Form: Wesle kleidete sich zu jedem seiner Kolleg-Auftritte in einen schwarzen Anzug, von dem er sich, nach Hause zurückgekehrt, unverzüglich befreite zugunsten seines Alltags-Habits.

Der Krieg ging zu Ende, indem er auch auf Jena zuging. Die Englisch-Lektorin schlug als Thema für unsere nächste (dann ausfallende) Konversations-Stunde »About suicide« vor. Das war so eigenwillig wie dunkel-prophetisch. Gleich vielen anderen Studenten schien es mir ratsam, das Zuhause aufzusuchen, – wofern es das noch gab. Ich packte meinen Koffer, er war schwer, also gab ich ihn am Bahnsteig auf, – und hatte ihn damit endgültig aufgegeben. Vermutlich ist er mitsamt seinem Inhalt verbrannt oder zerrissen von Bomben oder Plünderern, – es ist mir heute noch leid nicht um das geringe materielle Gut, das mit ihm dahinging, sondern um das Tagebuch und manche mit Fleiß beschriebene Seite, die mir später meinen damaligen Wissens- und Bewusstseinsstand hätten bezeugen können.

Ich will das Kapitel Jena nicht schließen ohne ein Wort dankbaren Gedenkens an Professor Carl Wesle und Frau und Tochter, die mich wie einen Sohn aufgenommen haben in den Verband ihrer Familie, noch das Gefühl, die Illusion von Halt und Sicherheit und auch Menschlichkeit verheißend. Ich habe nie wieder von ihnen gehört.

Rektor der Universität war im Übrigen der Biologe oder Zoologe Astel, dessen Forschungsinteressen der Hühnerzucht zugewandt waren. Er verbot den weiblichen Studierenden das Rauchen, – das durfte er unbesorgt fordern, denn es gab ja keine Zigaretten. Sein Sohn Arnfried war dann nach dem Krieg einer der interessantesten Vertreter einer neuen Lyrik und überdies ein verdienter Kulturredakteur beim Rundfunk des Saarlandes.

Achtungsvoll auch der Blick zurück auf den jungen und aufgeschlossenen Privatdozenten Heinz Stolte, der die Literaturwissenschaft unter anderem um den Begriff des »Motivreims« bereicherte. Als Antifaschist, der er gewiss war, machte er in der DDR Karriere, siedelte später aber nach Westdeutschland über. In seinem Seminar verfertigte ich ein Referat über die Novellentheorie von Paul Ernst, einem Dichter, der heute so vergessen ist wie mein ihm gewidmeter und viel zu langer Aufsatz ...

Das Gedächtnis gibt die Streckenabschnitte nicht mehr her, über die ich in einer langen Reise – ein Tag, eine Nacht, noch ein Tag – von Jena nach Hamburg kam. Aber ich kam. Und konnte im letzten Abschnitt des Weges, kurz vor Hamburg, noch einigen 19-jährigen Leutnants meine Meinung mitgeben, den Sinn des letzten Einsatzes betreffend, zu dem sie jetzt verladen wurden. Ich verfuhr allerdings mit dem Bekenntnis meiner Skepsis zurückhaltender als damals in der Bar von Johnny.

Das Ende des Krieges, den Neuanfang vor dem Anfang erlebte, überlebte ich unter einem befreundeten Dach in Blankenese.

HAMBURG 1945:
WIE DER ANFANG ANFING

Die letzten Wochen vor dem Ende des Krieges. In Hamburg. Das hieß: sich bewegen mit Hilfe nur noch ungeregelt funktionierender Verkehrsmittel inmitten von Trümmern. Die Stadt war eine Totenstadt insofern, als sie aus leeren Mauern bestand, aus Straßen wie Pfade durch Schutt und Asche, in denen noch kalter Brandgeruch schwelte. Der über der Stadt lag seit jenen Tagen und Nächten des Juli und August 1943, als das alte Hamburg unterging im Flammenmeer (*Operation Gomorrha*). Das Merkwürdige war (und bleibt), wie selbstverständlich man sich gewöhnte an das Nicht-Selbstverständliche, wie das Anormale und Anomale den Schein des Normalen annahm. »Ausgebombt« die Menschen, und sie hatten irgendwo Zuflucht gefunden, – vielleicht in Häusern, die nur »durchgepustet« waren, deren Mauern also noch standen. Und dieses fürchterliche Heulen der Luftschutzsirenen, ihr auf- und abschwellender Hyänengesang, den nie aus dem Ohr verliert, der ihn je gehört, – dieses Martergetön wurde in den letzten Kriegsmonaten oder -wochen zur oft täglichen, meist nächtlichen Gewohnheitsmelodie. Man griff nach dem Koffer, der das enthielt, was man als das Allernötigste empfand, kletterte in den Luftschutzkeller, in den Bunker, dessen meterdicke Mauern den Schutz versprachen, den die Keller der Häuser nicht liefern konnten im Falle des direkten Bombentreffers. Hamburg hatte sich ein gestaffeltes Warnsystem eingerichtet. Die höchste regierende Instanz, der so genannte Reichsstatthalter, Kaufmann sein Name, hatte sich eine gewisse Popularität in dieser finalen Phase erworben dadurch, dass er in den letzten Minuten, bevor die feindlichen Bomber das Stadtgebiet berührten, das Mikrophon übernahm und offiziell die »Fünf-Minuten-Warnung« aussprach, dazu tickte die Uhr hörbar, und seine väterlich timbrierte Stimme trug ihm den wohlwollenden Beinamen des »Doktor Baldrian« ein.

Diese letzten Wochen vor dem Ende. Vor dem Anfang. Es will mir so scheinen, als wäre das ganze Volk einer Art von tiefer Lähmung anheim gefallen. Auf ein gutes Ende zu hoffen, wie es die braune Propaganda sich täglich wiederholend verhieß, so verlogen wie scheingewiss, war dem Verstand nicht mehr möglich. Aber der Mensch ist ein wunderliches Wesen nicht nur in seiner Fähigkeit zur Akkomodation an jegliche Umstände, sondern auch in seinem Hoffnungswillen, der sich umso störrischer bewährt, je geringer die Solidität seiner Voraussetzungen. Man *nahm* hin, nachdem man alles schon hin*gegeben* hatte. Tag für Tag diese schwarz geränderten Anzeigen, in ihrer Fülle ganze Zeitungsseiten bedeckend, – und nicht wenige von ihnen unterschrieben die furchtbare Nachricht vom Tod des Vaters, des Mannes, des Sohnes mit der zynisch klingenden und eher hilflos gemeinten Bekundung: »In stolzer Trauer«. Folgten die Namen der Eltern, Geschwister, der Frau oder der Braut.

9. Mai 1945: Kapitulation der deutschen Wehrmacht an allen Fronten. Kapitulation des Deutschen Reiches. Ende des Dritten Reiches. Im Norden die Briten als Besatzungsmacht. Unaufdringlich, und mancher Deutsche macht um die fremden Soldaten in ihren sehr einfachen Uniformen einen Bogen, – und mancher macht ihn nicht. Eine der ersten Maßnahmen der Besatzer: *Curfew*. Das heißt: Es darf sich niemand mehr auf der Straße sehen lassen nach 22.00 Uhr. Das schränkt die Beweglichkeit ein, – man übernachtet zuweilen auf fremder Matratze, weil man den Weg nach Hause nicht mehr zur rechten Stunde schaffte. Der Wohnraum ist bewirtschaftet wie das Heizmaterial, wie die Ernährung. Es ist wahr, wir haben erbärmlich gehungert und erbärmlich gefroren, aber in uns allen war nur *ein* Gefühl inmitten der vielen Gefühle dominant: das des Glückes, überlebt zu haben. Das der großen Unwahrscheinlichkeit, noch einmal davongekommen zu sein.

Am Sonntagvormittag, alle vier Wochen, wurden die Lebensmittelkarten ausgeteilt. Rationen verheißend von lächerlicher Dürftigkeit. Nach Beruf und Alter unterschiedlich gewichtet. Gelegentlich ein Aufruf: Auf Abschnitt soundso die Sonderzuteilung einer Portion so genannter Nährmittel, – was immer man sich darunter vorstellen mochte. Wie immer in von der Not organisierten Systemen war da ein Untergrund, der die legalen Verhältnisse untergrub. Es gab ehemalige Volksgenossen, die »hatten alles«. Mit dieser durchaus gängigen Formulierung war gemeint, sie hatten zu essen und zu trinken. Wohl dem, der einen Weg dahin fand, – mit Hilfe naturgemäß von Tauschangeboten, die gleichermaßen als Kostbarkeit glänzten. Oder zu Preisen auf dem schwarzen Markt, die ein Vielfaches der nahezu wertlos gewordenen Reichsmarkgrößen betrugen. Auf verwinkelten Plätzen rottete man sich zusammen, kaufte und tauschte, und eine Pall Mall kostete 10 oder 20 Mark, meine Monatsration Zigaretten-Marken ergab ein Pfund Zucker. Gelegentlich machte die Polizei Razzien, das verschlug wenig. Es wurde mir damals die finanzielle Beteiligung angetragen an einem Lastzug geschmuggelter Zigaretten, – ich verweigerte mich: nicht aus Angst vor dem Zugriff der Behörde, sondern weil ich meinte, mich solcher Geschäfte schämen zu müssen, wenn ich sie eines späten Tages meinen Kindern würde gestehen müssen. Nicht ahnend, wie sie jenes späten Tages den Narren verhöhnen würden …

Die Winter 1945/46 und 1946/47 und 1947/48 waren hart. Wohl dem, in dessen Haus sich ein Ofen fand, wohl dem, der diesen Ofen zu heizen Stoff hatte. Wir brachen die letzten Balken aus zerstörten Häusern, zündeten irgendwelche schmierigen Chemikalien an. Und wer sich beim Frisör die Haare schneiden lassen wollte, der musste zwei Briketts mitbringen, nebst der wertlosen geldlichen Entlohnung. Man wird vergeblich den Ausdruck der atemlosen Freude wiederzugeben versuchen, die den begünstigten Empfänger eines *Care*-Paketes erfüllte. Der Hochherzigkeit amerikanischer Freunde zu verdanken, die – oft unter Opfern – die Dollarbeträge für jede Sendung aufbrachten. Und in dem Karton war ein Glücksreichtum zu finden, der alles übertraf, was das Leben je geschenkt zu haben schien an weihnachtlichen oder anderen Festesfreuden: Dosen mit Schinkenspeck und mit Nescafé und *Corned Beef*, Zigaretten und Schokolade und Trockenfrüchte und Kondensmilch. Und und und.

Vergängliches Glück, – bald, allzu bald versuchte man eine andre Form von Glückserwerb, klammerte sich an die Außentüren und Puffer eines überfüllten Zugwagens und fuhr aufs Land und bot den Bauern an, was übrig geblieben war: Uhren und Photoapparate und Essbesteck und Schmuck. Und das Landvolk, der andrängenden städtischen Bettlerscharen – darunter auch ich – satt, verweigerte sich, – oder legte, wie kolportiert wurde, nun seine Kuhställe mit Perserteppichen aus ... Seitdem, seit dem Schlangestehen vor dem Lebensmittelladen (wenn eine Sonderzuteilung verheißen war), seit dem Bittbegehren vor den satten Bauernhäusern habe ich mir geschworen: nie wieder anzustehen, wenn es um Nahrungsverteilung geht ... Nahrung, in die sich auch meine Geige umsetzte, ein immerhin 150 Jahre altes Stück aus dem Schwarzwald, und damit endete meine musikalische Grundausbildung.

Womit ich mich abwende von der materiellen Mangelszene zur geistigen und ihrer Befriedigung. Als die Theater wieder spielten, erfuhren wir so verstört wie staunend, was alles uns vorenthalten worden war, und je leerer die Mägen, desto voller die Schauspielhäuser und Konzertsäle. *Wir sind noch einmal davongekommen*, Thornton Wilders Parabel wie die andere von *Unserer kleinen Stadt* verzauberten uns nicht minder als die Dramen von Giraudoux und Anouilh und *Die Fliegen* von Sartre. Unter Eugen Jochum ließen die Philharmoniker inbrünstig Bruckner aufrauschen, und unter Hans Schmidt-Isserstedt spielte das Symphonieorchester des Rundfunks Mendelssohn, dessen Musik manche von uns zum ersten Mal hörten. Auch hier war Mangel das Regulativ, und so bestieg ich denn mit anderen Begehrenden jeweils vor der Karwoche das früheste aller Verkehrsmittel, am Dammtorbahnhof angekommen rannten, ja rasten wir keuchend zur Theaterkasse, Billets der *Matthäuspassion* anstrebend (unter Jochum mit Annelies Kupper, seiner favorisierten Sopranistin), das Kontingent war ärmlich, die Mehrzahl der Karten ging den lukrativen Tauschweg … Der Heimweg dann, immer noch durch das Grau der Morgenfrühe, war je nach Erfolg mit leichten oder schweren Schritten anzutreten, und der wilde Lauf hatte die ausgemergelten Körper heftig geprügelt, das lange Schlangestehen sie nicht gestärkt …

Man weiß, was Hitlers sich als Kulturpolitik verstehende Zerstörung der modernen Bildenden Kunst angerichtet hat (mit deren gestohlenem Verkauf sich die korrupte Herrschaft die Kassen füllte). So war denn die Ausstellung der »Wegbereiter«, die schönsten Produkte des Expressionismus vorführend, eine so augen-, wie geist-, wie herz-öffnende Sensation. Sie wirkt in mir bis heute nach.

Die Universitäten wurden eröffnet. Zuerst Heidelberg. Hamburg folgte im Winter 1945/46. Die Zulassung des einzelnen studentischen Bewerbers hing ab von der Reinheit seines Fragebogens, – die in den meisten Fällen garantiert war durch das jugendliche Alter des Applikanten. Aber es waren auch solche unter uns, die man als alte Männer empfand, auch ich gehörte, 24-jährig, zu ihnen. Und unsere Vergangenheit war leicht kenntlich an unserer Kleidung, die aus umgenähten Uniformstücken bestand.

Der Lehrbetrieb wurde wieder aufgenommen. Man vergesse alles, was man an Anheimelndem mit dem Begriff »Winter« verbindet, in jenen Wintern des Entbehrens war schon der Fußweg zum Seminargebäude eine Qual, millimeterschrittchenweise und frostbeulengequält in Schuhen, die nicht besohlt waren. Die Hörsäle ungeheizt, die Fenster glaslos und mit Pappkartons abgedichtet. Des Dozenten Worte mitzuschreiben erübrigte sich, man hatte kein Kollegpapier, empfand umso aufmerksamer jedes der *Verba magistri* als Offenbarung, wenn von den Dichtungen, den Musikstücken, den Bild-Kunstwerken die Rede war, die man uns vorenthalten, die man aus der Welt zu schaffen den schmählichen Versuch gemacht hatte.

Mit Vorsicht ging man allenthalben daran, das Alte zu entdecken, das nun das Neue war, ich meine mich zu erinnern, dass in den Konzertprogrammen das klassische Repertoire dominierte, dass das Entzücken an Mendelssohns Violinkonzert die Begeisterung für Mahler oder Schönberg und die Kompositionen der zweiten Wiener Schule überwog. Die Sensoren des sich neu entfaltenden Gemüts dankten die rauschhaften Erlebnisse der Musik und durch die Musik vor allem jenen Interpreten, die im damaligen Hamburg so etwas waren wie Hausgötter: Detlev Kraus und Ferry Gebhardt und Konrad Hansen am Piano, und das Stross-Quartett, und dann kam Kulenkampff mit seiner Violine, und die charmante französische Pianistin Monique Haas mit Ravels Klavierkonzert für die linke Hand.

Die Universität aber war gehalten, sich der Kontrolle durch einen britischen Aufseher zu fügen, er hieß »Universitätsoffizier« und war nach meiner Erinnerung ein Mann von liberaler Strenge, – ich verdanke ihm mit vier anderen Studenten die erste erregende Auslandsreise. Inwiefern die Wahl unter diesen fünfen auch mich traf, ist mir ein Rätsel geblieben, vielleicht hatte sie damit zu tun, dass ich in dem neu gegründeten Gremium der studentischen Mitverwaltung die Germanisten vertrat. Dieser hieß damals noch CA, »Centralausschuss«, und wurde dann gemäß dem Muster der anderen deutschen Universitäten zum »Asta«. Die Reise führte nach England, zu verdanken war sie der »Students Union« der Universität

Birmingham, die in schönster Tradition britischer Toleranz diese jungen deutschen Kommilitonen aus ihrer Einengung erlöste und sie das fern-nahe Land des ehemaligen Gegners in ersten Schritten erkennen ließ. (Eine Sensation schon die behagliche Fahrt im Dienstzug der Besatzungsmacht.) In diesen drei Wochen, die uns nach London und Oxford und vor allem natürlich Birmingham führten, nichts als liebenswürdige Freundlichkeit, aufs Wunderbarste eingeübt dank generationenlanger britischer Gesellschafts- und Geselligkeitskunst, und kein Wort der Abneigung, der Befremdung, des Misstrauens, gar des Hasses. Die Studenten von Birmingham haben uns fünf Hamburger Studenten etwas mitgegeben fürs Leben, das man vielleicht als moralische Vernunft bezeichnen kann.

Immerhin aber waren wir damals im Herbst 1948 nicht mehr so ausgehungert wie in den Jahren zuvor, als die »Schwedenspeisung« die ausgemergelten Studenten aufrichtete (unvergessen, dass mein Professor eines Tages seinen Blechteller nur zur Hälfte leerte, mir das andre Teil überließ, – und dann schnitt er mit der Papierschere eine Zigarette in zwei Teile und ehrte mich durch diese schenkend-entbehrenden Gesten höher als durch jedes andere Zeugnis …). Erwähnung verdient neben der Schwedenspeisung auch das System einer Fütterung in der US-Zone, das sich verband mit dem Namen des ehemaligen US-Präsidenten Hoover, – und zum Verbum umgesetzt wurde: man »hooverte«. Auch muss eines Herbstes die amerikanische Maisernte übergroß gewesen sein, es brachten nämlich Frachtschiffe üppige Maismengen nach Deutschland, die, zu Brot gebacken, ein den leeren Mägen wohl nicht ungetrübtes Glück lieferten, jedenfalls ist mir die Kontrafaktur des wunderbaren Storm-Liedes (»Das macht, es hat die Nachtigall …«) in Erinnerung geblieben:

»Das macht, es hat das Brot von Mais
Die Mägen arg verdorben.
Drauf sind die Leute haufenweis
So Mann wie Weib so Kind wie Greis
Beinah daran gestorben …«

In diesem Zusammenhang verdient eine Erinnerung an Marburg Erwähnung. Es war wohl im Herbst 1947, dass der dortige US-Universitätsoffizier so etwas wie eine überregionale »Hochschulwoche« arrangierte. Es kamen Studenten aus mehreren deutschen Universitäten zusammen, sogar – exotisch wirkend – aus Berlin. Die Fahrt von Hamburg ins Hessische war eine Expedition, mehrfache Umsteigenotwendigkeiten streckten sie bis zur Länge fast eines ganzen Tages, das lag vor allem an den absurd umständlichen Grenzkontrollen beim Übergang von der britischen in die US-Besatzungszone. Wir hörten in Marburg Vorlesungen über manches interessante Thema, – aber es geschah Unvorhergesehenes: Der US-Gastgeber hatte als freundliche Geste um die Stunde der *Teatime* in einem Hörsaal *Doughnuts* auftischen lassen, – nicht ahnend, wie seine Gäste reagieren würden. Sie stürzten sich nämlich in rasendem Lauf aus ihren jeweiligen Hörsälen auf diese Herrlichkeiten, überrannten sich stoßend, fallend, nahezu prügelnd: Ein peinliches Spektakel, aus dem ich mich heraushielt, nicht aus Disziplin und Selbstachtung, sondern aus schierer Ungeschicklichkeit, die andern waren schneller und stärker. Es war nicht schäbige Gier, was zu diesem Wettkampf antrieb, – es war ganz einfach Hunger. Nach zwei Tagen wurde diese gastliche Speisung eingestellt, der Ordnung halber.

Vom Vergehen der Vergangenheit (Hamburg II)

Die Vergangenheit, sie lag hinter uns. Wir aber begriffen bald: Sie lag scheinbar hinter uns. In Wahrheit lag sie *auf* uns. Wie sie noch heute auf uns liegt. Aus dem wirren Ensemble, wie ich es nicht frei von ungewollter Willkür und Einseitigkeit zu schildern versucht habe, dringt schrill die Stimme, die zum *Basso continuo* in der Partitur meiner – und der vorausgehenden – Generation wurde: Wie hältst du's mit Hitler und den Seinen? Mit Hitler und seinen Deutschen, deren einer auch du warst, du bist?

Wieder versuche ich, mir der Vorläufigkeit jeder Antwort bewusst, sie zu geben mit Hilfe eines Erlebnisses, eines Vorgangs, dem man eine exemplarische Bedeutung zuzumessen nicht zögern darf. Es geht um die Anfänge eines so genannten Studienbetriebs an der Universität. Vor dem »Betrieb« oder dem Betreiben aber stand wieder ein Anfang. Stand die in all ihrer Kargheit feierliche Eröffnung, die eine Wiedereröffnung zu nennen als Zynismus gedeutet werden könnte. Und deren Inszenierung doch zeugte von der Hilflosigkeit, mit der eine Nation, eine Generation (oder zwei), eine bürgerliche und akademische Schicht sich dem stellte, was in ihrem Namen geschehen war, – und als Geschehen ein Vorgang, der Vergangenheit zu werden sich bis zum heutigen Tag (und über ihn hinaus) sich beharrlich weigert.

Kurz und nüchtern lief der Beschluss der britischen Militärregierung über den Presse-Ticker:

»Hamburg University will open on 6th November, and on 8th November lectures in philosophy, law, medicine and science will begin. Prof. Dr. Emil Wolff, is the new Rector.«

Und weiter: Zehntausend Studenten hätten sich beworben, dreitausend seien zugelassen worden. Die fragende Vermutung, welcher Programmatik sich die Eröffnungsrede des neuen Rektors wohl widmen würde, kann nicht fehlgehen. Ihr Thema: »Die Idee und die Aufgabe der Universität«.

»Es ist ein denkwürdiger Augenblick in der Geschichte der Universität Hamburg, in dem wir stehen, ein für die Hochschule in tiefem Sinne bedeutendes Ereignis, das wir festlich begehen.«

Ort und Zeit:

6. November 1945, Musikhalle am Karl-Muck-Platz. Die Ortswahl war nicht nur bedingt durch die Tatsache, dass von den noch oder wieder verwendbaren Räumen der kriegsgeschädigten Universität keiner geeignet war, das »Ereignis« auf »festliche« Weise zu begehen (und man kann sich einiger Verwunderung über den Begriff der »Festlichkeit« zu jener Stunde

der Armut, Dunkelheit, Kälte, Entbehrung und mannigfachen Ungewissheit nicht erwehren). Die Musikhalle nämlich, großmütige Stiftung des Hamburger Reeders Carl Laeisz, war der Ort gewesen, an dem vor damals 26, vor nunmehr 86 Jahren, am 10. Mai 1919, die Hamburgische Universität durch ihren Gründer, den Bürgermeister der Hansestadt Werner von Melle, eröffnet wurde. Die Inschrift aber lautet, steinern gemeißelt: DER FORSCHUNG. DER LEHRE. DER BILDUNG. Eine erhabene Trias, als Ideal und Postulat jener anderen durch die deutsche Bildungsgeschichte mäandernden nicht nachstehend, die sich dem SCHÖNEN GUTEN WAHREN weiht.

Das idealistisch-romantische, das moralische Moment, das die Humboldt'sche Gründungskonzeption bestimmte, eben das »Ideelle«, bildet das Grundmuster aller Reflexionen über unsre Hohen Schulen seit jenen frühen Tagen zu Anfang des 19. Jahrhunderts. Es grundiert auch noch die Eröffnungsrede des Hamburger Rektors zum Beginn jenes Neubeginns am 6. November 1945. Da erfuhr man denn aus berufenem Munde: Es habe die Hamburger Universität in

»den dunklen Jahren, durch die sie seit 1933 hat hindurchgehen müssen (…), allen Hemmungen und Schwierigkeiten zum Trotz, nicht etwa nur ein verkümmertes und seines echten Sinnes entleertes Leben gefristet. Viele ihre Mitglieder haben in der Stille an der ihr gesetzten Aufgabe wissenschaft-

licher Forschung und Lehre weitergearbeitet, ohne sich durch den Lärm des Tages stören oder durch fanatische Irrlehren verblenden zu lassen.«

Hatten die »vielen Mitglieder« recht getan, unberührt vom Tageslärm und von Irrlehren »in der Stille« zu verharren? Bange Frage. Weiterhin ist ausführlich die Rede vom »eigenen Herd«, darin über jene dunkle Zeit hin die Universität »die Glut gehegt« habe, treu geblieben dem »Lichte der Erkenntnis und der Überzeugung von seiner reinigenden und zu höherem Dasein emporführenden Kraft (...), und wir freuen uns, wieder im Lichte zu wandeln ...« War das »Licht der Erkenntnis« nicht hell genug gewesen, die furchtbare Wirklichkeit zu erkennen?

Das den Historiker zierende aufrichtige Bemühen, ein Geschehen jeweils zu verstehen (und also auch ein Wort) aus den Bedingungen seiner Zeit heraus, wird einräumen, dass die Situation damals ein Wort der Ermutigung, des aufhelfenden Selbstbewusstseins nahe legte. Doch will das Unbehagen nicht weichen, wenn der neue Rektor zum Beginn der neuen Zeit, hinweisend auf die gewiss verzweiflungsvoll schwierige Situation der Entscheidung des Gewissens inmitten des Drucks von Brutalität und Willkür und der Lockung des Opportunismus, – wenn er da hindeutet auf eine vage mögliche »Rechtfertigung«, die sich auf einen tiefen Vers eines der leidenschaftlichsten Verteidiger der Freiheit und der unerbittlichsten Sittenrichter berufen kann, einen Vers Miltons:

»They also serve, who only stand and wait.«
(»Die dienen auch, die stehen nur und warten.«)

Es ist wahr, auch jene haben gedient in diesen zwölf Jahren, die nur standen und warteten, – aber es muss erlaubt sein zu fragen: Wem denn haben sie gedient …?

Es deutet sich an, dass dieses Zitat nur begrenzt tauglich ist zur Rechtfertigung der »Stillen« an ihrem Herd. Denn der Redner enthält uns die Fundstelle vor. Und das lässt dem Philologen keine Ruhe, da seine Erkenntnisfähigkeit gebunden ist an die Korrelation von Text und Kontext. Da erweist sich denn: Es handelt sich um das Sonett *On his Blindness*, darin John Milton seine nahende Erblindung voraussieht (wohl um 1650). Milton bezieht sich auf das frühchristliche Bild der Hierarchie der Engel des Ps.-Dionysios (Areopagites, 5./6. Jh.). Die einen sind auf Gottes Ordre hin lebhaft geschäftig tätig zwischen Himmel und Erde. Die andern aber »stehen und warten« um Gottes Thron und harren des göttlichen Winks. Um Engel im Dienst des Höchsten also handelt es sich. (Diejenigen aber, die Luzifer nachgelaufen sind, die schmoren, wie man im *Paradise Lost* erfahren kann, in der Hölle.)

Mit nur zögernden und also unzulänglichen Überlegungen und Worten versuche ich den Umstand zu erklären, vielleicht zu rechtfertigen, dass wir damals den mich heute erschreckenden Subtext dieser Aussage, dieses Zitates nicht zur Kenntnis genommen haben. Denn dieses »They also serve«, das Miltons dienstbereite Engel im Wartestand meint, will doch hier anderes nicht als die Entschuldung der Lauen, der Mitläufer, derer, die alles hingenommen haben, als sie da »standen«, und dieses Stehen gar noch als »Dienst« empfanden. Sie haben geschehen lassen halb offenen Auges, und halb offenen Ohres. Es wäre zu viel verlangt von der gebrechlichen Einrichtung des Menschen, er müsse immer und zum rechten Augenblick das Richtige und Gute tun. Aber nicht zu viel verlangt möge die Forderung an ihn sein, das Böse, dessen er gewahr wird, nach besten Kräften zu verhindern. Und eben aus diesem Grunde verlassen wir sie noch nicht, die »dunklen Jahre«; und jene, die »standen und warteten«, – und die andern. Ich zitiere Barbara Vogel, *75 Jahre Universität Hamburg*:

> *»Durch das so genannte Gesetz zur Wiederherstellung des Berufsbeamtentums vom 7. April 1933 scheinlegitimiert, wurden als Erstes, schon zum Sommersemester 1933, ›nichtarische‹ und demokratische Professoren sowie andere Lehrkörpermitglieder aus dem Dienst entlassen. Die Universität nahm diese Unrechtsmaßnahme schweigend hin. Über vierzig Kollegen und Kolleginnen wurden im Laufe des Jahres entlassen, das machte 16 Prozent des Lehrkörpers aus, insgesamt wurden mehr als sechzig verjagt. Viele von ihnen gingen ins Exil, einige wurden Opfer des Völkermords.«*

Ich zitiere aus dem Protokoll der Senatssitzung vom 28. Juli 1933:

> *Der Rektor berichtet über weitere Auswirkungen des Gesetzes zur Wiederherstellung des Berufs-beamtentums. Die Landesunterrichtsbehörde hat beim hamburgischen Senat beantragt, die Ent-lassung von Professor Dr. Cassirer gemäß § 3 des Berufsbeamtengesetzes herbeizuführen. Ferner habe sie beantragt, den ... [folgen neun Namen von Pro-fessoren und Dozenten] die Lehrbefugnis zu ent-ziehen ... Der Rektor wirft sodann die Frage auf, wie die Universität sich gegenüber den von dem Berufsbeamtengesetz betroffenen Dozenten [Kol-legen werden sie hier nicht mehr genannt ...] bei ihrem Ausscheiden verhalten solle.«*

Solches bedenkend, hoffe ich mit verzweifeltem Mut, es möchte meine Generation unter vergleichbaren Umständen sich würdiger bewährt und nicht »ste-hend und wartend« durch Schweigen, *im* Schweigen solches Unrecht hingenommen haben ...

Dem nüchternen Resümee Barbara Vogels ist nichts hinzuzufügen:

> *»Weder personell noch programmatisch ist 1945 ein bewusster Neuanfang zu verzeichnen.«*

Der »Deutsche der älteren Generation gehört ge-schichtlich gesehen zu den Versagern« (Alfred Weber).

Es ist ein Ehrentitel der Universität Hamburg, dass sie, spät zwar, aber nicht zu spät, sich ihres Versagens in jenen zwölf Jahren entsann und es nicht nur nicht verschwieg und verdrängte wie andere, stolz mit ihrem Alter und ihrer humanen Tradition prunkende Hochschulen, sondern ihre Schuld dokumentierte und damit annahm: Verdienst auch des damaligen Präsidenten Peter Fischer-Appelt und des Herausgebers der gewichtigen dreibändigen Dokumentation und Chronik *Hochschulalltag im »Dritten Reich«* (Berlin und Hamburg 1991), Eckart Krause. »Dieses Buch bedarf keiner Rechtfertigung«, so setzt Krauses Einleitung ein. Vielmehr hätte es einer – freilich hilflosen – Rechtfertigung bedurft, dieses Buch nicht zu schreiben, dessen Text die Geschichte vorgeschrieben hatte. Gewidmet den entrechteten, gefolterten, inhaftierten, vertriebenen und ermordeten Mitgliedern der Universität und damit auch den vier Toten der Hamburger »Weißen Rose«, des Seitentriebs der Münchner Bewegung, wie sie mit dem Namen der Geschwister Scholl verbunden ist: Hans Leipelt – Reinhold Meyer – Margaretha Rothe – Friedrich Geussenheiner. Die Alten glaubten, dass ein Toter so lange weiterlebe, als die Lebenden seinen Namen nicht vergäßen. »Ein historisches Werk wie dieses bezieht seine Wahrheit aus dem Versuch, den leidenden Individuen in der Geschichte der menschlichen Gesellschaft die ihnen geschuldete Solidarität zu erweisen« (Fischer-Appelt).

FORSCHUNG – LEHRE – BILDUNG (HAMBURG III)

Ich will nicht vorbeigehen an der bekenntnishaften Inschrift über dem Portal des Hauptgebäudes der Universität. Die Trias will ja nicht ein beliebig addiertes Nebeneinander von drei hehren Begriffen evozieren. Sie meint allemal eine organische Gemeinsamkeit, ja Einheit. Sie meint auch einen Prozess, – dergestalt, dass das Ineinander, das Miteinander, der Verbund von *Forschung* und *Lehre* gewissermaßen gesetzmäßig auf das Resultat der *Bildung* hinarbeite.

Es würde sich lohnen, die Weihinschriften über den Portalen der deutschen Universitäten zu sammeln und vergleichend zu deuten. Von dem Johanneischen *Die Wahrheit wird Euch frei machen* (Freiburg) bis zu Gundolfs *Dem lebendigen Geiste* (Heidelberg). Proklamation und Postulat. Ihre ständig erneuerte Aktualität legt es nahe, diesen Maximen hier einige Überlegungen zu widmen.

Um es schlicht vorwegzunehmen: Die immer wieder so lauthals wie hilflos geforderte *Einheit von Forschung und Lehre* ist zu einer Chimäre geworden, zu einer gefälligen Phrase, die man auch eine (Selbst-) Täuschung nennen kann. Denn in der geistigen Situation ihrer Zeit war für Humboldt und die Seinen die Überzeugung leitend, dass die Teilhabe an der Forschung, dass die Eroberung eines Stückchens wissenschaftlichen Neulandes, dass die Entdeckung eines bisher nicht bedachten, nicht gedachten Teilchens des zu erforschenden Materials ein Akt auch der Menschenbildung sei, der Charaktererziehung. In solchem Sinne galt Humboldt »die Wissenschaft als etwas noch nicht ganz Gefundenes und nie ganz Aufzufindendes«.

Und eben diese Suche nach dem endgültig nie zu Findenden aber beharrlich zu Erstrebenden war die Energie, die gemäß solcher Überzeugung den Menschen formte, aus der rohen Natur die gebildete machte. Teilhabe an der Forschung als Teil der Lehre, – man darf den Vorgang auch schlicht als die Suche nach Wahrheit bezeichnen. Jener reinen Wahrheit, die gemäß der berühmten Lessing'schen *Duplik* von 1778 *ja doch nur* für Gott allein reserviert ist, wohingegen dem Menschen der »einzige(n) immer rege(n) Trieb nach Wahrheit (...) mit dem Zusatze«, sich »immer und ewig zu irren«, zubestimmt ist. (Man kann allerdings der Meinung sein, dass von letzterer Lizenz auf unseren Bildungsanstalten heute allzu freigebig Gebrauch gemacht wird.) Solche erhabene Vorstellung mag die Chance ihrer Verwirklichung gehabt haben in jenen Jahrzehnten, als die Zahl der Studenten an einer Universität einige Hundert betrug, belehrt von einigen Dutzend Professoren. Als mein Großvater studierte, da hatte (1885/86) die Universität meiner Heimatstadt Kiel 447 Studenten und 55 ordentliche Professoren. Zum gleichen Semester sind an der Universität Bonn insgesamt wenig mehr als 1000 Studenten inskribiert, an der Tübinger wenig mehr als 1200. Die Zahlenrelation von Studenten zu Professoren betrug in Kiel eins zu acht, in Bonn eins zu dreizehn, in Tübingen eins zu neunzehn.

Es mag genügen, dagegen die Zahl der heute (2005) an den deutschen Universitäten Studierenden zu setzen: über zwei Millionen. Wer die Verhältnisse an unseren Universitäten heute kennt, weiß, dass die Behauptung Aberwitz genannt werden muss, es hätten die Studenten in einem geisteswissenschaftlichen Seminar, in einem technischen Institut, in einem naturwissenschaftlichen Labor oder Hörsaal tätigen Anteil an der Forschung. Sie lernen; lernen mit unterschiedlichem Erfolg mit Hilfe eines Readers, mit Hilfe von Skripten, Lehrbüchern, Kompendien und Repetitorien. »Humboldt« ist degeneriert zur gängigen Formel, missbraucht zur hilflosen Legitimation einer Institution, die doch der kulturgeschichtlichen Autorisierung nicht mehr bedarf, da sie heute anderes nicht ist als ein Zulieferbetrieb für die praktischen Bedürfnisse der arbeitsteiligen Industriegesellschaft. In der Tat scheint es, als stünden wir heute auf dem vor-Humboldt'schen Boden des *Preußischen Landrechts* von 1794, darin die sachliche Bestimmung zu lesen ist, es seien die Universitäten »Veranstaltungen des Staates, bestimmt für den Unterricht der Jugend in nützlichen Kenntnissen und Wissenschaften«.

Ein Befund, der sich bestätigt auch bei Betracht der anderen erhabenen, das Wesen der Bildung charakterisierenden Doktrin Humboldts. Neben dem noblen Paar *Forschung und Lehre* steht das andere: *Einsamkeit und Freiheit*. Begriffe, die unter dem Anschein des Selbstverständlichen sich leicht näherer Betrachtung entziehen. Sie zu verstehen aus ihrem Kontext, bedarf es eines Blicks auf Humboldt, dessen Person zur Schablone und dessen Werk zur leeren Behauptung zu degenerieren drohen.

Humboldts »Universitätsidee ist alles andere als klar« (Ludwig von Friedeburg). Deutlich hingegen ist die Pragmatik seiner auf die Heranziehung der Besten hinarbeitenden Berufungspolitik. So berief er an die Berliner Universität den Klassischen Philologen Wolf, berief Fichte und Schleiermacher, Savigny, Klaproth, Wolfs Schüler August Böckh, von der Hagen, Niebuhr und viele andere Gelehrte, die ruhmvoll die Wissenschaftsgeschichte ihres Faches schmücken.

Humboldts praktisches Verfahren zeichnete sich durch einen höheren Grad von Klarheit aus als die ihm zugrunde liegende Idee. Es gibt eine einzige ihr im engeren Sinne geltende Programmschrift, und sie ist unvollendet: *Über die innere und äußere Organisation der höheren wissenschaftlichen Anstalten in Preußen*, entstanden 1809 oder 1810. Als wichtiger mögen uns gelten sein *Königsberger Schulplan* und sein *Litauischer Schulplan*. Dort liest man:

»Der Universität ist vorbehalten, was nur der Mensch durch und in sich selbst finden kann, die Einsicht in die reine Wissenschaft. Zu diesem Selbstaktus im eigentlichen Verstande ist notwendig Freiheit und hülfreich Einsamkeit. Und aus diesen beiden Punkten fließt zugleich die ganze äußere Organisation der Universitäten.«

Eine Überzeugung, die man nicht zur Kenntnis nehmen kann, ohne von ihr angerührt zu sein. Der Mensch erreicht durch einen »Selbstakt« die Einsicht in die reine Wissenschaft. Der Ort dafür ist die Universität, und als Vorbedingung ist *notwendig*: Freiheit; und *hilfreich*: Einsamkeit. Der Rest, nämlich die äußere Organisation der Universität, ergibt sich dann von selbst …

Es wäre eine schale Frivolität, wollte man Humboldt heute eine Todeserklärung ausstellen. Er ist nicht tot, er ist nur aufgehoben insofern, als seine Postulate entweder zur Selbstverständlichkeit wurden oder durch die spezifische Entwicklung der Wissenschaft fragwürdig:

Die (einerseits) für alles geistige Tun wie denn überhaupt die moralische Existenz des Bürgers unentbehrliche *Freiheit* garantiert der Artikel 5 III des Grundgesetzes. Was indes (andererseits) das alttradierte mönchische Ideal der erkenntnisfördernden *Einsamkeit* angeht, so steht ihr heute das Prinzip der Interdisziplinarität, des osmotischen Charakters aller wissenschaftlichen Tätigkeiten entgegen sowie die praktische Notwendigkeit des Teamworks in einer diversifizierten Forschungslandschaft.

Was endlich das der Einsamkeit und Freiheit anvertraute Ensemble von *Forschung und Lehre* angeht, die idealistische Vorstellung von der charakterbildenden Macht des forschenden Geistes (die im Begriff der angelsächsischen *education* nach wie vor eine vorwaltende Bedeutung hat), so gebührt jenen Wissenschaftlern höchste Achtung, die wir getrost auch künftig mit dem ehrwürdigen Begriff des Gelehrten ehren wollen und die als *Lehrer* nicht behindert, sondern beflügelt werden von den Früchten ihrer Forschung, als *Forscher* stimuliert von der Aussicht, das Erkundete den dankbaren Schülern weitervermitteln zu können. Sie verdienen jede Förderung und Beachtung, also Achtung. Aber die große Menge der Professoren wird weiterhin oder künftig ihre Verdienste oder Meriten im Unterricht sammeln müssen, denn unsere Universitäten sind unter dem Gesetz gesellschaftlich-wirtschaftlicher Entwicklung längst allesamt geworden, womit gleichgestellt zu werden sie sich so lange zierlich gesträubt haben: Fachhochschulen. Und ihr Ziel, zumindest ihr Resultat ist nicht die Bildung, sondern die berufsbezogene Ausbildung.

Die Universität sollte sich einen Ausweg suchen aus diesem Dilemma, der vielleicht sogar ein Weg ist, und sich nicht scheuen vor dem dualen System, nämlich eines hier der praktischen Unterweisung dienenden Fundaments und eines dort der (auch lehrenden!) Forschung dienenden Oberbaus für die wenigen, die für die aparte Exzentrizität einer Gelehrtenexistenz und ihrer Forderung ausgestattet sind.

So nehmen wir denn Abschied von jenem Bilde des deutschen Professors, das uns Jacob Grimm schenkt in seinem Vortrag *Über Schule, Universität, Akademie* vom 8. November des Jahres 1849 vor der Preußischen Akademie der Wissenschaften zu Berlin:

> *»aller andern lust vergessend sitzt der deutsche gelehrte froh über seiner arbeit, dasz ihm die augen sich röthen und die knie schlottern; dem student ist dieselbe weise wie angeboren und es bedarf für ihn keines andern antriebs.«*

Vom Undeutschen im deutschen Geist (Hamburg IV)

Wir hatten gebauet ein stattliches Haus ...« Das Bauwerk »Haus« dient von je als Behausung metaphorischer, symbolischer Gedanklichkeit. Der Rektor Emil Wolff mag – dieses Wort zitierend – damals das eine wie das andere wie das dritte vor Augen gehabt haben: das zerstörte Haus der Hamburger Universität. Das zerstörte Haus der deutschen Universität insgesamt. Das zerstörte Haus von Heimat, Staat, Nation. Der von ihm melancholisch alludierte Gesang freilich wird ihm so vertraut gewesen sein, wie er seinen Hörern fremd war. Es geziemt sich, die Verse nach philologischem Brauch in ihren Kontext zu stellen. Ihr Dichter war August (Freiherr von) Binzer, geboren in Kiel 1793, Jurist und Burschenschafter. Er schrieb seine nach der getragenen Weise des vaterländischen Gesangs *Ich hab mich ergeben ...* zu singenden Verse 1819 ins »Stammbuch aller Burschen, die auf der Wartburg bei Eisenach die Kirchenverbesserung durch Luther und die Leipziger Schlacht am 18. des Siegmondes 1817 gefeiert haben«.

Der Siegmond (nämlich der Oktober) 1817 erwies sich als der Beginn einer peinlichen Niederlage. Das

Fest entglitt der Regie seiner Veranstalter und endete am Abend des 18. mit dem Spektakel einer öffentlichen Verbrennung von Büchern. Im Verein mit ihnen wurden den Flammen überdies ein Schnürleib (also Korsett), ein Haarzopf und ein Korporalstock als die verhassten Embleme und Attribute reaktionär-militärischer Gesinnung überantwortet.

Zu den vorbereitenden Arrangeuren der Feier gehörte auch der Erlanger Student Karl Ludwig Sand. Zwei Jahre später ermordete er in Mannheim den populären Dramatiker und angeblichen zaristischen Agenten August von Kotzebue. Die Folge waren die *Karlsbader Beschlüsse*, war die so genannte Demagogenverfolgung, – freiheitlichen Geist knebelnde Maßnahmen, die auch das Verbot der Burschenschaften einbegriffen. Ihnen stimmte mit seinem Liede vom einst so stattlichen Haus August Binzer den trotzig-sentimentalen Abgesang an.

Das Wartburgfest war vom Großherzog Carl August protegiert, von seinem Minister Goethe anfangs mit jovialer Reserve bedacht worden. Die Folgen des Flammenbrandes aber waren beträchtlich. So Goethe in einem Brief an Zelter vom 16. Dezember 1817:

»Auf diese unschuldige Weise, halte ich mich im Stillen, und lasse den garstigen Wartburger Feuerstank verdunsten, den ganz Deutschland übel empfindet, indes er bei uns schon verraucht wäre, wenn er nicht bei Nord-Ost-Wind wieder zurückschlüge, und uns zum zweiten mal beizte.«

Zurückschlüge bei Nord-Ost-Wind: Das meint die vehementen Reaktionen hochpolitischer Art aus Preußen, aus Russland, aus Österreich. Metternich zog die Konsequenzen nach seiner Art. Die Geschichte der deutschen Universitäten wurde auf Jahrzehnte von ihnen bestimmt.

Solches in Erinnerung rufend, denken wir an das widerwärtige Schauspiel der reichsweiten Bücherverbrennung der Nationalsozialisten am 10. Mai 1933 (Hamburg, ein wenig bedächtig, folgte fünf Tage später). Und gedenken des schmerzlichen Heine-Wortes, dem gemäß man, wo man Bücher verbrenne, auch Menschen verbrennt. Man erschrickt angesichts der fatalen Motivierung des einen wie des anderen Feuers, wie sie sich ausdrückt in der Formel von der »undeutschen Gesinnung«. Gemäß einem zeitgenössischen Bericht vom Wartburgereignis erfahren wir:

»Als die inkriminierten Titel den verzehrenden Flammen übergeben wurden, stimmte die versammelte Menge jubelnd ein, wenn auch bloß des neuen Schauspiels und der Strafe undeutscher Gesinnungen wegen, da der größte Theil der Bücher ihr selbst unbekannt sein mochte.«

»Strafe undeutscher Gesinnung wegen«. Wie sich die Bilder gleichen. So hörte man es aus dem Munde des Ministers Dr. Joseph Goebbels bei der »Verbrennung undeutschen Schrifttums« vom 10. Mai 1933:

»Deutsche Männer und Frauen! Das Zeitalter eines
überspitzten jüdischen Intellektualismus ist nun zu
Ende, und der Durchbruch der deutschen Revo-
lution hat auch dem deutschen Wesen wieder die
Gasse freigemacht ...«

So hängt denn alles mit allem auf eine beklemmende
Weise zusammen. Der sentimentale Chorgesang vom
stattlichen Haus (darin man »Gott vertrauet trotz
Wetter, Sturm und Graus«, und das zerbrochen wurde durch »Trug und Verrat«); die Bücher verbrennen-
den Flammen; die Brandmarkung des undeutschen
Geistes.

Es meldet sich die gespenstische Vorstellung von
einer deutschen Kontinuität, die Feuerbrände wirft,
wo undeutscher Geist ausgemacht wird ... oder überhaupt ›Undeutsches‹. Und der Verdacht, es nähre der
deutsche Geist auch eine unselige Neigung, just das
als undeutsch zu empfinden, was, recht betrachtet, ein
Element seiner Würde und Bedeutung ausmacht.

Vielleicht, dass der neue Rektor der neuen Zeit
doch besser getan hätte, in Hamburg anstelle des bur-
schenschaftlichen Gesangs an jenem Tag des Jahres
1946 die *Klagelieder Jeremiae* anzustimmen, wo es in
Luthers Deutsch heißt (und deren damalige Aktualität noch heute beklemmend anrührt):

»Wie liegt die Stadt so verlassen, die voll Volks
war (...). Sie weint des Nachts, dass ihr die Tränen
über die Backen laufen (...). Alle Tore der Stadt

*stehen öde (…). Denn der Herr hat über die Stadt
Jammer gebracht um ihrer großen Sünden willen,
und ihre Kinder sind gefangen vor dem Feind da-
hingezogen (…). Alles Volk seufzt und geht nach
Brot, es gibt seine Kleinode um Speise, um sein
Leben zu erhalten. ER hat ein Feuer aus der Höhe
in meine Gebeine gesandt und lässt es wüten; (…).
ER hat mich zur Wüste gemacht, dass ich für immer
siech bin. Schwer ist das Joch meiner Sünden (…).
Meine Jungfrauen und Jünglinge sind in die Gefangenschaft gegangen. Es lagen in den Gassen auf der
Erde Knaben und Alte; meine Jungfrauen und
Jünglinge sind durchs Schwert gefallen. Man jagte
uns, dass wir auf unsern Gassen nicht gehen konnten (…). Bringe uns, Herr, zu dir zurück, dass wir
wieder heimkommen; erneue unsere Tage wie vor
alters!«* (Aus den Klageliedern Jeremiae, 1., 2., 4.
und 5. Kapitel)

Gleichwohl war die Hamburger Universität auch
Schauplatz tatsächlicher Neuanfänge, die sich auf unterschiedlichen Gebieten vollzogen. So erhielten am
23. April 1946 zwei junge Männer – der eine 1914, der
andere 1919 geboren – in Hamburg die Lizenz Nr. 34
zur »Herausgabe der Zeitschrift genannt *Hamburger
Akademische Rundschau*«: Joachim Heitmann und
Karl-Ludwig Schneider. Der eine Verleger, der andere
verantwortlicher Redakteur.

Der Redakteur bewies seine Verantwortlichkeit,
indem er sich bald multiplizierte zu einem Redak-

tionsstab: Es traten als sein ständiger Vertreter Hans-Joachim Lang hinzu, und als Dritter und akademische Autorität der Dozent der Romanistik und Direktor der Staats- und Universitätsbibliothek Dr. Hermann Tiemann. Um sie bildete sich ein Kreis einerseits redaktioneller und anderseits ständiger Mitarbeiter, unter ihnen die Studenten Ralf Dahrendorf und Walter Boehlich.

Ein staunenswertes Ereignis, – damals freilich wohl weniger Staunen auslösend als heute bei der Betrachtung aus dem Abstand der Jahre.

Da machen sich ein paar junge Leute daran, mit Hilfe von Papier und Druckerschwärze als Trümmer-Männer zu arbeiten. Die Trümmer eines einst stattlichen Hauses abzuräumen und es nicht etwa wieder zu errichten, sondern die Fundamente für ein neues zu planen, zu legen. »Dozenten und Studenten« sollten in schöner Einigkeit, – so Schneider in seiner Rede anlässlich der Lizenz-Verleihung – »über den eigentlichen Lehrbetrieb hinaus Gelegenheit haben, gemeinsam an der Klärung und Lösung der geistigen und praktischen Probleme unserer Zeit zu arbeiten«.

Man darf bei aller Reserve gegenüber verallgemeinerndem Urteil heute aus dem Abstand der Jahre, Jahrzehnte behaupten: Was sich in der Universität Hamburg regte an geistiger Aktivität und Streben nach *Klärung der Ideen*, – das spielte sich im Wesentlichen ab in diesen grauen Blättern und ihren grauen Zellen. Und durchaus nicht immer zur zustimmenden Freude der Studenten und Dozenten, durchaus nicht im beharrlich-behaglichen Konsens mit ihnen, und nicht die durchaus willkommene Unruhe der Kritik war es, die schließlich zur Resignation zwang, sondern schlimmer: die Ruhe der Gleichgültigkeit.

Die drei Jahrgänge der *Hamburger Akademischen Rundschau* von 1946/47 bis 1949/50 sind in der Tat nicht mehr und nicht weniger als ein historisches Dokument. Sind ein bedeutendes Zeugnis für die geistige Situation einer geschichtlichen Phase, die der Historiker Reinhart Koselleck vielleicht mit dem Bilde der *Sattelzeit* belegen würde: Epoche des Abwerfens von Gewesenem, das versagte; der Klärung und Neuprägung von Begriffen; des Entwurfs und der Planung; der Vorbereitung von Handlung. Die Zeit, die noch das Reiten nicht erlaubt, wohl aber das Aufzäumen und Satteln.

Drei Jahrgänge, die nicht mehr sind und nicht weniger als ein Schatz- und Beinhaus ihrer Zeit, sagen wir getrost: ihrer Epoche. Die das Bewahrenswerte der Tradition im Reich des Geistes, wie sie von den braunen zwölf Jahren brutal unterbrochen worden war, neu aufnehmen wollen: Repräsentiert etwa durch Namen wie Reinhold Schneider und Hermann Hesse und Rudolf Alexander Schröder und Werner Bergengruen und Ricarda Huch. »Besinnung« also, auch wo das heikle Wort vermieden wird, und Humanismus und Christentum, – aber auch das andere: Die bildende Kunst, vor allem der Expressionismus, die uns damals in der »Wegbereiter«-Ausstellung die Augen öffnete und Sinne verwirrte. Und inmitten alles Versuchens der Aneignung des alten-neuen Literarischen: die Politik. Ob es um Kafka ging, um Thomas Mann oder Goethe oder Ernst Jünger oder die »Weiße Rose«, – oder den Kunsthistoriker A. E. Brinckmann, den – wie auch Pinder – Boehlich auf das Maß ihrer selbst zurückführte in brillanten Artikeln und Repliken. Oder um das Generationenproblem, das des Antisemitismus oder der Emigration.

Es bleibt ein großes Staunen: über zwei junge Studenten der Philologie, Germanist der eine und Anglist der andere, in der Mitte ihrer Zwanziger stehend, und bisher geprägt von der dumpfen Meinungsknebelung einer Diktatur, von Krieg und Terror, und täglicher-nächtlicher Bedrohung des Lebens ausgesetzt über Jahre, – Staunen über zwei junge Leute und ihre im etwa gleichen Alter stehenden mitarbeitenden Freunde (darunter, auffallend genug, keine Frauen), die nun antreten und nicht gerade ausdrücklich ihr Jahrhundert in die Schranken fordern, aber doch beinahe. Und auch ich habe mich am Rande mit drei Artikeln beteiligt an jenem Unternehmen, das mittlerweile in einem vier Bände umfassenden Neudruck von 1991 vorliegt: herausgegeben von Andrea Bottin und erschienen im Dietrich Reimer Verlag. (Übrigens wurden beide Professor: Schneider als Germanist in Hamburg, Lang als Anglist in Tübingen.)

AUCH ICH WAR EIN
NICHT WISSENDER PG

Was endlich mein Verhältnis zum Nationalsozialismus und der ihn repräsentierenden Partei angeht, so ist von einem Nachspiel zu berichten, so unglaubwürdig wie grotesk, und so bizarr, wie nur das Leben es zu inszenieren vermag.

In meinem 81. Lebensjahr, ein halbes Jahrhundert, nachdem das Dritte Reich in Pest und Schwefel untergegangen war, wurde ich Mitglied der NSDAP. Mit der Mitgliedsnummer 7 747 334. Und das kam so:

Das »Reichsjugendgesetz« hatte auch mich zum Hitlerjungen gemacht. Als solcher taugte ich nicht, wurde »rausgeworfen« von einer Einheit zur nächsten und verlor das Recht zum Tragen des schwarzen Halstuches, eine sichtbare Schande. Davon war schon die Rede.

Bis eines Tages mein Vorgesetzter (»Scharführer«, mit grüner Schnur) mir eröffnete, er wolle mich zum Eintritt in die Partei vorschlagen. Das leuchtete mir ein, denn er wollte mich loswerden, – und ich ihn. Erinnern kann ich mich an eine Zustimmung meinerseits nicht, aber es will mir nicht als erlaubt erscheinen, hier ein Versehen, einen Irrtum verantwortlich zu machen. Mir war diese geplante Transaktion unendlich gleichgültig, und ich nahm sie schwerlich ernst. Denn ich wusste: In wenigen Monate würde ich das Abitur machen und anschließend eingezogen und in den Krieg kommandiert werden. Da verflüchtigte sich der Gedanke an die »Partei« in nebelhafte Unwirklichkeit.

Dennoch weiß ich im Hernach, dass ich nicht »richtig« gehandelt habe. Zwar war mir die Dimension der völkermordenden Verbrechen dieses Regimes nicht einmal ahnungsweise deutlich. Wohl aber wusste ich, dass ein »PG«, ein Parteigenosse also, eine dubiose Figur war, in allem Ernst nicht ganz ernst zu nehmen.

Dennoch: Niemals hat ein Funktionär mir oder meiner Familie meine Aufnahme in die Partei mitgeteilt. Niemals habe ich einen Mitgliedsausweis erhalten; und ebenso wenig die Kenntnis einer Mitgliedsnummer. Dabei wäre es ein Leichtes gewesen, mich oder die meinen zu erreichen.

Erst mit Aushändigung des Ausweises wurde die Mitgliedschaft faktisch vollzogen, – wie ich heute zu wissen meine. Damals hatte ich andere Sorgen.

So habe ich denn unberührten Gewissens im Juli 1945 den Fragebogen der britischen Militärregierung in Hamburg brav ausgefüllt und die Frage nach einer Mitgliedschaft in der Partei schlicht verneint.

Hier ist der Punkt berührt, der bei dem Versuch, die eigene Biographie zu beschreiben und auszumessen, die Feder und den Gedanken zögern, ja erstarren

lässt. Es handelt sich um die Rotation der kleinen Rädchen in dem großen Organismus, die sich im Hernach
auf eine das Gemüt verwirrende, das Denken irreführ-
rende Art und Weise entdecken und die Verantwortung tragen für eine lebensbestimmende Weichenstel-
lung. Man hat eine Straßenbahn verpasst und kam zu
spät. Hat den anderen Zug genommen, das andere
Flugzeug. Ist einer Verabredung ausgewichen; hat sich
zu einer anderen widerstrebend aufgemacht. Hat sich
im Theater, im Kolleg, bei einem Empfang einem
Menschen genähert, – oder ihn gemieden. Hat auf
solche ungelenkt-gelenkte Weise scheinbar beiläufige
Kleinigkeiten, hat Bagatellen und Komparsen zu Spiel-
leitern gemacht, hat ein Klingelzeichen, einen plötzlichen Aufbruch, eine unvermutete Unpässlichkeit zu
Herren ernannt über das eigene Schicksal. Und so
wurde man im Verbund mit Menschen und Dingen,
mit Beruf und Familie das Produkt – wenn nicht des
Zufalls, so doch der unerkannten Unwägbarkeiten
und fremdbestimmten Ereignisse, die aus Nichtigkei-
ten persönliche Geschichte machten.

Gedankenlastige Erwägungen, die mich zurück-
bringen zum Jahre 1945, zum Fragebogen der britischen Militärregierung. Den ich nicht gefälscht, wohl
aber falsch ausgefüllt habe. Nun das verborgene Rad
im Daseinsuhrwerk: Hätte ich mich als PG bezeichnet, wäre ich nicht zugelassen worden zum Studium
an der Hamburger Universität im Sommersemester
1946. Hätte also – wenn überhaupt – erst später studieren können, vielleicht ein anderes Fach gewählt,

vielleicht gänzlich mich von der Universität abgewandt. Und wäre ein anderer geworden: mit einem anderen Lebenslauf unter anderen Sternen.

So wüsste ich denn gerne – nicht eben »für mein Leben gern«, aber doch gerne –, wer wann in eine Parteikartei eine Mitgliedsnummer hineingeschrieben, – und versäumt hat, mich von dem Vorgang in Kenntnis zu setzen.

Das Versäumnis des Jahres 1940 wurde im Jahre 2003 nachgeholt. Da spielte es nicht mehr Schicksal.

Die Sache wühlte vieles auf, nie war ich so »prominent« wie in den Wochen nach dieser demaskierenden Eröffnung, Rundfunk und Fernsehen machten sie sich zu Eigen nach ihrer Weise, und viele Briefe und Leserbriefe bekundeten ermutigend Verständnis und ähnliche Erfahrungen, andere nahmen den Anlass wahr zu Verdächtigung und Beschimpfung. Peinlich auch einiger Beifall von der »falschen Seite«, so erklärte mir am Telefon ein Historiker selben Jahrgangs, er habe nie einer Parteigliederung angehört; nach dieser denunziatorischen Öffentlichmachung aber würde er heute, wäre es möglich, in die Partei eintreten … Eine Hilfestellung, für die ich mit dem Hinweis auf einen gewissen Mangel an logischer Evidenz danken musste.

Walter Jens aber, dem Berühmten, den ich kannte und kenne als einen Freund und Mann von unbezweifelbarer Redlichkeit, wurde übel mitgespielt. Und wieder einmal begriff man, wie schwer es ist, sich der vorausgehenden oder der folgenden Generation verständlich zu machen. Jens billigte man nicht zu, was die Nation insgesamt sich doch um des Überlebens willen längst zugebilligt hatte: Die notwendige Möglichkeit des Vergessenkönnens, ohne die nichts Neues entstehen kann.

Nachwort:
Das *Internationale Germanistenlexikon 1800–1950* notiert in Bd. 3, S. 1984 unter meinem Namen zu »Lebensumstände«: »In der Mitgliederkartei der NSDAP verzeichnet (1940). Anhaltspunkte für die Aushändigung der Mitgliedskarte, die konstitutiv für die Mitgliedschaft wäre (§ 3 Abs. 3 Satzung NSDAP), bestehen jedoch nicht: nach Aussage von P. W. ist ihm eine Mitgliedskarte niemals ausgehändigt worden.«

GERMANIST: WARUM EINER
ES WURDE UND WIE

Ursprünglich, mein schon erwähntes Reifezeugnis belegt es, hatte ich Jura studieren wollen. Mit Jura nämlich, so sagten die Verwandten, und so wussten es betulich ältere Freunde, mit Jura könne man später alles machen. Was das heißen sollte: »alles«, blieb unklar. Klar hingegen war, was »später« meinte. Vorerst war ein Krieg zu gewinnen. Hier wies die Kalkulation einen ersten Fehler auf. Als er dann verloren war, stand ich im 23. Lebensjahr. Und meinte, keine Zeit mehr versäumen zu dürfen und seriös fortsetzen zu müssen, was ich eher spielerisch begonnen hatte.

Bevor ich nun zum Eigentlichen, zu »meinem« Fach und »meinem« Lehrer komme, sei der Um- und Nebenwege gedacht. Germanistik ist ja ein weites, ein allzu weites Feld. Auf seinen Umfang haben früh schon die Prüfungsordnungen Rücksicht genommen und dieser Disziplin den Rang eines »Doppelfachs« verliehen. Das hieß Aufteilung in die »Alte« und in die »Neue Germanistik«. Ein äußerliches Moment. Vor allem aber in den letzten Jahrzehnten haben sich Materie und Methode, hat sich die Auffassung des

Faches von Grund auf geändert, also sein so genanntes Selbstverständnis, und zum Erlernen des Faktischen kam fordernd und einschüchternd die Theorie hinzu, – die bald üppig ausuferte zu Spekulation und Räsonnement, ihres Gegenstands kaum mehr eingedenk.

»Alte Germanistik« meinte: Sprachgeschichte und Kenntnis der altüberlieferten Literatur-Denkmäler von den Glossen (um 800) an bis etwa zu Luther. Die »Neue Germanistik« aber verhieß dem Studienwilligen die Beschäftigung mit jenen Namen und Werken, die recht eigentlich Gemüt und Sinn schon zur Schulzeit bewegt hatten und das Fach »Deutsch« so manchem zum Lieblingsfach machten. Dass die Erarbeitung aber der geschichtlichen Dimension wie der handwerklichen Eigentümlichkeit von Dichtung in all ihren Provinzen oftmals den Bewegungen des Gemütes nicht nur nicht entgegenwogt, sondern ihm sogar Widerstand leistet, gehört zu den oft bitteren Erfahrungen, die Mitgift eines »schöngeistigen« Gegenständen gewidmeten Studiums sind. Diese Enttäuschung konnte einen Seelensturz zur Folge haben, der so manchen Studierenden traumatisiert hat, – und andere schätzen sich glücklich, zur rechten Zeit noch den rettenden Boden einer anderen Disziplin tapfer betreten zu haben.

Übrigens habe ich noch Professoren erlebt (Wesle und Kienast und Pretzel zählten zu ihnen), die sich der Anerkennung einer Zweiteilung der Germanistik verweigerten, wie sie etwa seit Wilhelm Scherer, also seit Ende des 19. Jahrhunderts, Realität war. Es war

Wilhelm Scherer, der der »Neuen Germanistik« akademische Würde und wenn nicht Autonomie, so doch den Anspruch eines eigenen Fachs gegeben hat. Scherer, der, von den alten Denkmälern ausgehend, eine Geschichte der deutschen Literatur von den Anfängen bis Goethe schrieb: die letzte nur aus den Quellen geschöpfte und noch heute mit Nutzen zu lesende Darstellung, – so alt sie auch ist, nämlich nahezu 130 Jahre … Denn es ist ja die nicht leicht zu bewältigende Eigentümlichkeit dieses Fachs und der anderen Philologien, dass eigentlich Neues nicht zu entdecken ist, die Materie ist im Wesentlichen bekannt und aufbereitet, – das »Neue« kann nur liegen im immer neuen Verstehen und der beharrlichen Infragestellung des Altbekannten. Die Sache selbst bleibt stabil, sie ändert sich indessen durch die jeweils mit neuem Methodenansatz und neuem Theorieanspruch einhergehende Zuwendung.

Germanistik also war mit dem Blick auf das Examen als Doppelhauptfach zu studieren. Blieb immer noch die Pflicht, ein Nebenfach zu wählen und sich in ihm zu bewähren. Ich experimentierte mit den Stoffen und also mit mir, probierte meine Möglichkeiten aus in der Philosophie und der Anglistik und der Kunstwissenschaft und der Geschichte, ohne doch Fuß zu fassen und Hand anzulegen, – und fand eine Form der Befriedigung, die fast die Höhe eines Glücksgefühls einnahm in der Klassischen Archäologie. Die damals in Hamburg vertreten wurde durch den Professor von Märklin, dem es gelang, den hochfahrenden Atem der stolz-starren *Kouroi* und der menschenbunten Szenen der schwarz- und rotfigurigen Vasenmalerei zu drosseln, bis nur noch das erdverhaftete Detail übrig blieb. Immerhin aber habe ich ihm einen ersten Zugang zum Kosmos der antiken Kunst zu danken, – mehr Dank noch aber schulde ich seinem Nachfolger Kleiner, der mich, obwohl wir einander kaum kannten, mit der feinsinnigsten Noblesse und Fairness durch das Prüfungsgespräch des Rigorosums führte. Die Klassische Archäologie fasziniert mich heute noch, weil sie die Betrachtung des Schönen verbindet mit dem *Sensus historicus*, mit dem Handwerklichen der Ausgrabung und mit der Strenge der philologischen Kompetenz: Ohne solide Kenntnis der alten Sprachen darf man nicht hoffen, in ihr heimisch zu werden. Das empfundene Schöne wird zur erkannten Ordnung, die gefühlte Emotion zum verstandenen Begriff.

Aber ich war nun in der Germanistik schon allzu fest verwurzelt, als dass ich eine Verlagerung meiner professionellen Interessen hätte erwägen dürfen. So wenig die souveräne Figur des großen Bruno Snell mich hatte zur Klassischen Philologie ziehen können.

Die »Neue Germanistik« vertrat Hans Pyritz. Jener Pyritz, dessen Lehrveranstaltungen ich schon 1943 in Berlin besucht hatte, flüchtig allerdings nur, den Umständen entsprechend. Er brauchte jetzt nicht mehr den strammen Deutschen Gruß zu exekutieren, den er damals so forsch beherrschte, und ohnehin war er wohl nicht handfest verwickelt in das nunmehr abgeschüttelte – uns abgenommene – NS-System, – anders er nicht hätte den Hamburger Lehrstuhl wahrnehmen können. Er war ein guter Kenner der klassischen Epoche, sein Buch über Goethe und Marianne von Willemer, heute vergessen, hatte ihm gewisse akademische Reputation eingebracht. Bar aller Souveränität, bar allen Humors und bar aller Selbstironie, gab er mit schleppender und ein wenig weinerlich klingender Stimme weiter, was er gelernt hatte. Und das war viel: vom späten Mittelalter über den Petrarkismus und das Barock bis hin zu Goethe und dessen »gegenklassischer Wendung«. Man achtete seine sachliche Kompetenz und beachtete sein von Eitelkeit gespeistes Distanzbedürfnis, man respektierte ihn, aber niemand hat ihn verehrend bewundert, niemand ihn geliebt. Früh schon endete sein Leben, mit 52 Jahren beugte es sich einer unheilbaren Krankheit.

Das Rigorosum bei ihm verlief freundlich wenn auch spröde, und es fiel ein Raureif auf den Abschied, der bis heute nicht gänzlich wegtaute. Denn er entließ mich mit den Worten: »Bisschen mehr hatte ich erwartet.« Und ich wurde und werde das Gefühl nicht los, dass dieser Einwand seine Berechtigung hatte …

Das Studium endete mit der Promotion zum Dr. phil. in den Fächern Germanistik und Klassischer Archäologie. Nicht mit dem höchsten Prädikat, nicht also *summa cum laude*, sondern mit dem darunter, also *magna cum laude*. Was ich damals wie heute als gerecht empfinde, meine Dissertation befasste sich mit allzu vielen Mediokritäten (nämlich den Übersetzern mittelhochdeutscher Lyrik im 19. und 20. Jahrhundert), und auch was die Fertigkeiten im Mündlichen betraf, konnte man von mir – siehe Pyritz – vielleicht ein wenig mehr erwarten.

Noch in der Nacht nach dem letzten Rigorosum stieg ich in den Zug nach Heidelberg (zum ersten Mal in einem Schlafwagen). Denn wenige Monate zuvor war der Heidelberger Ordinarius der Altgermanistik Richard Kienast bei seinem ihm seit gemeinsamen Berliner Jahren verbundenen Freunde Ulrich Pretzel zu Besuch gewesen, – des großen Projektes eines Mittelhochdeutschen Wörterbuchs und der Ausübung des intensiven Skatspiels halber (der dritte Mann war der gleichfalls der Berliner Schule entstammende Germanist Erich Henschel). Und hatte bei der Gelegenheit nach einem einigermaßen ausgereiften Schüler gefragt, den er als Assistenten einzustellen beabsichtige. Pretzel schlug ihm Stackmann und mich vor, – da er aber Stackmann für sich vereinnahmte, fiel Kienasts Wahl auf mich. Und rühmend und dankbar ist zu vermerken, wie ohne alle weiteren Umstände dieser Vertrag begründet wurde: ohne jegliche Befragung und Examination und lediglich durch Handschlag. Obschon ich nicht nur nicht Skat spielen (trotz vierjähriger Soldatenzeit), sondern auch nicht versprechen konnte, diese Kunst in späteren Jahren zu erlernen.

Heidelberg 1949–1958:
Assistent und Privatdozent

Am 15. Mai 1949 in der Früh kam ich in Heidelberg an.

Alt Heidelberg du feine …

Über die Stadt – der Vaterlandsstädte ländlich schönste – hier kein Wort, – oder nur so viel: Hölderlin hat übertrieben. Aber wahr ist, dass der Ort sich aufs Schönste in eine teils liebliche, teils herbe Landschaft einschmiegt, umringt von den Bergen des Odenwalds und geadelt vom Neckar, – denn jede Stadt wird geadelt, wo Wasser an ihr teilhat: vom Meer, vom Fluss, vom See.

Die Stadt, ihre Häuser und Straßen wären schön, hätte Mélac sie nicht 1689 mitleidlos zerstört in seines Königs Ludwig landgefräßigem Dienst. So blieb nur Weniges vom würdigen Alten, und was hinzukam, machte kein würdig Neues. Aber die Alte Brücke in ihrem anmutigen Bogen, dazu ihr Turm (in dem jahrelang nach dem Architekten Steinbach der Lyriker und kluge Rundfunk-Redakteur Gert Kalow wohnte) sind liebevollen Angedenkens wert.

Es ergab sich zudem gewissermaßen natürlich, dass der romantisch umsungenen Neckarstadt allgefälliges

Wesen die Lust der Kommunikation förderte, das Vergnügen am gehobenen Gespräch, und sich mannigfach Zirkel bildeten, die mit einem Vortragenden diskussionsfreudig erste und letzte Dinge debattierten. Wie der Struktur dieses Gemeinwesens gemäß, fanden sich hier vor allem Akademiker zusammen, Professoren und ihr familiärer Anhang, aufstrebende junge Gelehrte, auch – wo sie ein gewisses Reifestadium vermuten ließen – Studierende der jeweiligen Fakultäten. Den vornehmsten Rang unter diesen Kreisen nahm der von Marianne Weber – und um sie – gebildete ein. Hier verwaltete sie das Erbe des großen Mannes und versuchte seines Geistes Ausstrahlung lebendig zu halten durch die regelmäßigen Sitzungen in ihrem würdigen und geräumigen Haus am Neckar. Hierher eingeladen zu werden mittels einer kargen Postkarte galt als Ehrentitel. Auch mich traf diese Auszeichnung bald nach meinem Dienstantritt als Assistent der Altgermanistik, – ich machte erst meinen Antrittsbesuch, fand mich dann nicht ohne Beklommenheit zur bestimmten Stunde ein und setzte mich in die letzte Stuhlreihe des Vortragsraums. Vor mir die Crème der Honoratioren, man kannte einander und bestätigte einander die vermutbare Bedeutung. An der Spitze der Hierarchie die in ausladender Würde einschüchternde Figur des Professors Karl Hermann Geiler, der nach dem Kriege hessischer Ministerpräsident gewesen war. Es folgten Geheimrat Alfred Weber, Professor Alexander Rüstow, die Theologenbrüder Bornkamm, der Alttestamentler vom Rad, der

Romanist Gerhard Hess, der Neutestamentler von Campenhausen … Labung des Geistes war hier angesagt, deren Dignität den Verzicht auf leibliche Nahrung zur unbefragten Selbstverständlichkeit machte.

In gehöriger Andacht folgte man dem Vortragenden auf seinen Gedankenbahnen, soweit man vermochte oder wollte, – und dann kam der bedrohliche Augenblick der Prüfung. Die alte Dame stand auf, nein, erhob sich, und mit dem Pfeil ihres Zeigefingers stieß sie die Diskussion an. Nicht etwa eine Wortmeldung abwartend, sondern die Namen gemäß der Reihenfolge der gesellschaftlichen Prominenz aufrufend. Die Formel war rituell: »Herr Geheimrat Weber, was haben Sie uns zu diesem Vortrag zu sagen?« Man konnte, schien es, dem Reglement nicht entgehen, der Zeigefinger nagelte fest, – und nach den in der Regel zustimmenden und allemal die eigene Kompetenz andeutend hervorhebenden Korreferaten der berufenen Aufgerufenen kam schließlich unabwendbar die Reihe an mich: »Was haben Sie uns zu diesem Thema zu sagen, Herr Doktor Wapnewski?« Das war der Augenblick der Bestätigung und Bewährung, und ich erlaubte mir, was wohl in diesem Kreise noch nie vorgekommen war, ich sagte mit tapferer Entschiedenheit (und wahrheitsgemäß): »Nichts, gnädige Frau …!« Es verschlug der rüstigen Greisin nahezu die Sprache, – sie respondierte scharf: »Nichts? Das ist aber schade!«, und dieses »Schade!« war das Ende meiner Beziehung zu dem geweihten Hause und Kreise.

Doch auch das akademische Leben hatte in Heidelberg seine eigene Form – und der Wissenschaftliche Assistent P. W. erhielt seinen Ort in der alten Ordinarienuniversität. Der er lebenslang anhing, – in Teilhabe oder Erinnerung. Jeder Ordinarius (ich rede hier nur von den Geisteswissenschaften, in den anderen Fakultäten lagen die Dinge gemäß den ihnen eigenen Umständen zum Teil anders) hatte seinen Assistenten (oder deren auch mehrere). Der war ihm attachiert, arbeitete ihm zu, unterstützte seine Forschungstätigkeit, war ihm aber vor allem nützlich und notwendig auf dem Felde der Lehre. Indem er Referate vorkorrigierte, auch Staatsexamensarbeiten oder Dissertationen. Und regelmäßig am Oberseminar seines Chefs teilnahm, Studenten beriet, Texte vorbereitete für die Klausuren der Examina. Darüber hinaus machte er die ersten Schritte auf das Katheder und war beauftragt mit der Abhaltung von Proseminaren und Einführungsübungen. Maß und Art der Belastung des Assistentenamtes hing durchaus ab von Charakter und Temperament des Ordinarius. Es sprach sich Schlimmes herum, Ausbeutung und Demütigung des Assistenten betreffend durch einen herrischen und eigensüchtigen Chef, – das ging bis zur Ausnutzung für durchaus persönlich-private Zwecke. Dergleichen hat es gegeben, – ich habe es nie erlebt, nicht in meinem Falle, nicht im Falle der Kollegen. Vielmehr war ich einem Manne zugeordnet, der von jovialer, wenn auch autoritätsbewusster Großzügigkeit war. Und bis auf den misslichen Umstand, dass er mich – sehr selten – am Wochenende zu sich rief, um mir Briefe zu diktieren, habe ich sein Verhalten mir gegenüber nie als Attitüde der Ausnutzung erfahren. Er stand zu mir wie etwa ein Major zu seinem Adjutanten. Der Vergleich ist nicht willkürlich gewählt, denn Richard Kienast war und blieb im Grunde Offizier. Jahrgang 1892, war er aufgewachsen im alten Kaiserreich und dessen Geiste nach wie vor mit Leib und Seele ergeben. Den Ersten Weltkrieg überstand er nach Verwundung als Reserveleutnant, und es muss zugegeben werden, dass er nicht frei war von der Lust alter Soldaten, Kriegserlebnisse in der Erzählung wiedererstehen zu lassen. Aber das geschah nicht bramarbasierend. Nach dem Weltkrieg war er eine Zeit lang als Hauslehrer der Kronprinzenkinder engagiert, – und mit Stolz erinnerte er sich der »Frau Kronprinzessin«, die er nie in anderer Formulierung erwähnte.

Wissenschaftlich war er ein getreuer Spross der so genannten Berliner Schule der Germanistik, die sich herleitete aus dem Geiste der Brüder Grimm und der philologisch-editorischen Lebensleistung Karl Lachmanns und ihrer Schüler. Das ging über Müllenhoff und Wilhelm Scherer weiter zu dem am Kaiserhof gern gesehenen und Wilhelm II. auch physiognomisch ähnlichen Erich Schmidt (ein Literarhistoriker hohen Ranges, seine große Lessing-Biographie ist nach über 100 Jahren auch heute noch ein Standardwerk, und die Goethe-Philologie verdankt ihm Bleibendes). Dann sich forterbend zu dem Manne, der die Kienast-Pretzel-Generation so begeistert wie geprägt hat mit seinem nationalen (ans Chauvinistische grenzenden) Pathos, mit seinem philologisch-literarischen Furor, mit seiner offenbar ein Entrinnen aus seinem Wirkungsraum nicht zulassenden Autorität: Gustav Roethe. Er starb 1926. Aber auch sein Nachfolger Arthur Hübner war, wiewohl leiser und zurückhaltender im Naturell, dank seiner philologischen Autorität ein von den Jüngeren hochverehrter Lehrer.

Dies also der Stall, aus dem Pretzel und Kienast kamen. Und der ihnen eine stolze wissenschaftliche Heimatadresse war. Was nun den Niederschlag ihres Wissens und Könnens in der gedruckten Wissenschaft angeht, die allein entscheidet über das Renommee des Gelehrten in der Geschichte seines Faches, so muss man beiden leider eine nur begrenzte Wirkung nachsagen. Pretzel, der als der begabteste der Roethe-Schüler galt, verstreute sein eminentes Wissen in der Publizierung von vielen Einzelheiten unterschiedlichen Gewichts, denen es doch am einenden Band gebrach. Vor allem scheiterte er an dem von ihm selbst angestrebten großen Projekt einer Darstellung der Geschichte der Germanistik. Niemand kam ihm gleich in der Fülle intimsten Wissens über Werke und Gestalten, niemand hätte so kompetent wie er die Wurzeln und das Wachsen und Gedeihen dieses Faches darstellen können von den frühromantischen Anfängen bis an die Grenze des 20. Jahrhunderts. (Nicht weiter freilich, denn die Degeneration des Fachs zu einer völkischen, einer der Ideologie des nationalen und nationalistischen Zeitgeistes hörigen Wissenschaft wiederzugeben wäre ihm nicht möglich gewesen.)

Anders Kienast: Wo Pretzel sein Wissen ausstreute und verstreute, hielt Kienast es sparsam zurück. Das Volumen seiner Publikationen ist karg, er beherrschte das Handwerk insofern, als ihm die alten Sprachen, als ihm auch die germanisch-deutschen Sprachdenkmäler geläufig waren, aber er versagte sich jedem geistvollen Gedanken, jeder erhellenden Idee im Vollzug seiner Betrachtung des altgermanistischen Literaturschatzes. Seine Kollegs lehnten sich an die seiner Berliner Lehrer an, er hielt sie, indem er mit markig-sonorer Stimme ablas, was er mit sorgfältiger Handschrift dem Manuskript Wort für Wort anvertraut hatte. Und so oft ich auch eine seiner Vorlesungen besucht habe (er hielt es für meine Assistentenpflicht, ihnen beizuwohnen, ich nutzte die Chance in der Verborgenheit der letzten Hörsaalreihe zum Briefeschreiben), so weiß ich doch, dass er niemals nach dem begrüßenden Klopfen des Auditoriums anders begann als mit den Worten: »Ich fahre da fort, wo ich zum Ende der letzten Stunde stehen geblieben bin …«

So verzichtete er denn darauf, den Stempel seines Geistes der Materie seines Faches spürbar einzuprägen. Seine Häuslichkeit, die familiäre Atmosphäre war gewissermaßen epigonal-fontanisch. Denn er war ihr poetischer Hausgott, dieser Fontane, den sie französisch aussprachen, seine Frau und er und die Söhne Dietmar und Burkhard: also mit nasaliertem o:

»Fõntan« ... Weil der Dichter es angeblich selber so gehalten habe.

Man mag, wenn man das große Wort nicht scheut, es als eine persönliche Tragödie empfinden, dass dieser Mann, der »au fond« (eine seiner Lieblingsformeln) redlich war und gutmeinend, aufgrund der Starre seines Charakters sich mit aller Welt überwarf. In der Fakultät war er allmählich gänzlich isoliert, er besuchte entgegen seinen Amtspflichten keine ihrer Sitzungen, so wie er auch die Heidelberger Akademie der Wissenschaften im Zorn verlassen hatte. Die Atmosphäre im Germanistischen Institut war peinlich vergiftet durch den Dauerstreit zwischen ihm und dem Kollegen der Neueren Abteilung, Paul Böckmann. Ein Zwist, dessen Ursprünge niemand mehr ergründen konnte. Und natürlich waren vor allem die beiden Assistenten die Leidtragenden dieses Zerwürfnisses, die sich ja verantwortlich fühlten für die Geschlossenheit des Instituts zugunsten der Studierenden. Was den beiden Chefs nicht gelingen wollte, gelang ihren beiden Assistenten ohne jeglichen Krampf: Walter Müller-Seidel und ich kooperierten in reiner Eintracht, einander in Achtung freundschaftlich verbunden, – und wo es nötig war, da konspirierten wir auch gemeinsam wider die störrische und unbelehrbare Obrigkeit.

Das väterliche Wohlwollen, das Kienast mir bei aller Wahrung des durch Autorität gebotenen Abstands schenkte und das seinen Ausdruck auch fand in nicht wenigen Gläsern gemeinsam genossenen

Weines in einer der reizvollen Heidelberger Wirtschaften, auch in freundlichen Tee-Einladungen zum Sandkuchen (vom Hausherrn nicht ohne Grund »Würgeengel« genannt) in die mit dem gewichtigen bürgerlichen Mobiliar der Jahrhundertwende dunkel bestückte Wohnung, – diese von humaner Kultur bestimmte Beziehung verlor beinahe ihre menschliche Grundlage im Verfolg des Habilitations-Verfahrens, das zu scheitern drohte als Folge der erwähnten Streitigkeiten der beiden Lehrstuhlinhaber.

Die Aufzählung der Assistentenpflichten entbehrte eines wichtigen Kapitels. Wenn nämlich der Assistent, durch eigenen Ehrgeiz und das Urteil der Erfahrenen und Verantwortungtragenden ermutigt, die Universität, also die wissenschaftliche Laufbahn zu seinem Berufsziel zu wählen die Courage hatte, dann bedeutete das vor allem eines: Neben der Erledigung der Assistentenpflichten, über oder unter ihnen, sich einer Aufgabe zu widmen, deren Ergebnis eine »die Wissenschaft in bedeutendem Maße fördernde« Schrift zu sein hatte, – einer Dissertation spürbar überlegen an gelehrtem Inhalt und bedeutender Perspektive.

Zum Institut der Habilitation

Hier mag der Ort sein, ein Wort zu sagen zu Sinn und Wert der Habilitation, die in der deutschen Universität zum Status des Universitätslehrers führt und ihm die *Venia legendi* für die Vertretung seines Faches verleiht. Eine Institution, die seit dem Aufruhr der Studenten, seit etwa 1970 also, und seit der Einrichtung der Gruppenuniversität beharrlich in Frage gestellt und vereinfacht wird.

Ich sehe in diesen Anfechtungen vor allem einen Aufstand der Mittelmäßigkeit. Denn in der Tat handelt es sich hier um eine gemäß alter Tradition nicht leicht zu nehmende Barriere, deren glückliche Überwindung als Zeichen der Bewährung und begründeter Zukunftshoffnung gelten darf.

Ob die der Fakultät eingereichte Schrift nach Thema, formalem Niveau und gelehrtem Ertrag den von der Idee und der Praxis der Universität geforderten Ansprüchen gerecht wird, bestätigen (oder verneinen) die Fachgutachten zuständiger Experten. Nach ihrem Ja wird der Habilitand vor die Fakultät geladen, um ihren versammelten Mitgliedern einen Vortrag zu liefern, ausgewählt aus drei von ihm angebotenen Themen. Es schließt sich ein Kolloquium mit den

Fakultätsmitgliedern an, das die Kompetenz des Habilitanden bestätigt (wie auch die der fragenden Professoren). Der Prozess fand herkömmlich sein krönendes Ende in einer Probevorlesung, die vor allem die pädagogische Befähigung erkunden und bestätigen sollte, – aber seit langem schon achtet die Universität diesen didaktischen Bereich gering. Zu ihrem Schaden, denn so fragwürdig es scheinen mag, wenn an dieser Bedingung das ganze Verfahren scheitern sollte, so bleibt doch unbestreitbar, dass die Forderung der »Lehre« unerfüllt bleibt, wenn der Lehrende sich schwer tut mit der Umsetzung seines gelehrten Wissens in die eingängige Formulierung. Da wird er, nach Worten suchend und Hilfe anstrebend vom abzulesenden Manuskript, den Bedürfnissen der lernbegierigen Studierenden nicht gerecht. Die Zeugen sein wollen eines gelungenen oder gelingenden Denkprozesses.

So das »Verfahren«, das schon zu meiner Zeit abgemildert war durch den Fortfall der pädagogischen Bewertung des Probevortrags, der nunmehr die Würde einer »Antrittsvorlesung« und den Charakter einer öffentlichen Selbstvorstellung des neuen Fakultätsmitglieds gewann.

Das System zeichnete sich aus durch eine gewisse Strenge, die Gewähr dafür sein wollte, dass nur die Besten sich den Besten zugesellten. Dagegen ist wenig zu sagen, und so habe ich denn – mitwirkend und beobachtend oder belehrt durch Berichte – nie erlebt, dass ein Würdiger gescheitert wäre. Wohl aber habe ich mancher Fakultät mehr als einmal den Vorwurf gemacht, allzu lässig geurteilt und gehandelt zu haben. Denn leicht degeneriert das Lässige zum Fahrlässigen.

Und doch: Das alte, mittlerweile längst erleichterte und verwässerte Verfahren litt an zwei peinlichen Fehlern. Zum einen waren die Habilitanden allermeist zu alt, wenn sie die *Venia* erwarben. Die vorübergehende Doppelbelastung war zu schwer und zeitraubend: hier die Forscherarbeit an der vorzulegenden Schrift; dort der professionelle Tagesdienst. Eine Vereinfachung des Verfahrens und damit Senkung des Habilitanden-Alters setzt entschieden eine Freistellung von anderen Belastungen voraus. Der andere Makel: die Bevorzugung der Insider. Wer nicht den konventionellen Weg, also die beschriebene Ochsentour eingehalten hatte, sondern von außen kam (als Privatgelehrter, aus dem Schul- oder Bibliotheksdienst), stieß vor der Front einer in sich selbst gefestigt und auch selbstgefällig ruhenden Fakultät auf sehr zögerndes, wenn nicht widerstrebendes Verständnis für seine ungewöhnliche Absicht. Und so konnte es denn gelegentlich wohl geschehen, dass der Seiteneinsteiger, der an Kühnheit des Gedanklichen, Präzision des Begrifflichen und Weite der Einsicht den Horizont der Fakultät überragte, auf sich selbst zurückgewiesen wurde. Also scheiterte.

Der große Moralist Erich Kästner hat ein solches Schicksal eindringlich dargestellt in seinem Roman *Fabian* (1931). Sein Stoff konnte sich an die Wirklichkeit halten. Auch Hofmannsthal gab seinen Plan auf, sich mit einer Arbeit über Victor Hugo zu habilitieren. Und für alle Zeit bleibt es ein dunkles Blatt in den Annalen der Philosophischen Fakultät der Universität Frankfurt (Main), dass sie die große Arbeit Walter Benjamins über den *Ursprung des deutschen Trauerspiels* zurückwies und damit versagte vor der Chance, sich zu ehren durch die Inkorporation dieses luziden Intellekts in ihre Gemeinschaft. (Der Hauptverantwortliche, das heißt -schuldige, war der nicht unverdiente Literaturwissenschaftler Franz Schulz.) »Nur um der Hoffnungslosen willen ist uns die Hoffnung gegeben«, dies der letzte Satz jener Schrift, die eine Habilitationsschrift sein wollte, – und viel mehr wurde. So dass dieses letzte Wort als eines von »erhabener Ironie« weiterklingt.

In diesem Sinne schreibt schon der preußische Friedrich, der Große, sich in die Angelegenheiten der von der Großmutter und Leibniz gegründeten *Societät der Wissenschaften* einmischend und voller Empörung über Voltaire'sche Intrigen, an den Präsidenten Maupertuis (18. Oktober 1752, im Original naturgemäß französisch):

»*Ach, mein lieber Maupertuis, wohin ist es mit den Männern der Wissenschaft gekommen, wenn sie nicht ruhig in die Grube fahren können, ohne, so krank sie auch sind, die Stimmen des Hasses und Neides über sich ergehen lassen zu müssen? (...) Ich hatte immer geglaubt, dass das Studium der Weis-*

heit weise machen müsse: Ich gebe zu, dass ich mich getäuscht habe. In Wirklichkeit bemerkt man in keinem Berufe oder Stande so viele jämmerliche Zänkereien, so viele verleumderische Beschuldigungen und so viele verschwenderische beredte Beleidigungen wie unter den Männern der Wissenschaft.«

Was die Alltäglichkeit der Habilitation und Habilitierung jedoch anbetrifft, so nahm in meinem Umkreis jeder Begabte die Hürde ohne peinliche Verzögerung. Wie meine Assistentenkollegen Hans Robert Jauß und Wolfgang Iser, die später zu den berühmten Häuptern der von ihnen begründeten Konstanzer Schule der Literaturtheorie aufstiegen.

Die Komplikationen in meinem Fall (und einige Jahre später in dem meines Freundes und Kollegen Joachim Bumke) hatten ihren Ursprung nur insoweit in dem »System«, als innerhalb seiner das störrische Wesen menschlicher Unzulänglichkeit sich gelegentlich allzu dreist das letzte Wort anmaßte. Um es konkret zu sagen: Der Hauptzeuge für meine Habilitation, Richard Kienast, konnte sich mit dem verfeindeten Kollegen Paul Böckmann nicht über die Formulierung des Titels der mir zu verleihenden *Venia legendi* einigen. Ein ganz und gar marginales Detail, von den beiden Opponenten kämpferisch aufgebläht zu einer Frage von Rang und Würde der Wissenschaft. Kienast verlangte für mich den umfassenden Begriff »Deutsche Philologie«, Böckmann wollte die

Beschränkung auf das Mittelalter. Der Streit verzögerte den Gang des Verfahrens um mehr als ein Semester und führte zu jener erwähnten beklagenswerten Entfremdung zwischen Kienast und mir, der ich allzu unbekümmert meine völlige Gleichgültigkeit in Bezug auf die von ihm oder dem anderen behauptete Position bekundet hatte. Die Antrittsvorlesung im Frühjahr 1954 trug in dreister Sichtbarkeit den Stempel des Kompromisses insofern, als sie die »Romantische Germanistik« behandelte: Stoff war das Mittelalter, Handlung das 19. Jahrhundert.

Um den Fall Joachim Bumke vorwegzunehmen: Hier war das hindernde Motiv sehr viel primitiver. Der aus Böhmen stammende, in Prag lehrende und in den Westen geflüchtete Erforscher altdeutscher Fachprosa Gerhard Eis, 1955 auf Kienasts Betreiben durch die allzu großzügige Vergabe einer so genannten Persönlichen Professur in die Fakultät aufgenommen, ereiferte sich in unergründlichem Hass erst gegen seinen Mentor Kienast und in konsequenter Übertragung dann auf dessen Habilitanden Bumke (der mein Nachfolger als Assistent geworden war). Mit Hilfe eines giftgetränkten Sondergutachtens (Eis war Kenner der mittelalterlichen Arzneibüchlein) versuchte er, die glänzende Arbeit Bumkes (über den *Willehalm* des Wolfram von Eschenbach) zu diskreditieren. Nun war es auch hier wiederum persönliches Engagement, das dieser persönlichen Aufwallung ihre Grenzen wies: Arthur Henkel, seit 1958 Ordinarius für Neuere deutsche Literaturgeschichte in der Heidelberger Fakultät, warf sich für den Habilitanden dank sachlicher Kompetenz und persönlicher Achtung wirkungsvoll in die Bresche, – so wurde auch Bumke Privatdozent. Und wenig später an die renommierte Johns Hopkins Universität in Baltimore berufen.

Ich habe das Glück gehabt, sieben meiner Assistenten (die meine »Schüler« zu nennen ich zögere, weil ich in der liebenswerten Bezeichnung eine gewisse Vermessenheit dessen mitschwingen spüre, der sich solchermaßen zum »Lehrer« ernennt) der Habilitation zuführen zu dürfen – und nur in einem Falle gab es das ärgerliche Hindernis eines – unberechtigten – Einspruchs zu überwinden. Sie alle haben, jeder auf seine Weise, ihrer Wissenschaft Ehre gemacht. Dennoch bleibt endlich, die Szenerie dieser Erfahrungen betrachtet, der Eindruck eines Makels haften, der in diesem System dem mitbestimmenden subjektiven Einzelvotum eine unverdiente, allzu gewichtige Bedeutung zuerkennt.

Privatdozent war ich immerhin für fünf Jahre, – und ich bin dieser relativ langen Zeitspanne dankbar, die es mir erlaubte, die Vorlesungen und Übungen stofflich vorzubereiten, die ich eines Tages als Ordinarius in erweiterter Form würde halten müssen und dürfen.

Nun handelte es sich in diesen Jahren freilich nicht um eine Phase der gemächlichen und eigenmächtigen Befassung mit der gewählten Materie. Es kam sehr bald mancherlei Bewegung in dieses scheinbar statische Stadium. Nachdem ich die Leitung des *Collegium*

Academicum – einer studentischen Wohn- und Lebensgemeinschaft – abgegeben hatte (das war 1956), lud mich die Universität Tübingen ein, den dortigen altgermanistischen Lehrstuhl, vakant durch die Emeritierung des hochgerühmten Hermann Schneider, zu vertreten. Das geschah im Leerraum, nachdem der Ruf ergangen war an den prominenten und von mir in hohem Maße geschätzten Kieler Altgermanisten Wolfgang Mohr. Der sich aus welchen Gründen auch immer nicht entscheiden konnte oder wollte und mir bis zur endgültigen Annahme drei Semester Zeit ließ, in Tübingen Vorlesungen und Seminare zu halten. Was ich mit Freuden tat, – wöchentlich zwischen Heidelberg und Tübingen hin- und herreisend, – nicht zuletzt wegen der sehr unbefangen-freundschaftlichen Umgangsmöglichkeiten mit den Tübinger Studenten, denen ich nicht durch eine hierarchische Barriere entrückt war. Unter ihnen mancher, der später in der Universität Karriere machte wie Wolfgang Harms, – oder außerhalb ihrer wie Hellmuth Karasek und Rolf Michaelis.

Kaum wieder »privat« in Heidelberg heimisch, erreichte mich, sehr überraschend, die Einladung der Harvard University, an ihr ein Gastsemester lehrend zu verbringen.

Damit war ich angekommen an der folgenreichsten Station meines akademischen Lebens. Und ich verdanke Harvard mehr als jeder deutschen Universität. Denn diese weltberühmte, bewunderte und beneidete, an Gelehrsamkeit und materiellen Schätzen reiche, ja überreiche Hochschule entdeckte – nach wie vor ist mir unklar, auf welche Weise – den Heidelberger Privatdozenten, der sich, nach einer unbedeutenden Dissertation, lediglich ausgezeichnet hatte durch seine von der gelehrten Welt mit Wohlwollen akzeptierte Habilitationsschrift über den *Parzival* des Wolfram von Eschenbach; wie überdies durch diesen oder jenen wissenschaftlichen Aufsatz. Der Lehrstuhl der Alten Germanistik war durch Taylor Starck eindrucksvoll besetzt gewesen über Jahrzehnte hin und Harvards würdig. Nun war er vakant nach Starcks Emeritierung, und die Lücke konnte vorübergehend befriedigend gefüllt werden durch den Gast aus Europa. Der sich keinen Augenblick vermaß, *cum spe succedendi*, wie die universitäre Fachsprache es formuliert, eingeladen zu sein. Sondern eben als aushelfender Besucher ...

EIN SEMESTER IN HARVARD
(1958/59)

Ausgangspunkt war Hamburg, die altvertraute Stadt, in der Caroline und ich unsere gemeinsame Studienzeit verbracht hatten. Zwar fühlten wir uns, Abschied nehmend, nicht als Auswanderer, empfanden es aber doch als passend, nach Vorväterart das große neue Land mit dem Schiff anzusteuern. Einem Frachtschiff, eher klein als groß, das den Vertrauen einflößenden Namen *Transatlantik* trug. Eingerichtet für die zusätzliche Mitnahme von etwa einem Dutzend Passagieren in geräumigen Kabinen. Mit ihnen, den Mitreisenden, platzierte man sich zu den Mahlzeiten um einen runden Tisch und vertrug sich im Sinne freundlicher Distanz. Wir sollten nach acht Tagen in Boston an Land gehen, – daraus wurde nichts, denn ein lang anhaltender Sturm trieb uns nördlich ab. Die Möbelstücke rutschten in der Kabine rhythmisch über den Teppich, und vom Tisch fiel in Kaskaden das Geschirr, jeder Schritt verlangte nach einem Halt, und die Qualen der Seekranken waren mitleiderregend. Wenn ich nächtens ein Stück hochkletterte über die Brücke, dann sah ich schwarze Gischt in ungeheuren Bergmassen sich auf uns zuwälzen, Meer und Horizont gingen ineinander über, – und unser Schiff, das sich nur mehr wie ein Schiffchen ausnahm, behauptete sich rollend und stampfend gegen entfesselte Urgewalten. Und da die Küche ausfiel, gab es in den letzten drei Tagen auch kein warmes Mahl mehr. Drei Tage, das war die Verzögerung, mit der wir endlich an Land gingen, und zwar nicht wie geplant im nordamerikanischen Boston, sondern nördlich abgetrieben im kanadischen Québec.

Nun ist von einer schlichten Wundertat zu berichten. Sie gehört Reinhard Lettau, der damals noch kein prominenter Schriftsteller war, sondern gereifter Student. Um es genauer zu sagen: Er war in Heidelberg einer meiner Seminarteilnehmer gewesen, und wir waren uns freundschaftlich nahe gekommen, zumal uns nur die relativ geringe Altersspanne von sieben Jahren trennte. Damals gelang es mir, für ihn und seinen Kommilitonen Reinhard Paul Becker ein Harvard-Stipendium zu erwirken, der Großzügigkeit der Firma Freudenberg im benachbarten Weinheim zu danken. Ich hatte mich nicht für Unwürdige eingesetzt, beide wurden eines Tages Professoren der Germanistik in Kalifornien beziehungsweise in New York, und nicht nur Lettau, sondern auch Becker reüssierte als Poet, – dank seiner esoterischen gedankenschweren (aber nicht enigmatischen) Gedichte und Übersetzungen.

Lettau nun war mittlerweile in Harvard zum *Teaching Fellow* avanciert und hatte die Nachricht von unserem Kommen derart freudig aufgenommen, dass er uns die Abholung am Hafen von Boston zusicherte. Dann aber kam der Sturm und hob Zeit und Raum auf. So telegraphierten wir ihm aus Gischt und Wogen die verzögerte Ankunftszeit und den erheblich geänderten Ankunftsort. Mit der Bitte, diese Informationen unseren Harvard-Gastgebern zu übermitteln, – keinen Augenblick vermutend, dass Lettau sich unverdrossen an das Abholungsversprechen halten würde. Aber Lettaus Treue war so großzügig wie die Dimension der Landschaft dieses Kontinents, und so fuhr er denn in seinem VW eine Nacht und einen Tag und stand am Pier in Québec, als wir mit unserem Gepäck ausgeladen wurden …

Die Fahrt nach Süden gab uns eine erste vorläufige Ahnung von der so oft bekundeten und schier grenzenlosen Weite dieses Landes. Wir fuhren und fuhren bis zum Abend, und nach der Einquartierung in einem Motel in dem Städtchen New Brunswick machten wir uns auf den Weg zum erstbesten Restaurant, was der Erwähnung kaum wert wäre, ereignete sich nicht in diesem Augenblick etwas, was wiederum den Rang des Wunderbaren, jedenfalls des ganz und gar Unglaubwürdigen für sich reklamieren muss. Etwa sieben Jahre zuvor nämlich hatten wir in Heidelberg einen amerikanischen Studenten ins Herz geschlossen, der so intelligent wie proper wie wohlerzogen war. Peter Batchelder sein Name. Nach seiner Rückkehr in die heimatlichen USA hatten wir nie wieder von ihm gehört. Nun aber geschah das Absurde: An diesem Abend im September 1958, nachdem wir kaum USamerikanischen Boden betreten hatten, nannte in einem Steakrestaurant inmitten speisender Gäste eine Stimme halblaut den Namen: »Doktor Wapnewski?« Das war die Stimme Peter Batchelders ...

Der getreue Lettau und sein braver VW, sie lieferten uns am nächsten Tag bei Mrs. Katz ab. Der Vermieterin der kleinen Wohnung in einer winkligen freundlichen Straße des berühmten Cambridge/Mass. Die Straße hieß Shepard Street und war so idyllisch wie ihr Name. Anderthalb Zimmer, Küche, Bad. Und Gérard Schmidt, Assistant Professor am German Institute, lieh uns das zweite Bett.

Harvard hatte damals vier Full Professors, also Ordinarien für das Fach der deutschen Literatur, dazu den vakanten Lehrstuhl der Alten Germanistik. Head of the Department war Henry Hatfield, ihm zur Seite: Jack Stein, Stuart Atkins und – einziger Deutschgeborener und Immigrant – Bernhard Blume. Sie alle hatten sich durch wichtige, zum Teil bedeutende Leistungen eingetragen in das Buch der germanistischen Wissenschafts-Annalen. Hatfield vor allem als feinsinniger Interpret der Dichtung Thomas Manns, Atkins und Blume der Goethe-Forschung zugewandt, Jack Stein als Deuter Richard Wagners.

Sie alle vier und viele andere mehr breiteten die Arme aus und hießen die Fremden willkommen in der Tradition jener Gastfreundschaft, wie sie der sozialen Offenheit, der liberalen Gastgebertradition und der materiellen Großzügigkeit dieses reichen (und widerspruchsreichen) Landes und seiner Geschichte entspricht. Wir wurden überhäuft mit Lunch- und Dinner-Einladungen, *in honour of* ..., entweder also uns zu Ehren oder zu Ehren eines der vielen anderen, die an- und durchreisten, Abschied nahmen und vielleicht wiederkamen. Dazu zahllose Party-Termine, – und bald wurde merkbar, dass es nicht nur um konventionelle Höflich- und Freundlichkeiten ging, sondern auch darum, behutsam festzustellen, ob wir zu Harvard »passten«. Was zu beurteilen natürlich auch den Studenten oblag, mit denen ich das *Nibelungenlied* erarbeitete und die Lyrik des Mittelalters. Unterschiedlich gestuft in Niveau und Ergebnis, je nachdem, ob man es mit Undergraduates zu tun hatte oder mit schon bewährten Studenten, Graduates oder Postgraduates also. Mit denen wir bald in der Form unbefangener Freundlichkeit und gar Freundschaft umgingen wie sie mit uns; die Arbeit mit ihnen hatte etwas Leichtgängiges, auch gar Beschwingtes, wie ich es aus Deutschland nicht kannte, – was natürlich auch zusammenhing mit dem Luxus der kleinen Zahl: Ich hatte es mit nicht mehr als etwa zwanzig Hörern oder Teilnehmern zu tun, – es sei denn bei einem der offiziellen Vorträge, die das Institut von Zeit zu Zeit anberaumte und in deren Reihung auch ich eingeordnet wurde.

Ein hübsches Beispiel für den allenthalben spürbaren Geist sportlicher Fairness lieferte mir ein junger Undergraduate. Ich ließ – gemäß Institutsordnung – eine Klausur schreiben, und was schrieb Joseph B. Dallett statt eines Fragezeichens (oder der richtigen

Antwort) auf die Zeile nach dem fordernden Doppel-punkt? »You have got me ...«

Wir lernten sie auf zwanglos-legere Weise oder auch in der gedämpften Gemessenheit des großen Abendessens (Steak oder Truthahn) kennen, wenn das alte Silber auf den Tisch kam und die Kerzen flacker-ten in kostbaren Leuchtern und das alteuropäische Erbe zeichenhaft gefeiert wurde in New England, – so also lernten wir sie kennen und sie uns: Den Roma-nisten Diekmann und den Anglisten Harry Levin, den Wirtschaftswissenschaftler John K. Galbraith und den Germanisten Egon Schwarz (eines sehr viel späte-ren Tages fand ich mich mit ihm vereint in der »Deut-schen Akademie für Sprache und Dichtung«), und wir machten dem alten großen Werner Jaeger unseren Be-such, dessen *Paideia* uns wie alle unsere Generations-genossen belehrt und berührt hatte.

Diese Begegnungen mit den Gelehrten kannten aber in der Regel nicht die Übung des angestrengten Tiefsinns. Will sagen, die gesellschaftliche und gesel-lige Kommunikation mied, ja perhorreszierte die grü-belnde Innerlichkeit des gedankenbeschwerten Dis-kurses. Eben jenes, den man in Deutschland ehrt, indem man ihm die beklemmende Prädikatisierung eines »guten Gesprächs« verleiht. Die Tiefe offenbart, wie man in der Tradition der angelsächsischen Kon-versation weiß, nur allzu leicht Flachheit und Pein-lichkeit; ihre Schätze behalte man für sich und mache deutlich, dass die Oberfläche ihren Glanz der Tiefe verdankt.

Unvergesslich, wie wir die aparte Sonderung des Privaten vom Professionellen kennen lernen durften. Wir hatten Isabell und Deborah zum Tee geladen, zwei bezaubernde Nymphen aus großer Familie, 17 und 19 Jahre alt, und ihre Namen lauteten vereinfacht »Ibby« und »Debby«. Ibby nahm die Gelegenheit wahr, den Mediävisten nach einigen Gestalten aus der fremd-unheimlichen Welt des Mittelalters zu befragen, – und wurde von Debby so sanft wie entschieden zurechtgewiesen mit den unvergesslichen Worten: »Ibby, it's not school hour, it's social hour!«

Das große Harvard war tief und präsentierte seine Tiefe auch in seinen weit verbreiteten Dimensionen. Der Campus ein gegliedertes Parkgelände, zum Wandeln einladend wie einst Platons Akademie-Hain, und dicke graue Eichhörnchen genossen Brotbrocken und Freiheit auf Wiese und Bäumen. Die Sonne schien, und der imposante Professorenkollege Stuart Atkins kam uns grüßend entgegen, das heißt, er hob leicht den Zeigefinger der rechten Hand, die Geste begleitend mit den Worten: »Great day today …!«, – Recht hatte er, und war vorbei.

»Good morning: Harvard«, so meldete sich konsequent die Telephonzentrale, – und bezeugt auf die simpelste Weise die Großartigkeit des Unternehmens, die allein schon aus der puren Namensnennung hervorklingt.

Über alldem aber, über dem grenzenlosen Bücherkorpus der weit berühmten Widener-Bibliothek und ihren Stacks, über Campus und Partys und Vorlesun-

gen und Seminaren, über dem Bewusstsein und Selbst-
bewusstsein dieser ersten Bildungsanstalt des Landes
aber schwebte als Über-Ich Name und Person des
Deans: MacGeorge Bundy. Seiner wurde mit großem
Respekt, fast mit Ehrfurcht gedacht, und es lag in der
Logik unserer Anwesenheit, dass wir auch ihn kennen
lernten: zwanglos und mit dem Martini-Glas in der
Hand. Und eines Tages sollte es geschehen, dass er
mich anrief mit der wichtigsten aller meine Person
betreffenden akademischen Botschaften. Eines noch
späteren Tages – 1961 – wurde er vom mächtigsten
Mann in Harvard zu einem der mächtigsten Männer
des Kontinents, also der Welt: als der »Political Ad-
visor« seines Präsidenten Kennedy.

So lernten wir die USA kennen, – und lernten sehr
bald, dass eine jede sich als Urteil gebende Aussage
über dieses Land konterkariert wird durch die Ge-
genaussage. Und eine jede ist »richtig«.

Wir wurden herumgereicht nicht nur von Party
zu Party und Dinner zu Dinner, sondern auch in be-
nachbarte Universitäten eingeladen. So lernte ich »the
other place« kennen, also Yale mit der wunderbaren
Bibliothek Faber du Faurs und Telephonzellen, die
gefertigt waren nach dem Modell von Beichtstühlen in
gotischen Kathedralen. Und wir reisten nach New
York, wo die »Modern Language Association« ihren
großen Jahreskongress abhielt, eine monströse Börse,
die nicht nur Vorträge offerierte, sondern auch Lehr-
stühle, und die das Hotel (es war der *New Yorker*) zu
einer Stadt in der Stadt ausbaute.

Amerika hat uns reich beschenkt: durch das Erlebnis Harvard, durch das ungezwungene und ungekünstelte Entgegenkommen seiner Menschen, durch die noble und generöse Kollegialität seiner Professoren, durch den lockeren Respekt, wie ihn die unbefangene Zuneigung der Studenten bezeugte. So überreichten mir die Teilnehmer meines Nibelungen-Seminars zum Abschied einen Prachtband über *Early Medieval Painting*, gewidmet »with sincere thanks and deep appreciation«, unter den aufgelisteten Namen auch der von Michael Th. Mann. Er – der jüngste Sohn und Musiker, vom Familienschicksal belastet wie seine Geschwister, später Germanistik-Professor in Berkeley und im Jahre 1977 sich dieser Welt entziehend. Seine liebenswerte Schweizer Ehefrau Grit fuhr uns zum Flughafen, – das war Harvards letzter Gruß.

Vor der Einschiffung zur Rückreise hielt uns New York noch einige Tage fest. Da klingelte eines sehr frühen Morgens in unserem Hotelzimmer das Telephon, und dem mit schlaftrunkener Stimme sich Meldenden sagte die markante Stimme MacGeorge Bundys: »Doctor Wapnewski, I should like to inform you that Harvard has decided to offer you our chair of German Philology.«

Als unser Schiff (es war die *United States*, diesmal ein veritabler Passagier-Liner) den Hafen verließ und die Türme Manhattans sich auflösten im Abendnebel und das Licht der Freiheitsstatue matter wurde und schließlich verlosch, – da ahnten wir schon, ahnten mehr, als wir es wussten, dass wir nicht wiederkommen würden. Nicht jedenfalls als die, deren Wiederkommen man erhoffte und wünschte. Sondern später einmal, als Besucher, dann und wann.

Folgt der Versuch einer Erklärung. Es war dieser nobelsten Adresse noch nie widerfahren, dass ein Ruf ins Leere ging. Einen Harvard-Ruf nahm man an. Und Harvard brüstete sich mit der trotzigen Maxime: »Wir berufen immer den Allerbesten.«

Der Beste zu sein durfte ich mir nicht einbilden. Aber Harvard vertraute mir, und das hatte ich nicht zu kommentieren. Das Berufungsverfahren war gemäß den dort geltenden Gesetzen umständlich, und es war schwieriger als das der deutschen Fakultät. Die Kommission wurde nicht gebildet aus heimischen Professoren, sondern aus externen Koryphäen, womit man der Forderung nach äußerster Objektivität gerecht zu werden suchte. In meinem Falle war der Vorsitzende dieses Berufungsgremiums Victor Lange, der Germanist in Princeton.

Das Komitee hatte entschieden, wie Harvard es sich gewünscht hatte. Und nun erwartete man meine Zusage.

Aus ihr wurde eine Absage. Die mir schwer fiel, nicht vor allem, weil mich Zweifel an dem Grundsätzlichen der Entscheidung peinigten. Sondern weil es mich hart ankam, meine Harvarder Kollegen, ihre Hoffnungen, ihr Zutrauen und Vertrauen zu enttäuschen, – und vor allem: ihre Freundschaft. Und es ist wahr, dass mein Nein sie empfindlich getroffen hat. Härter, als es zu rechtfertigen mir gelingen wollte.

Dieses Nein erklärt sich, so schwer es fiel, doch eher leicht. In jedem anderen Fach, wäre ich seiner mächtig gewesen, als Naturwissenschaftler, als Jurist, auch als Geisteswissenschaftler im Bereich etwa der Geschichte und der anderen Philologien, hätte ich kaum gezögert, der erwiesenen Ehre würdig zu entsprechen. Aber ein Germanist ist fremd in jedem anderen Land als in Deutschland. Denn diese »deutsche Wissenschaft« mit all ihren Erde und Luft und Wasser entstammenden Elementen, mit ihrer emotionalen Mitgift, mit ihrer tiefen Verwurzelung in der deutschen Geschichte (deren sie selbst ein Teil ist), mit ihren Leistungen und ihrem Versagen, mit ihrem Pathos und ihrer Verführbarkeit durch nationale und nationalistische Parolen, – diese Wissenschaft, die großen Geschichtsphasen begleitend und lebend von den Monumenten wie den Nuancen der deutschen historischen und zeitgenössischen Wirklichkeit, diese Wissenschaft bedarf, um weitergegeben zu werden, der Einbettung in den Raum ihres Ursprungs, bedarf der Aura ihres gelehrten und lehrenden Bestrebens aus dem Geiste einer ihrer selbst bewusst werdenden Nation in den frühen Jahren der europäischen Romantik.

Daraus aber schließe man nun nicht, dass ein Germanist als Forscher nicht gedeihen könnte in der Fremde. In der Widener-Library zu Harvard steht ihm eine Bibliothek auch deutschsprachiger Bücher zu Diensten, mit einem Reichtum an Beständen, der auch den mancher deutschen Universitätsbibliothek weit übertrifft. Die nicht-deutsche, die Auslandsgermanistik hat diese Wissenschaft reich befördert, – zumal im 20. Jahrhundert. So ist denn, wer Augen zum Lesen und den Kopf zum Denken und den Sinn zum Fühlen hat, auch im fremden Lande nicht verloren. Denn ihm ist das »portative Vaterland« zuhanden, das Verjagte wie Heinrich Heine oder Marcel Reich-Ranicki auch in der Vertreibung nicht zu Heimatlosen werden ließ. Sie hatten ihre Bücher, – und wenn sie ihnen materiell fehlten, so hatten sie das lebendige Gedächtnis, das aus der Erinnerung Sätze und Verse bewahrt und wieder erweckt. (Übrigens habe auch ich in den elenden Nächten des soldatischen Wachdienstes dankbar Vers um Vers und Strophe um Strophe, gewissermaßen heimfindend, rekapituliert: Hofmannsthal und George, Rilke und Platen, Brentano und immer wieder Goethe. Nein, Benn und Brecht nicht, sie waren mir noch vorenthalten. Und habe auf solche Weise, was ich verstanden zu haben glaubte, erst wirklich begriffen, das heißt mir zu Eigen gemacht.)

Hier nun die notwendige Ergänzung der Begründung des abgelehnten Rufs: Natürlich war mir klar, dass der Germanist P. W. als Forscher in Harvard hätte gedeihen können, und wer weiß, vielleicht besser versorgt und reicher belohnt als in Deutschland. Aber ich war auch Lehrer und wollte Lehrer sein. Da aber fehlte mir im fremden Land die selbstverständliche, unausgesprochene und sich genauer Beschreibung verweigernde Gemeinsamkeit der kulturellen Übereinstimmung, gewachsen aus dem Bewusstsein des Geschichtlichen, der uns auch begriffslos verbindenden historischen Kommunität. Da braucht das Verstehenwollen nicht Wissen und Bildung, so dankbar man sie in seinen Partnern entdeckt, da geht es um Nuancen des Selbstverständlichen, um Details des als ›normal‹ Empfundenen. Die durch die Poren dringt und aus ihnen; und allererst die Gemeinschaft der unpathetischen und unverkündeten geistigen Solidarität ausmacht.

Den einigenden Assoziationsraum also meinte ich in den USA nicht finden zu können, wenn ich den Studierenden ein Drama, ein Gedicht, einen Essay bis in die letzten Vibrationen der Nuance verständlich zu machen suchte. Einer der Klügsten und Wissbegierigsten, jener schon einmal erwähnte Joseph B. Dallett, behauptete einmal, es sei der alte Sagenheld Hildebrand der »Waffenmeister gewesen von Frederic the Great«. Natürlich weiß auch mancher deutsche Germanistikstudent – *pro pudor!* – nichts anzufangen mit dem alten Hildebrand (und seinem Lied), aber ihm könnte dieser wild irrende Sprung quer über die Jahrhunderte und ihre Geschichte schwerlich unterlaufen …

Was hier umständlich ausgebreitet wurde, war in mir ein kurzer Beschluss. Ich lehnte den großen Ruf ab. Und tat es wahrlich, ohne mir einzubilden, es sei mir an Harvards statt eine akademische Karriere in Deutschland gewiss. Eine Zukunft als Nicht-Ordinarius, sie schien mir nicht eben verlockend, aber ich wusste, dass und warum ich sie doch hinnehmen würde an einem Ort, an dem ich mich als lehrender Germanist zu Hause wusste.

Nachklang: Es gilt, den USA, das heißt ihren Universitäten, eine weitere Dankschuld abzutragen.

Im Frühjahr 1963 lud mich W. T. H. Jackson, der Mediävist der berühmten Columbia University in New York, zu einem Gastsemester ein, – und schenkte mir die freieste Phase meiner Lebenszeit. Eine Kurz-Epoche, versteht sich, denn der »Term« endete nach drei Monaten. Jackson war ein vorzüglicher Kenner auch der mittellateinischen Literatur, und die Wissenschaft verdankt ihm unter anderem eine gewichtige Darstellung der *Literature of the Middle Ages* (1960). Seinem Vorschlag verdanke ich auch die Wahl in die »Medieval Academy of America«, eine distinguierte Gesellschaft, an deren Leben tätig teilzunehmen die weite Entfernung Europa – USA so stetig wie misslich verhindert.

Die freieste Phase meines Lebens also. Das will sagen: Nie zuvor und nie hernach war ich so gänzlich dispensiert von irgendwelchen Pflichten beruflicher wie sozialer Natur. Meine Aufgabe war, einmal in der Woche, und zwar am Sonnabend, zwei Kollegstunden über die Lyrik Walthers von der Vogelweide zu halten. Und um 12.00 Uhr war ich frei – bis zum nächsten Sonnabend um 10.00 Uhr. Wurde dafür auch noch nobel bezahlt und hatte das Gefühl, es gehöre mir die Welt. Man kann das als eine Definition von »Glück« akzeptieren: Ich hatte keinen Wunsch, der über das

Maß dessen hinausging, das ich mir erfüllen konnte und wollte. Meine Wohnung war ein kleines Apartment in einem der Universität eigenen Gästehochhaus im Süden Manhattans. Vom Turm des Gotteshauses nebenan erklang zu jeder Stunde eine fromme Melodienfolge, mir kindlich vertraut als das Lied *Im Märzen der Bauer die Rösslein einspannt.* Und siehe da, mit diesen Klängen ging dann doch immer ein flüchtiges Heimweh-Sehnen durchs Gemüt …

Es hätte sich diese Form von Freiheit ja auch als Fesselung auswirken können: dann nämlich, wenn ich keine Möglichkeit gefunden hätte, sie zu nutzen. Ich fand sie aber, oder sie wurde mir gefunden, und wieder dank einem Glücksfall. Der Kulturreferentin des Generalkonsulats, Dr. Haide Russell, durfte ich helfen bei der Sichtung und Beurteilung von Anträgen, die einem Studienstipendium in den USA galten. Aus dieser offiziellen Begegnung wurde bald die Beziehung einer Freundschaft, und sie schloss die Freunde Haide Russells ein: Den Generalkonsul Dr. Georg Federer und seine Frau und die »Sachbearbeiterin« Christa Cooper und die vielen wichtigen und klugen und reizvollen und interessanten Menschen, die alle dem Kulturreferat und seiner Referentin zugetan waren. Denn sie gewann sie alle dank ihrem heiteren, tätig der Welt zugewandten und Lebensfreude ausstrahlenden Wesen. Hinzu kamen die Pflichten und Vorzüge der diplomatischen Profession. Ihre Position öffnete ihr die Wege in jedwede politische und gesellschaftliche Gruppe, und Bonn, also das Auswärtige Amt, wusste, was es an ihr hatte, – weshalb es sie schließlich noch avancieren und an die Botschaft nach Washington wechseln ließ.

Es wuchs mir denn auf derart menschliche Weise diese Stadt, deren ungeheure chaotische Energie, deren Weite und Größe und Tiefe und deren ungreiflich und unbegreiflich scheinender Facettenreichtum den Besucher allemal erschrecken muss und lähmen kann, sein Fassungsvermögen sprengend, – es wuchs mir diese Stadt nahezu ans Herz, so wenig sie solch emotionaler Geste zugeneigt zu sein scheint. Ich erfuhr sie weiterhin an der kundig führenden Hand erfahrener Freunde: so des damaligen Direktors des Goethe-Hauses Hans Egon Holthusen, den seine literarische und kritische Prominenz für einige Zeit zum repräsentativen Kulturfunktionär machte, und den ich mitsamt seiner liebenswerten Frau Inge und der Tochter Henriette viele Jahre später, nämlich 1981, in Berlin als Fellow des Wissenschaftskollegs nun meinerseits als Gastgeber willkommen heißen durfte.

So wurden, wenn nicht gar zu Freunden, doch gewiss zu »friends« auch Haide Russells kluge Freundin, die vor allem um Hannah Arendt hochverdiente Professorin Lotte Köhler; der Philosoph Helmuth Plessner; der Dichter Hans Sahl, der in seiner Poesie das Schicksal der Emigration zu einer existenziell beglaubigten Wirklichkeit und Wahrheit hat werden lassen: Man lese seine Romane und seine wunderbaren Gedichte (»Wir sind die Letzten. Fragt uns aus …«). Ich war stolz, ihn, als er im hohen Alter und schon erblindet war, im März 1991 zu Frankfurt am Main mit der Goethe-Medaille des Goethe-Instituts auszeichnen zu dürfen.

New York hatte noch eine andere Mitte. Jenen Reinhard Paul Becker, den ich Anfang der fünfziger Jahre an der Seite Reinhard Lettaus mit einem Stipendium versehen und in die USA hatte schicken können. Becker war inzwischen Professor of German an der New York University und blieb ein Dichter, dessen Bücher schmal, weil gewichtig waren, – und ein Freund wurde auch er. So witzig wie gewitzt, so phantasie- wie hilfreich, und von der Whiskey-Sour-Orgie mit und dank ihm blieben wir noch tagelang gezeichnet. Er hatte sich, bevor die amerikanische Universität sich seiner annahm, unter anderem über Wasser gehalten mit den *Tanzenden Gewässern*, wie er die *Dancing Fountains* übersetzte, Wasserstrahlen, die er, eine Wasserorgel kunstreich meisternd, in der Luft vor dem Abendhimmel und vor begeisterten Zuschauern akrobatisch ihre Figuren zirkeln ließ.

Beckers anmutiger Intellekt legte es mit einer Art von undogmatischer Verfremdungstechnik darauf an (wie ihm denn überhaupt alles Dogmatische fremd war und blieb), das Entrückte wirklich zu machen, das Wirkliche zu entrücken. So auch in der Großzügigkeit seiner erotischen Zuwendung, wo immer eine Frau ihrer wert zu sein schien. Das war so selten nicht. Aber schön musste sie schon sein, insofern war er in New York am rechten Ort.

Und wie sehr mir über einen kurzen Zeit- und Lebensraum New York zum rechten Ort wurde, erhellt sich aus einem unfehlbaren Indiz: Ich konnte, als wäre ich ein Bewohner dieser monströsen Stadt unter anderen, gelegentlich gefragt von Fremden nach einem Kaufhaus, einem Museum, einem Denkmal (den absurden Cloisters zum Beispiel am Rande Manhattans, das dank Rockefeller die späte Gotik in das frühe Land brachte), – ich war also in einem solchen Falle mehr als einmal gerüstet, den Weg zu weisen und eine U-Bahn-Verbindung und die der Busse korrekt anzugeben, – und das war mir ein angenehmes Bewährungserlebnis …

Den Weg zurück ins alte Europa machte ich wie damals 1959 übers Meer. Nur die transatlantische Strecke macht die Entfernung bewusst und damit die Realität der geographischen Entsprechung des einen und des anderen Erdteils erfahrbar. Ich nahm einen der bewährten und angenehm-behaglichen Passagier-Liner der Holland-Linie, die *Statendam*, saß in geselliger Runde am Tisch mit Hanns Braun, dem geistvollen Theaterwissenschaftler aus München (Nachfolger des unvergessenen Artur Kutscher), und genoss diese Art des Reisens mit allen Fibern. Es bleibt ein Verlust, dass binnen kürzester Zeit die Flugverbindungen den traditionellen Seeweg so gründlich erledigt haben. Natürlich geht es mit ihrer Hilfe schneller und billiger, aber eine solche Seereise will ja nicht einen Punkt mit dem anderen auf möglichst praktikable Weise verbinden, sondern sie steht für sich selbst. Und schenkt das uralte Menschheitserlebnis des Ausgeliefertseins an Wind und Wogen wieder, an Sturm und Seewildheit und die Illusion der schützenden Geborgenheit auf dem einsamen Schiff. Auch hilft bei derart gemäßer Art der Fortbewegung die mähliche Umstellung der Uhr dem Zeitgefühl, sich organisch anzupassen. Und kaum ein Gefühl geht über das Wohlbefinden im Regressiven, das des leisen Gewiegtseins in der einhüllenden Kajüte über dem rhythmischen Stampfen der vibrierenden Maschinen. In Europa und in Deutschland aber, das ich über den Atlantik hinweg nun wieder ansteuerte, hatte meine eigentliche wissenschaftliche Laufbahn mittlerweile ihren noch zu schildernden Verlauf genommen …

Der Vater Harald Wapnewski, geb. 1897 und Sohn eines Verwaltungsoffiziers der großkaiserlichen Marine, starb bereits mit 31 Jahren.

Die Mutter Gertrud, geb. Hennigs (1900–1982), schlug
aus der Art und wandte sich mit Passion dem Beruf der
Schauspielerin zu.

Der Vater, als desarmierter Seeoffizier in verschiedenen beruflichen Tätigkeiten sein Glück suchend, etwa im Jahre 1927 in einer Bühnenrolle.

Gruppenbild mit Schwester (Marianne, um 1930).

Oben: Auf der Promenade in Westerland/Sylt, Sommer 1932.

Links: Mit Schwester Marianne auf einer Buhne vor Westerland.

Oben:
Die Sexta A der Alten Kieler Gelehrtenschule (1933). Der Autor stehend, 2. v. l. in der 2. Reihe v. o.

Rechts:
Dieselbe Klasse als Oberprima 1940. Der Autor stehend, 3. v. l., oberste Reihe.

Als Rekrut im Wald bei Sagan, Herbst 1941. Der Autor 1. v. l.

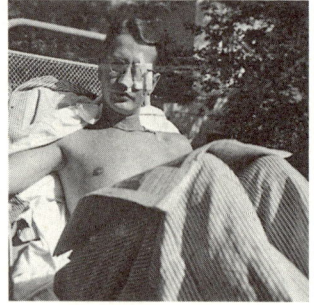

Verwundet im Lazarett,
Leisnig in Sachsen
(Herbst 1942).

Im Panzer (»Fünfzentimeter Langrohr«)
1942 vor Rostow am Don.

Der Panzersoldat als
Student des Jahres 1943.

Der Zivilist nach der
Entlassung aus dem
Wehrdienst, Herbst 1944.

2. Teil
1959–2000

PROFESSOR IN HEIDELBERG
(1959–1966)

Der Lehrstuhl der Alten Germanistik an der Universität Heidelberg war seit zwei Jahren vakant. Berufungsverhandlungen mit mehreren möglichen Nachfolgern waren schließlich gescheitert. Nun aber, im Sommer 1959, war ich berufbar, – denn ein wohl erwogener – wenn auch ungeschriebener – Gesetzesbrauch verhinderte an der deutschen Universität den »Aufstieg am Ort«. Der nur autorisiert war, wenn ein »gleichwertiger Ruf« einer auswärtigen Universität vorlag.

Das war nun zweifellos der Fall in meinem Fall. Und so danke ich, ohne den Zusammenhang geahnt und ohne kalkuliert zu haben, Harvard die Heidelberger Professur. Die für mein Gefühl und Empfinden in der Erinnerung »schönste« Phase meiner Professorenbahn.

Der Neue war kein Neuling. Die Berufung musste keine peinlichen Widerstände überwinden, die Fakultät war mir insgesamt wohl gesonnen. Wir waren einander nicht fremd.

Der alte germanistische Lehrstuhl war in Richard Kienasts Hände übergegangen aus denen Friedrich

Panzers, eines weithin geehrten und prominenten Vertreters seines Faches, renommiert durch die Fülle seiner Publikationen. Ich habe den alten Herrn (der von seinem Nachfolger Kienast konsequent mit »Herr Geheimrat« angeredet wurde und die Adressierung offenbar als Selbstverständlichkeit empfand und gerne hinnahm), als er schon Ende seiner Achtziger war, gelegentlich in seinem Haus am Neckar besucht und ihn beneidet, da er von seiner nicht minder betagten Ehefrau immer noch voller Bewunderung um seines Fleißes willen gelobt wurde. Sein Fleiß in Ehren, – er hat ihn nicht immer in Ehre umgesetzt, sondern er versagte infolge einer gewissen Anfälligkeit dem braunen Regime gegenüber.

Sein Nachfolger Kienast, 1936 berufen, war, ich deutete es im ersten Band meiner Erinnerungen schon an, ein guter Kenner der germanistischen Bibliografie, ohne dieselbe wesentlich bereichert zu haben. Wobei sich diese Kennerschaft überdies etwa mit dem Jahre 1930 erschöpfte, ich weiß mich zu erinnern, dass er im Kolleg noch Publikationen als »neuere Arbeiten« empfahl, die schon drei Jahrzehnte oder mehr auf ihrem Buchrücken trugen.

Auf den Neuberufenen wartete viel Verantwortung und Arbeit. Die Zahl der Germanistik-Studierenden betrug etwa sechshundert, und sie alle waren, Neigung hin und Begabung her, gemäß der damaligen Studien- und Prüfungsordnung gehalten, nicht nur die vor allem angestrebte Neuere Literaturwissenschaft, sondern eben auch die Alte Germanistik zu studieren. Und Gotisch zu lernen und Althochdeutsch und Mittelhochdeutsch, und sich wohl oder übel zu bemühen um die alten Denkmäler und ihre Form.

Mein Verantwortungsbereich wurde nur unwesentlich eingeschränkt und also erleichtert durch weitere Lehrer des alten Faches: Mein Freund Joachim Bumke, sieben Jahre jünger als ich und der beste Altgermanist seiner Generation, war sehr bald nach seiner Habilitation in die USA berufen worden. Es lehrten derzeit außer mir der gleichfalls bereits erwähnte Erforscher der mittelalterlichen Fachprosa und ihrer Gegenstände Gerhard Eis; und der Dozent Bert Nagel, ein allem Musischen lebhaft zugetaner ehemaliger Studienrat, den Kienast mit Blick auf eine mögliche Verstärkung seines Sympathiekontingents habilitiert hatte und der Experte war auf dem Felde der Meistersang-Forschung. Dazu die tüchtige Lehrbeauftragte Elfriede Stutz, vor langen Jahren – im Kriege – Kienasts Assistentin.

Die großen Studentenzahlen, meist als »Masse« diskreditiert, besorgten mich nicht, ich war relativ jung (36) und voller freudegespeister Energien. Und natürlich ist es jedem Professor eine angenehme Genugtuung und vielleicht mehr, wenn er von seinem Katheder aus auf Hunderte ihm zugeneigte oder jedenfalls (meist) zuhörende junge Menschen blickt, die ihrerseits kritisch, neu- und wissbegierig zu ihm aufblicken.

Die Sprechstunden zogen sich, was Wunder, erbarmungswürdig in die Länge und konnten von morgens bis abends dauern. Nicht gnädiger dehnte sich die Kette der Examina. So war ich glücklich, als es mir nach zwei Jahren gelang, das Ministerium in Stuttgart von der Notwendigkeit der Einrichtung eines weiteren altgermanistischen Lehrstuhls zu überzeugen (es waren reiche Zeiten damals). Der Minister berief gemäß dem Vorschlag der Fakultät den Marburger Dozenten Peter von Polenz, der sich hervorragend auszeichnete auf einem Felde, das durch mich nur unzulänglich versehen war: auf dem der germanisch-deutschen Sprachgeschichte.

Um in gebotener Schlichtheit eine elementare Feststellung zu treffen: Ein Ordentlicher Professor ist verloren ohne verlässliche Assistenten. Er bedarf ihrer vor allem in einem »Massen«-Fach, damit sie den Studenten beratend zur Seite stehen, den Anfängern zumal. Damit sie in Proseminaren und Übungen den Acker bereiten, der dann die bescheidenen oder üppigen Früchte beginnender wissenschaftlicher Erkenntnis tragen soll. Damit sie die Referate des Oberseminars, an dem auch sie selbst teilnehmen, der ersten Begutachtung unterziehen. Damit sie die Texte auswählen für die Klausuren und korrigierend als Vor-Gutachter nützlich werden, – nicht anders als bei der ersten Lektüre einer Staatsexamens-Arbeit oder auch der von Zwischen- und Vorstufen einer Dissertation.

Es mag sich bei dieser Form der professionellen Kooperation auch eine mählich wachsende persönliche Beziehung ergeben, die gedeihen kann zu einer dem Vater-Sohn-Verhältnis ähnlichen Freundschaft. Dass eine solche Gemeinschaft so viel Gewinn schenken kann, wie sie anderseits auch, zufolge der Relativierung oder gar Aufhebung der durch das Dienstverhältnis und die Altersstufung gebotenen Grenzen, gefährdend sein kann, wird jedem einleuchten, der vertraut ist mit den Lineaturen des von dienstlichen Obliegenheiten und persönlicher Sympathie durchzogenen Geländes des menschlichen Miteinanders.

Um auch dies in der gebotenen Simplizität zu sagen: Es gehört zu den großen Gewogenheiten meines Lebens, dass und wie ich mit der Wahl meiner Assistenten Glück hatte. »Glück«, – einfacher kann es nicht gesagt sein. Und solches Glück stellt sich auch nicht einfach ein. Wo aber die Partnerschaft schwieriger zu werden ansetzte, sind wir mit Komplikationen jeweils in Anstand fertig geworden. Die Gesetzmäßigkeit der Vater-Sohn-Konflikt-Materie war diesen Beziehungen zwar ständig immanent, aber hier hilft der Intelligenz eben auch die Bildung, und beide in schönem Verein bewältigen, was zu bewältigen Größeren ein dunkles Geschick nicht gewährte: Ödipus und Hildebrand-Hadubrand, sie durften mit getrosten Sinnen auf unsere menschlichen Zustände in den Germanistischen Instituten zu Heidelberg, dann Berlin, dann Karlsruhe und wieder Berlin blicken, und ich muss mich hier in Dankbarkeit bescheiden und verzichten auf die Beschreibung von der Beschreibung durchaus würdigen Lebensläufen und Karrieren. So begnüge ich mich mit der Nennung der Namen, die als solche auch Teile meiner persönlichen Geschichte geworden sind und bleiben: Helmut Brackert und Dieter Kartschoke und Thomas Cramer und Erika Schmiedbauer, erst in Heidelberg, dann an der FU in Berlin; und zu ihnen stießen Bernd Thum und Rüdiger Krohn und Horst Wenzel und Edith Hermann und Jutta Stehling in den neun Karlsruher Jahren; schließlich – wieder in Berlin, diesmal an der TU –: Karina Kellermann. Sie alle haben mich in wesentlichen Stationen meines Berufs-Lebens, also Lebens, begleitet. Sieben von ihnen durfte ich mit der Habilitation nützlich sein, – und sie haben ihren Weg und ihre Karriere gemacht. Um dieses Kapitel, das ja sanft gestreift wird vom Flügel des Privaten, mit einer vertraulichen Information zu schließen: Erika Schmiedbauer heißt, seit Jahren schon, Erika Kartschoke, und Edith Hermann, auch lange schon, Edith Wenzel. (Ein Übriges sagt der Widmungstext meines Bandes *Waz ist Minne*, 1975.)

Heidelberg, die Fakultät der alten Universität: Mein Gedächtnis rekonstruiert sie in Teilen, nach vier Jahrzehnten. Ich komme auf etwa dreißig Namen. Und zu dem Urteil: Sie waren eine noble, wenn auch frauenlose Gesellschaft. Ein Club von – ich sag's mit Bedacht – Herren. Ungleich im Einzelnen, und nicht auf jeden mochte ungeteilt diese ehrenvolle Charakterisierung zutreffen nach Auftreten und Habitus; – aber es war doch so, dass man nicht etwa mit Zögern oder gar Widerwillen die Fakultätssitzungen besuchte, sondern sie nicht selten verließ mit dem Gefühl, einiges gelernt zu haben auf dem Felde der Universitätspolitik wie auf dem der urbanen gesellschaftlichen Kommunikation und Konvention.

Schwer begreiflich, dass man in jenen Jahren offenbar nie eine Frau als würdiges Glied dieser Runde hinzuzuwählen für angemessen gehalten hat, – es war nicht anders, hier waren und blieben Männer unter sich. Ohne dass man doch vermuten musste, sie hätten sich mit derart einseitiger Auswahl dem misogynen britischen Clubideal verpflichtet gefühlt.

Die hierarchische Struktur der Ordinarien-Universität spiegelte sich als organische Grundform naturgemäß auch innerhalb der Fakultät, ohne dass sie hier institutionalisiert gewesen wäre. Aber die Verhaltensforschung hat uns gelehrt, wie es vor sich geht in Gruppe und Gemeinschaft, und uns mit dem Alpha-Tier vertraut gemacht und denen, die in der A-B-C-Rangordnung offenbar organisch gestuft folgen.

Wobei nach meiner Erfahrung die alte Fakultät doch wesentlich eine Communitas von Gleichen versammelte, – die dann einigen Wenigen die Würde der Initialen des griechischen Alphabets vermachte. Da man ihnen nicht etwa ausgeliefert war, ließ man sie gerne gewähren, zumal sie einem Arbeit und Verantwortung abnahmen.

Ich lasse vor meinem Gedächtnis rekonstruierend die damaligen Lehrstuhlinhaber Revue passieren. Da, wo ich mich mit der Nennung lediglich des Namens begnüge, erklärt sich die Zurückhaltung eher aus mangelnder Kenntnis von Person und Fach als aus der Vermutung mangelnder Gewichtigkeit.

Da waren die beiden großen Repräsentanten der Nährmutter Philosophie: Gadamer und Löwith. Einander in wechselseitiger Achtung zugetan. Gadamer, der Bildungsbürger als Weltmann, mit sanft wirkender Hand die Dinge entschieden zurechtrückend, bis sie dem Schönheits- und Ordnungssinn seines Denkens gemäß waren. Und ungeachtet der frühen körperlichen Behinderung auch auf dem Tennisplatz ein Meister, der durch Taktik ersetzte, was ihm an Bewegungskraft fehlen mochte. Seine Autorität machte sich im Kreise der Fakultät auf so serene wie wirkungsvolle Weise geltend. Dank seinen Leipziger Professor-Jahren war er uns allen an Erfahrungen mit Struktur, Verwaltung und Leitung innerhalb der universitären Materie deutlich überlegen. Das erkannte man widerspruchslos an – etwa im Verfolg eines Verfahrens, wie es eine Abstimmung vorbereitete: Der Dekan blickte zweifelnd in die Runde, ein Ja oder Nein erhoffend oder herausfordernd, – da sah man dann Gadamer zu der Sache in selbstverlorener Bedenklichkeit den noblen weisheitsgeprägten Kopf leise nicken, – oder ihn sanft zur Seite ins Nein neigend: Damit war dem Dekan die Freiheit gegeben, der Fakultät ein wünschenswertes Abstimmungsergebnis vorzuschlagen ...

Löwith, auch seine Züge von der Strenge des gelehrten Denkens gezeichnet, so leise wie zurückhaltend sprechend – die Erfahrungen der amerikanischen und japanischen Jahre hatten ihn davor bewahrt, professoral zu wirken. Er und seine Frau Ada waren die liberalsten Gastgeber, sie versammelten um ihren Tisch Junge und Alte und taten es, ohne auf Anciennität und Würden der Eingeladenen zu achten. (Es war nur etwas unbefriedigend, mit ihnen über ein Film-Erlebnis zu sprechen, denn sie lobten ohne Einschränkung, – eine Fixierung, deren Ursache Dieter Henrich mir eines Tages anvertraute: Löwiths gingen überhaupt nur zweimal im Jahr ins Kino, – und fanden dann konsequent alles Gebotene preiswert ...)

Da waren die Klassischen Philologen Dirlmeier und Pöschl, dieser die österreichische Variante seines bayerischen Kollegen in liebenswürdiger Bonhomie. Der Anglist Flasdieck, der härenen Sprachwissenschaft in Kargheit eher verpflichtet als dem musischen Part der britischen Literatur. Dolf Sternberger, bildungsmächtig als Politologe und Soziologe wirkend, sich der Mannigfaltigkeit der andrängenden Themen und Problemfälle im breiten Datterich-Idiom gern und wortreich annehmend, – und es ungern wieder abgebend. Der Kunsthistoriker Paatz, jahrelang in der Erhabenheit der Säulen von Florenz' Kirchen zu Hause und in Heidelberg als Dekan seine imposante Figur unbekümmert in Shorts vorführend. Der brillante Romanist Erich Köhler, als Mediävist auch der Germanistik ihre Themen ideenreich zuspielend, – er wurde bald auf Hugo Friedrichs Lehrstuhl in Freiburg berufen und starb so jung wie unvermutet. Auf sprachwissenschaftlich orientierten Lehrstühlen neben Köhler wirkten Harri Meier und der Eidgenosse Baldinger; die Musikwissenschaft vertrat hochrenommiert Thrasybulos Georgiades als Repräsentant des »Griechischen Rhythmus«; von kritischem Temperament und leicht erregbar der Archäologe Hampe, dem wir eine schöne Homer-Übersetzung verdanken. Von den Historikern war für mich neben Werner Conze und Ahasver von Brandt herausragend der Mediävist Fritz Ernst, der die schwäbische Honoratiorensprache und -Haltung bändigte durch seine strenge Ichbezogenheit, die diesen auch politisch hochmoralischen Mann früh einsam machte und am Schreiben hinderte. Eines Tages lud er mich unvermutet zum Essen ein, nur mich, und fand beim Abschied den Weg zu spröden Worten gehemmter Privatheit, die ich erst im Hernach aufschlüsseln konnte. Dieses »Hernach« war wenige Tage später schon, als er sich das Leben genommen hatte. – Von Trauer gerahmt auch die Erinnerung an den Althistoriker Hans Schäfer: Er kam um bei einem Flugzeugunfall, der ihn mit den Teilnehmern seines Seminars bei einer Exkursion nach Griechenland aus dem Leben riss. – Friedrich Sengle vertrat neben Arthur Henkel die Neuere deutsche Literatur. Auch er reich und schwer an Gelehrsamkeit, und auch er charakterisiert durch die Eigentümlichkeit des sich von aller Welt durch seine Stammeszugehörigkeit in Sprache und Haltung dezidiert unterscheidenden Schwaben.

So viel zu den Kollegen, zu einigen von ihnen. Drei aber nenne ich im Stile eines Sondervotums und tue es im Gefühl dankbarer und lebenslanger Verbundenheit, ihnen gesellt im praxisfernen Geiste wie der praktischen Vernunft der Freundschaft: Rudolf Sühnel, souverän heimisch in den Bergen und Wäldern, Gärten und Meeresbuchten des klassischen Hellas, – und diese organisch geprägte Form der ihm anvertrauten Materie weitergebend in der Vermittlung der Literatur Britanniens. Die Anglisten, seine Studenten wie Assistenten, bewunderten ihn nicht nur, sondern liebten ihn. Und taten es mit Recht, denn der Geist hatte sich in ihm materialisiert zu einer so liebenswürdigen wie erzählfreudigen Person, deren Geschichten – der Grenze zwischen Wirklichkeit und Erfindung, zwischen der Nüchternheit des Tatsächlichen und der Wahrheit des Erfundenen nicht achtend – ein eigenes literarisches Genre wurden, eben: Sühnel-Geschichten. Von Grauen der russischen Gefangenschaft erzählte er nie. Aber ihm – nur ihm! – konnte es gelingen, gelegentlich in bizarren Bildausschnitten der fürchterlichen Materie noch jene Funken des Komischen zu entschlagen, das – wie die Ästhetik weiß – des Schrecklichen Begleitung und selbst dem Todesraum noch eingegeben ist.

Unvergessen die Einladung zum Abendessen in seine Wohnung. Wir waren nur zu zweit, und ich versuchte mich in hilfreichen Handhabungen nützlich zu machen bei der Bereitung des Mahles. Dessen einzelnen Komponenten er die sorgfältigste Aufmerksamkeit zuwandte: Dem gerätverlangenden Öffnen der Konservendosen, dem Abmessen der Quantitäten, der zarten Dosierung des Würzens, der minutengenauen Bemessung der Kochzeit. Abseits stand, bereits präpariert, die als Dessert gedachte Schüssel mit Birnenkompott. Die liebevolle Sorgfalt, die der Gastgeber der absichernden Lektüre der Rezepte zuwandte wie der Auswahl von Topf und Pfanne und Tellern und Besteck, forderte ihre Zeit, allmählich krampfte sich der Magen des Gastes vor Begehr, es ging nahezu auf Mitternacht, als wir uns zu Tische setzten, – und ich in vorauseilender Dankbarkeit schon pries, was erst genossen werden sollte. In sanft verschämtem Stolz gab er Bescheid: »Ja, es handelt sich auch um mein Parade-Essen.« Dem stimmte ich gläubig zu – eigentümlich bewegt durch die sich anschließende Bemerkung: »Und: Es geht schnell …!« (Das zum Dessert gedachte Kompott fiel der Vergessenheit anheim.)

Wir werden, hoffen seine Freunde aufs Innigste, Gelegenheit haben, ihn beim Festessen zu feiern: aus Anlass seines 100. Geburtstags am 10. März 2007. *Lebende Antike*, so der Titel der ihm 1967 gewidmeten großen Festschrift. Nun erfahren wir mit ihm, was das andere vermag: »Lebendes Alter«.

Schließlich sei gebucht, was als staunenswertes Faktum eigenwilliger Menschlichkeit in den Akten der (nicht nur Heidelberger) Universitätsgeschichte vermutlich eine einzigartige Position einnimmt. Als ich mich entschloss, zum Wintersemester des Jahres

1966 den Ruf an die FU zu Berlin anzunehmen, präsidierte Sühnel als Dekan der Fakultät. Er schrieb mir den in solchen Fällen üblichen Brief mit der gehörigen Bekundung des aufrichtigen Bedauerns über den Fortgang des geschätzten Kollegen, versehen mit den besten Wünschen für ein gedeihliches Wirken am neuen Ort … Unterschrift: Dekan. Dem maschinengeschriebenen Text aber schmiegten sich einige handschriftliche Zeilen in Sühnels klarem Duktus an. Sie lauteten: »Denn was bin ich / Ohne dich ohne dich: / Eine einsame Schwalbe im Mai …«

Uvo Hölscher, der Gräzist. Ein Mann von luzider Geistigkeit und sanftem, behutsamem Wesen. Mitsamt seiner Familie einer akademisch getönten Persönlichkeitskultur verpflichtet, die nichts Forciertes an sich hatte, aber ihre fernere Herkunft aus dem Weltkreis um Stefan George nicht verleugnete. Er hat uns neben vielen anderen Titeln ein Buch über die *Odyssee* geschenkt, beim Lesen schimmert Schillers Vers wieder auf: »Und die Sonne Homers, / Siehe, sie leuchtet auch uns …« Lange Abende über (reichem) Brot und Wein mit ihm und seiner Frau Do(rothea), die unter ihrem Mädchennamen Lohmeier dank ihren fundamentalen *Faust*-Studien in die Geschichte der Goethe-Forschung höchst ehrenvoll eingegangen ist. Ein Genie der Freundschaft, er wie sie, und seinem zu frühen Tod zum Trotz (am letzten Tag des Jahres 1996) bleibt er gegenwärtig.

Schließlich der Dritte der Freunde in der Heidelberger Fakultät: Arthur Henkel. Er war aus Göttingen nach Heidelberg berufen und gerufen worden. Durch seine äußere Erscheinung schon sich sichtbar auszeichnend von aller Üblichkeit. Das üppige weiße Haar kühn aufgewölbt, die Gestalt rank und gertenschlank, der Gang von schwingender Leichtigkeit, die ganze Figur eine Verlängerung wenn nicht eines Floretts so doch des Tennisschlägers, den er athletisch handhabte. Man hörte es seiner Statur gewissermaßen an, dass er Klavier spielte und Musik studiert hatte, es war viel Mozartisches in ihm. Aber das musische Element wurde ausgeglichen durch die strenge Schule des Philosophischen, die ihn auch zum Editor von Johann Georg Hamann gemacht hat, dessen Briefwechsel ihm lebenslanges philologisch-kommentierendes Bemühen abnötigte. Lebenslang aber war ihm auch Goethe zur Seite, oder er Goethen, – seit seiner Habilitationsschrift *Entsagung*, die er als junger Gelehrter verfasst hatte über »Goethes Altersroman« (1954). Mit dem klugen, ihn bezeichnenden Motto aus dem *Somn.thesaur.*: »On ne sait parler que sur des nuances.«

Der Abstand des biologischen Alters (er war mir sieben Jahre voraus) und die Differenz der Anciennität (ich war noch Privatdozent, als ihn Heidelberg auf die Professur berief) standen the beginning of a wonderful friendship (und ihrem Fortwachsen) nicht im Wege. Wir haben wahrlich auch über anderes gesprochen als über »Nuancen« in den zehn Jahren unserer tätigen, will sagen lokalen Gemeinsamkeit. Über Seminar- und Fakultätsprobleme, natürlich, und über Fachliches (denn Henkel hatte eine starke Affinität zu den Gegenständen der Altgermanistik). Die Fakultätskollegen begegneten ihm mit der aufrichtigen Sympathie achtungsvollen Respekts, – unnötig zu sagen, dass er vor ihnen auch das Wort geführt hatte 1959 in Sachen der Berufung meiner Person. Unzählbar die Abende zu zweit und zu viert, gelockert oder gefestigt von Badischem und von Pfälzischem Wein, und unzählbar die Gläser (oder die Flaschen). Oft auch die Kinder dabei, drei Knaben und Tochter Janne, eine sehr begabte und später hochrenommierte Flötistin, – nicht anders als ihr dem Cello hingegebener Bruder Christoph. Die beiden anderen Jungen eher dem rationalen Erbteil der Eltern verpflichtet. So wurden die Henkels für mich – und nicht nur, aber vor allem für mich – zu einem Inbild der Familie, »heil« nicht im Sinne einer Unversehrbarkeit, aber einer in sich ruhenden, ihrer selbst gewissen Moralität. Als ich dann keine Familie mehr war, sondern ein Einzelgänger, verging kein Sonntag, an dem ich nicht als Gast mitspeiste an ihrem Tisch; verging kein Tag der Weihnachtszeit, an dem ich nicht mit ihnen die alten Lieder sang; verging kein Abend, an dem wir nicht mit den Kindern die Spielkarten herausholten zum (gezügelten) Poker. Ich erlebte mit ihnen die schwere Leichtigkeit des Seins, und es bleibt unbegreifbar, dass Elisabeth eines Tages nicht mehr da war. Ohne jede Vorwarnung, inmitten hausfraulicher Tätigkeit, raffte ein Schlag sie dahin, – und ließ Mann und Kinder allein. Das war 1982. *An einen*

Gegenwärtigen erinnernd, so der Titel eines Vortrags von Henkel. Hier war Goethe gemeint. Aber den Freund Arthur Henkel betreffend, denke ich mir dazu eine weitere Gegenwärtigkeit. Am 13. März 2005 beging er seinen 90. Geburtstag. Am 4. Oktober 2005 ist er gestorben.

Von noch einem Lebensfreund – obschon bereits erwähnt – ist (viertens) zu reden. Germanist auch er, und was für einer, aber was uns verband, geht weiter über eine kollegiale Beziehung hinaus, von allem Anfang an. Ich rede von Joachim Bumke, heute emeritierter Ordinarius der Alten Germanistik an der Universität Köln. Dass ich ihn nicht nenne als Mitglied der Heidelberger Fakultät, hat seinen Grund darin, dass er ihr nicht angehörte. Sondern unmittelbar nach seiner Habilitation einen Ruf annahm als Assistant Professor an die hochgerühmte Johns Hopkins University in Baltimore, Maryland.

Es begann nicht im Geiste einer uns spontan zusammenführenden Sympathie. Immerhin trennen uns fast sieben Jahre, – und ihnen gemäß trennten uns die unterschiedlichen Lebensstufen anlässlich der ersten Begegnung. Ich hatte soeben meinen Dienst als Assistent im Heidelberger »Germanischen Seminar« angetreten (eine Institutsbezeichnung, die mir immer zuwider war, und wo ich später zu bestimmen hatte, hieß es »Germanistisch« und »Institut«). Unter Kienasts regelmäßigen Hörern fiel ein junger Mann auf, ein Jüngling eher. Fiel auf durch seinen exzentrisch-eleganten Habitus, denn so jung er war, nämlich achtzehn (und jünger noch sah er aus), kleidete er sich doch wie ein Herr, als Herr. Das heißt, er trug auf dem Kopf, ich sage besser: Haupt, einen so genannten Homburg, Attribut des arrivierten seriösen Gentleman. Dazu den eingerollten Regenschirm. Zwar war damals – 1949 – die Mode der Studenten noch nicht außer Rand und Band wie Ende des Jahrhunderts, aber von markanter, deutlich kontrastierender Eigenwilligkeit war dieses Exterieur denn doch. Dass er der Begabteste war unter all seinen Genossen, welchen Semesters sie auch sein mochten, galt als ausgemacht. Und er wurde dieser Auszeichnung auch gerecht auf seine Weise: indem er mich, den neuen Assistenten, sehr bald auf die Probe stellte. Mich anredend während eines Ganges durch die Institutsräume und mir eine intrikate fachgermanistische Frage stellte nach einem entlegenen frühmittelalterlichen Denkmal und dessen sinistren Autor. Scheinheilig-listig, als erhoffe er eine Belehrung. Deren er nicht bedurfte, vielmehr hatte ich einige Mühe, mich unsicheren Urteils aus der Falle herauszuwinden. Auch in der Sitzung des Proseminars schonte er mich nicht und rüttelte an den durchaus noch nicht gefestigten Festen meiner juvenilen Autorität. Aber es kam dann, auf welche Weise auch immer, sehr bald zu einer menschlichen, schließlich Freundes-Nähe. Nach einem Semester in Hamburg bei Pretzel kehrte er zurück und konnte, da ich mich zur Übernahme des Leiteramtes im Collegium Academicum entschlossen hatte, mein Nachfolger als Kienasts Assistent werden. Der auf ihn und seine Hilfe wahrlich stolz zu sein Grund hatte.

Seine glänzende Habilitationsschrift über Wolframs von Eschenbach *Willehalm* lag der Fakultät im Jahre 1957 vor, und es hätte alles seinen rechten Gang gehen können, wäre da nicht die giftige und völlig unbegründete Feindschaft des Fach- und Sachprosaforschers Gerhard Eis wider seinen Förderer Richard Kienast gewesen, – davon habe ich (im ersten Bande S. 223) berichtet. Und um Kienast zu treffen, zielte Eis auf Bumke. Er traf zwar mit seinem Sondervotum vorbei, – aber dennoch vermochte er, das Habilitationsverfahren aufzuhalten und mancherlei atmosphärische Störungen in die akademische Luft zu schicken. Mit Hilfe der Urteilsfähigen, vor allem Arthur Henkels (ich selber war ja als Privatdozent nicht stimmberechtigt in der Sache), gelang dann doch, was als Gelingen nie hätte in Frage gestellt werden sollen. Aber zu den dominanten Wesenszügen in Bumkes Charakter zählt neben der sprödesten Bescheidenheit ein eminent sensibel reagierendes Ehrgefühl. Der Heidelberger Boden war für ihn danach nicht mehr rein, er strebte fort, – und akzeptierte das amerikanische Angebot. Nur ein Semester Lehre als Privatdozent in Heidelberg, dann nahm er 1958 mit seiner Frau Sylvia und mit den beiden Kindern Abschied. So gebot es ihm sein Stolz. Und sein Mut und sein Selbstvertrauen wurden belohnt, nach wenigen Jahren schon. Denn Harvard sprang noch einmal über seinen Schatten, nachdem die ruhmgekrönte

Institution schon mit meiner Berufung ungewöhnlichen Mut zum Außergewöhnlichen bewiesen hatte. Jetzt wagte man noch einmal das Spiel mit einer (weitgehend) unbekannten Größe, – und gewann. Bumke wurde berufen und wurde zu einer Zierde der dortigen Germanistik. Bis ihn 1966 die FU wieder in seine Heimatstadt Berlin holte.

Mit keinem Germanisten meines engeren Faches habe ich einen derart übereinstimmenden Dialog führen können wie mit Bumke. Mit keinem einen Zusammenhalt gefunden in unserem begrenzten Bereich wie mit ihm. Solang es irgend ging, wurde, was immer wir publizierten, vor der Drucklegung dem anderen vorgelegt zur Prüfung. Der Zweifel am »Prinzip Germanistik« wurde das Grundgebäude unseres wissenschaftlichen Zusammenhaltes, aber weit über die Profession hinaus hat unsere Freundschaft sich begründet und jegliche örtliche und zeitliche Trennung unbeschadet überstanden.

In gewissem Sinne war er immer älter als ich, das heißt mir in der Schärfe des Urteils und der Vernunft des Arguments überlegen. Der ich eher dazu neigte, den Reizen des Musischen und der Harmonie der schönen Form meine Sympathie und damit der Materie des Ästhetisch-Spielerischen eine gewisse Prädominanz zuzuerkennen.

Wir hatten uns oft die Architektur eines Traumgebildes erdacht: Auf zwei parallelen Lehrstühlen der gleichen Universität miteinander und nebeneinander unser Fach zu vertreten im Symphilologein, der Wissenschaft zum Nutzen, den Studenten zur Freude, – und uns zur steten Ermutigung im steten Gewinn.

Es kam tatsächlich dazu, so unwahrscheinlich die Verwirklichung war. Das war im Herbst des Jahres 1966 in Berlin an der FU, – und was wir an kühnen Plänen und hoffnungsfrohen Projekten zukunftsvertrauend entworfen hatten, fiel schmachvoll zusammen unter dem Ansturm der studentischen Rebellion. Als dann das Jahr 1970 begann, waren wir allesamt nicht mehr in Berlin, Eberhard Lämmert nicht, Bumke nicht, andere – und auch ich – nicht. Davon wird zu berichten sein.

Die Universität ist eine Welt. Aber sie ist nicht DIE Welt. Heidelberg, nicht erst seit romantischen Zeiten dem Kult der Freundschaft und des musisch-geselligen Menschentreibens hingegeben, pflegte lebhaft das gesellige Miteinander und gefiel sich im wohlerzogenen oder auch lässigen Austausch von Gespräch und Konversation. Das privat-intime Gegenbild zur geweihten Erhabenheit des Marianne-Weber-Kreises, zu dem ich schon als Assistent der Altgermanistik ehrenvollen Zugang fand und den ich im ersten Band meiner Erinnerungen geschildert habe, war ein Zirkel, den eine noch nicht alte, aber ältere Dame um sich zog. Ihre eigentümliche und von exzentrischem Charme bewegte Persönlichkeit, ihr furioses Temperament machte sie zu einer einzigartigen Erscheinung in der Heidelberger Gesellschaft, – so wie sie es schon in Berlin gewesen war. Im Berlin der Jahre vor dem Krieg. Die Rede ist von Corina

Sombart, zweite Ehefrau des berühmten National-ökonomen Werner Sombart. In ihrer kultivierten Exotik war sie Balkan in dessen subtilster Ausprägung, das meint: eigenwillig bis zur Monomanie, sich jeder Kategorisierung entziehend und nur der eigenen Kategorie zugehörig, von flackernder Fantasie und orientalischer Erzähllust. Mit imperativer Gebärde jegliche gesellschaftliche Situation beherrschend und überzeugend auch da, wo sie souverän irrte.

Die Rumänin entstammte einer Familie von Generälen, Diplomaten und Gelehrten und ließ in der präzisen Schilderung dieser Herkunft keinen Zweifel aufkommen an dem Rang dieser Familie und ihrer Bedeutung. Ihre Erziehung war französisch geprägt, nicht anders als ihre Sprache. Ihr Organ war von metallener Schärfe und hatte den Weckton eines Clairons. Sie brillierte in der Perfektion jenes kunstvoll unvollkommenen Deutsch, dessen Defizite dem Sprechenden die Autorität des Reizvoll-Seltsamen verleihen, und über dem Urgrund des rumänischen Wortklangs sang die melodiöse Nasalität der französischen Diktion. An der Gültigkeit ihres Urteils, das heißt seiner Endgültigkeit, zu zweifeln kam niemandem in den Sinn. Das bezog sich auf ihre Kompetenz in der Geschichte, der Literatur und Malerei, im Besonderen aber auch auf die Produkte ihrer Küche, deren Verfertigung sie einst mit Verve und Akribie begleitet hatte, – solange Personal zur Hand ging. Und später stand sie allein am Herd und verwöhnte, wen sie zur Verwöhnung ausersehen hatte. Und hier wie auf anderen Feldern nicht bereit, einen Verstoß mit Milde zu quittieren. Unvergesslich ihr nahezu fluchartiger Ausbruch, als einer Freundin die gemäß Vorschrift angestrebten Pommes dorées degenerierten zu vulgären Bratkartoffeln: »Nie wieder werde ich einer deutschen Hausfrau ein Rezept geben ...!« Und ich empfing eines Tages, nachdem ich mich – wie auch immer – nicht so verhalten hatte, wie ihr strenger Sitten-Codex es auch für mich vorsah, einen Brief, der schloss mit den Worten: »Dies sagt Ihnen eine alte Dame, die das Leben kennt ...«

Das Leben hatte ihr unbillig zugesetzt. Eines Tages war die glänzende gesellschaftliche Szene in Berlin zusammengefallen, das Haus im großbürgerlichen Stadtteil Grunewald verloren – und damit eine Lebensform, die in der Noblesse des Gastgebens und Gast-Seins eine hohe Form gelebter Humanität verkörperte. Das alles hat Sohn Nicolaus, mein alter Kamerad aus dem Arbeitsdienst, mit Temperament und Engagement beschrieben, – richtiger: Von all diesem hat er Zeugnis abgelegt in seinem 1984 erschienenen Erinnerungsband *Jugend in Berlin*.

Dieses Berlin also gab es eines Tages nicht mehr, und mit ihm waren auch Tradition und Anspruch der großbürgerlichen Umgangs- und Lebensform verloren. Hier nun ist der Ort, das Hohe Lied der Corina Sombart, geb. Leon, fortzusingen. In ihr bewährte sich, was auch die Elite des Adels vorlebt: das klaglose Sich-Fügen in einen neuen Daseinsabschnitt, der bar war all des wunderbar Überflüssigen, des Luxuriösen und des Üppigen, der Großzügigkeit und der Largesse, wie es in diesen Kreisen einst zum Selbstverständlichen der Lebenskunst gehört hatte.

Corina hatte Zuflucht gefunden bei alten Freunden ihres Mannes (Werner Sombart starb 1941) in Heidelberg. Da lebte sie, im kleinbunten Stadtteil Neuenheim, in einer freundlichen Dreizimmerwohnung von begrenztem Umfang. Ohne Vermögen, ohne Ressourcen, nie eine Klage oder Anklage, nie ein Seufzer der Beschwernis, – und ihre karge Pension besserte sie auf mit zierlichem Pinsel, mit dem Malen von Ikonen-Bildern und deren Verkauf.

Und sie übertrug nun in den zwanghaft verkleinerten Maßstab, was einst ihr Stil gewesen war. Sie führte ein Haus, – aber nun ein kleines. Sie fand Freunde, alte und neue, die ihr gemäß waren nach Bildung und Familie. Sie lud regelmäßig ein, jeweils zum Wochenende, und wie einst im großen Entwurf, so waren nunmehr in verkleinertem Verfahren diese Einladungen zum Nachmittag strengem Programm angepasst. Ein Bäcker in der Nachbarschaft produzierte die Petits Fours und Torten nach ihren Angaben und lieferte sie exklusiv nur für sie. Sodann war die Auswahl der Gäste sorgfältig abzuwägen je nach ihrer Beziehung zu anderen Familien in dieser von internen Spannungen bewegten Professoren-Provinz. Und dass ich so oft Platz hatte an ihrem Tisch, verdanke ich wohl auch einer mütterlich auf mich umgelenkten Neigung. (Nicolaus, als Soziologe promoviert von Bergsträsser in Freiburg, zierte in diesen

sechziger Jahren als Conseiller Culturel den Europa-
rat in Straßburg.)

Man war geladen zur Tea-Time, jeweils den be-
schränkten Platzverhältnissen gemäß nur vier Personen. Es begann mit den kleinen feinen Kuchen-
stückchen und mit Früchten je nach Jahreszeit auf
Mürbeteig. Ein solches mit Sahnekrawatte geschmück-
tes Tortenstück drohte eines Tages, die wohlgefügte
und -bedachte Sittsamkeit der Gastordnung in Frage
zu stellen. Eingeladen waren außer mir noch die
Lyrikerin Hilde Domin und ihr Mann, der Kunsthistoriker Erwin Palm. Das Stundenbuch des Ablaufs
war fixiert, der Tee- und Kuchen-Phase folgte eine
kleine Pause, dann deckte Corina ab und machte
sich in der Küche an die Bereitstellung des nächsten
Gangs: reizvolle Canapés, so appetitlich anzusehen
wie zu speisen, und dazu aus kristallener Karaffe der
Südwein.

Hier nun kollidierte das Temperament der Poesie
mit dem der Gastgeberhoheit. Hilde Domin sprach
geläufig wie ein Silberbach und ließ sich nicht unterbrechen. Mein Versuch, mich mit ihrem Mann, der
Experte war vor allem auf dem Gebiet der Bildenden Kunst Südamerikas, in überlagerndem Disput
zu einigen über Prinzipien des neuesten Kunst-
geschmacks (damals machte Beuys Furore auch mit
seiner These von der Kunstbegabung eines jeden Men-
schenkindes), – dieser Versuch verschlug nichts und
lenkte nur augenblicksweise ab von Frau Domins
fabulierender Passion und endete blamabel in der

totalen Demonstration der ästhetischen Maßstablosigkeit, denn Palm rief schließlich mehr als dass er sagte, mich beschwichtigen wollend: »Ich habe ja nichts gegen moderne Kunst: *Wenn* sie gut ist …!« Tableau.

Frau Domin versuchte währenddessen, uns zu überzeugen von der Unangemessenheit des Bucheinbands, den ihr Verlag für ihren neuesten Gedichtband vorgesehen hatte, – und sie bat uns um unsere Unterschrift zur Bekräftigung des von ihr verfassten Protestbriefes. Dann monologisierte sie unbefangen weiter mit ihrer hellen Mädchenstimme, wie Alter und Dichtertum ihr zu erlauben schienen, Raum und Zeit ignorierend und des mittlerweile für den nächsten Gang freigeräumten Tischs nicht achtend. Vor ihr aber stand, unberührt und monumentengleich, ihr Kuchenteller, auf ihm in streng ausgeräderter Dreiecksform das Stück Fruchttorte. Über Corinas menschenfreundlicher Gastgebermiene zogen Schatten auf, helle erst, dann immer dunklere, bis sie schließlich selbst war wie eine einzige gewittrige Wolke, darin sich Bedrohung ballte.

Die Lyrikerin bemerkte nichts, – und ließ ihr Tortenstück unberührt. Es war deutlich, dass hier nur mannhaftes Handeln retten konnte, wollte man nicht eine Katastrophe heraufbeschwören. Und es war klar: Corina war nicht bereit, eine Störung oder Änderung des gewohnten Ablaufs ihrer Teezeremonie hinzunehmen. Der Canapé-Gang blieb unaufgerufen. Da nutzte ich eine kurze Abwesenheit der Gastgeberin, die sich in der Küche zu tun machte, nahm meine Serviette, schlug sie um das isolierte Kuchenstück, schloss mich ein im Bad, – und gurgelnd vergrub die Wasserspülung, was Frau Domin hätte laben sollen.

Corina hatte den Vorfall nicht bemerkt, notierte zurückkehrend befriedigt den endlich leeren Teller, – und schenkte uns den nächsten Gang.

Am Tag darauf brachte die Post mir den von Hilde Domin herausgegebenen Band Doppelinterpretationen (1966) mit der Widmung »Peter Wapnewski als Dank für ritterliche Dienste«. Das war nobel. Obschon wiederum nicht ganz dogmentreu. Denn es ist das Wesen der ritterlichen Tat, dass sie keinen Dank will. Und nun ist die eine wie die andere nicht mehr unter uns, Corina starb 1971, Hilde Domin im März 2006.

Noch eine weitere Episode drängt sich der Erinnerung auf, und sie verdient verzeichnet zu werden, da sie in ihrer bizarren Komik und spielerischen Exzentrizität durchaus zeittypisch – und also lang schon vergangen ist. Und von den damals Beteiligten lebt inzwischen wohl keiner mehr ...

Die Toten reiten schnell. So auch Hans Egon Hass, der in den fünfziger und sechziger Jahren zu den Gebildeten unter den Vertretern des Fachs Germanistik zählte, sich verdient machend vor allem um Goethe und Gerhart Hauptmann. Er war nicht wie die anderen, nicht wie wir, sondern ein Mann von Welt, ein Nobleman. Von mittlerem Wuchs, andeutend zur Korpulenz neigend, dezent gekleidet vom besten Schneider; und wenn auch kein großes Haus führend, so doch ein anspruchsvoll größeres als seine Kollegen. Er war als Hauptmann aus dem Russlandfeldzug gekommen, hatte nach dem Krieg Jura studiert und als Anwalt eine *Praxis aurea* betrieben und dann aufgegeben, um sich professionell der Literatur und ihrer Wissenschaft zu widmen. Von Bonn war er an die Freie Universität in Berlin berufen worden, – und als Berliner Professor besuchte er freundschaftlich, es wird im Jahre 1962 gewesen sein, den Heidelberger altgermanistischen Kollegen P. W.

Der Besuch dehnte sich über drei Tage und Nächte, die es in sich hatten; und gelegentlich waren sie auch außer sich.

Von der ersten Nacht ist mir nicht mehr viel in Erinnerung. Wir speisten im Ersten Haus am Platze, dem Hotel »Europäischer Hof«, und versanken dann in der intelligentesten Jazz-Bar, sie hieß »Die Falle«. Irgendwann und irgendwie endete das in meiner Wohnung in Neuenheim, Hass bettete sich anspruchslos auf die Chaiselongue meines Arbeitszimmers.

Der Morgen war, wenngleich ein später, voller Verheißung, denn er ließ die Sonne strahlen. Wir beschlossen, unserm Freund und Kollegen Henkel und den Seinen die Freude zu machen und genossen im Familienkreis ein üppiges Déjeuner à la fourchette, – und machten uns dann nach herzlich dankendem Adieu, als kennten wir keinen anderen Weg, auf in den »Europäischen Hof«. Dessen Champagner-Bestand freudig reduzierend. Drüber wurde es Nachmittag, und wir, die beiden beharrenden Gäste, wurden eines merkwürdigen Vorgangs gewahr. Es strömten viele festlich gekleidete Damen und Herren in die Pracht-säle des Hauses, darunter auch manche glitzernde Uniform: mit deutschem, französischem, vor allem amerikanischem Zierrat. Es ergab sich ganz von selbst, dass wir uns dem Zug eingliederten, er saugte uns gewissermaßen in sich auf, auf diese Weise auch am Portal des Saales die Kontrollinstanz passierend. Zwei Offiziere nämlich, die verstört mit der Ein-ladungsliste wedelten, aber sich jedweden Einwands enthielten, als wir die Parole ausgaben: »Professor Doktor Hass von der Freien Universität Berlin, und Kollege«. Dazu muss man wissen, dass »Freie Uni-versität Berlin« so etwas wie eine Passepartout-For-mel war zu jener Kalten-Kriegs-Zeit, ein Clairon der Freiheit – kurzum, wir hatten freie Bahn. Und tummelten uns unbefangen unter etwa zweihundert oder mehr frohgemuten Gästen, nunmehr Sekt statt Champagner, nicht ahnend, wohin wir geraten wa-ren. Es war dies aber der erste große Empfang der Deutsch-Atlantischen Gesellschaft, Gastgeber war ein deutscher General namens Berendsen, – und der von allen mit knisternd steigernder Spannung erwar-tete Ehrengast war der Oberkommandierende der zur NATO gehörenden Central Army Group, ein Vier-Sterne-General namens Eddleman.

Freund Hass und ich taten uns, wiewohl unge-laden, nicht schwer inmitten der hochgestimmten

Gästeschar, von ihr in vergnügtester Laune aufgenommen, als seien wir ein Stück von ihr. Und da es
uns so wohl behagte, telefonierten wir auch noch
Freunde und Kollegen herbei, nämlich Arthur Henkel und den so feinsinnigen wie humorgesegneten
Philosophen Kurt Rossmann (der wenig später als
Nachfolger von Jaspers nach Basel berufen wurde).
Und durften zur Kenntnis nehmen, dass auch diese
beiden prompt sich wohl und am rechten Ort fühlten.

Dann geschah, was mir immer noch wie ein Büh-
neneffekt vorkommen will, wie ein magischer Schlag,
wie ein Kulissentrick. Die Beleuchtung plötzlich
gedämmt, und eine geraunte Formel, eine Wort-
fügung schwebte und schwappte wie eine Welle von
einer Gruppe zur nächsten, von einem Mund und
Ohr zum andern, es war wie ein Verwandlungszau-
ber, – und irgendwann verstand, begriff auch ich,
warum mit einem Atemzug die ganze festliche Schar
zu einer grau und fahl gelähmten Statisterie geworden, warum ihre Bewegung gipsern erstarrt war. Die
alles erklärende weltverändernde Formel lautete: »Der
Professor Hass hat dem General Eddleman die Hand
geküsst …!«

Der Eklat war total, das Fest war aus. Der Hoteldirektor sank vor uns in die Knie: »Ich flehe Sie
an, verlassen Sie das Haus!«, er verlud uns in sein
Auto und lieferte uns, sich letzter Gewissheit ver-
sichernd, in Neuenheim in meiner Wohnung ab.
Nicht ohne uns schwören zu lassen, dass wir nie wieder kommen würden – niemals! (Ein Schwur, den wir

schon nächsten Tages brachen, aber davon der Reihe nach.)

Hass schlief festesfroh sogleich ein auf seinem Sofa, ich in meinem Bett. Und wurde durch den mitleidlosen Klingelton des Telefons am nächsten Morgen aufgeschreckt mehr als aufgeweckt: Es war der Rektor der Universität, und er war wie die übrige Stadt offenbar in turbulentem Aufruhr. Um es kurz zu machen: Er forderte uns auf, bei dem hochdekorierten Gastgeber des gestrigen geselligen Abends zum Rapport zu erscheinen. Einen Entschuldigungsbesuch zu machen. Mit dieser Botschaft weckte ich Hass, der nahezu vom Lager fiel in amüsierter Lachkaskade. Und zu unserem guten Spiel die gute Miene machte, wir kleideten uns also korrekt und fuhren ins Hauptquartier und standen – wie einst gelernt – in aufrechter Haltung vor dem General, der sich hinter seinem Schreibtisch unser Sprüchlein anhörte und uns mit einigen bedauernden Worten jedoch nicht ohne Wohlwollen entließ: Es habe ihm so viel am Gelingen dieses festlichen Ereignisses gelegen, und immerhin habe es sich doch um eine Art Premiere gehandelt …

Wir trollten uns und wussten beim besten Willen nicht so recht, wofür wir uns eigentlich hatten entschuldigen sollen. Dass wir ungeladen, aber doch artig und in Anstand die Einlassbarriere passiert hatten, schien uns so wenig strafwürdig wie der Umstand, dass unser heiteres und gesprächiges Naturell ganz offensichtlich den Geladenen zur Freude gereicht hatte. Uns fiel sehr passend Hofmannsthal ein, aber dem General war's wohl kaum ein Trost: »... waren nicht insgeheim / Wir die Geladenen / wir auch die Wirte ...« Hass, ein Mann von Welt wahrlich, konnte sich und uns im Hernach die Ursache seiner so exzentrisch wirkenden höfischen Devotionsgebärde sehr wohl erklären: Es sei die Atmosphäre derart hochgestimmt gewesen, die Luft vibrierend, weil auratisch geladen von der Erwartung des hohen, ja erhabenen Gastes, dass, nachdem dieser eingetroffen und platziert war, der ihm zur Vorstellung präsentierte Professor aus dem freien Berlin eines nur tun konnte, was der Weihe des Augenblicks gemäß war: die Applizierung eben des kniefälligen Handkusses. Ein zeremoniöser Akt, dessen Exzentrizität die ganze Szene mit einem Schlag verwandelte. Es duldet kaum Zweifel, dass man den gleichen Vorgang heute, vierzig Jahre später, als eine Art Happening empfinden und »cool« belachen, jedenfalls bagatellisieren würde. Und erklärbar ist das Entsetzen, das die unkonventionelle, aber doch gewiss nicht obszöne Geste auslöste, wohl nur durch eine damals vor allem in den USA, vor allem wohl in der Armee, aber andeutungsweise auch noch in der deutschen Gesellschaft grassierende panikartige Scheu vor angedeuteter Homoerotik. Von der nun kaum jemand leichter freizusprechen war als unser vital weibliches Leben und Liebe genießender Kollege Hans Egon Hass. »Schwul ist cool«, so tönt es 2006, – damals nannte man es »warm« und fand es nicht heimelig ...

Hass also, der sich nach dem militärischen Rapport verdienter Ruhe im Haus Henkel und dessen Gastbett anvertraute. Nicht ohne vorher den ärztlichen Rat unseres Freundes, des Internisten Professor Bahner, genutzt zu haben, – der denn doch die Andeutung eines schattenhaften Delirium tremens diagnostizierte und dem Ermatteten einige Liter Kamillentee einflößen ließ von der ihn umsorgenden Hausfrau. So war er denn auch bald wieder bei Kräften und gesellte sich dem gastlichen Kreis im Gartenzimmer zu, wir stießen an mit einem leichten Mosel, die Geschehnisse dieser drei Tage in munterem Geplauder Revue passieren lassend.

Übrigens sei noch nachgetragen, dass wir des Morgens, vom General entlassen, auch dem Hoteldirektor den fälligen Entschuldigungsbesuch machten, – Erwin Gutwinsky hieß er und war ein Meister seines heiklen Metiers. Und unseres Auftritts wollte er sich kaum mehr erinnern ... Hans Egon Hass ist 1969 gestorben.

Freie Universität Berlin 1966/67

Die Gewohnheit des Wechsels ist ein sinnvoller Brauch, eine bewährte Tradition der deutschen Universitäten. Bis in die dreißiger Jahre des 20. Jahrhunderts hinein war es nicht selbstverständlich, so doch allemal üblich, dass der Student weiterzog von einer Universität zur anderen: um der Erfahrung anderer Methoden und der Lehre anderer Professoren willen, auch um sich dem Eindruck und Einfluss einer anderen Stadt, eines anderen Menschenschlages und einer anderen Sprache anzuvertrauen.

Der Tausch einer Universität mit der anderen war geschätzter Brauch auch des Professorenstandes. Er setzte natürlich eine erneute Berufung voraus, – es konnte sich aus mancherlei Gründen lohnen, einen neuen Auftrag an neuem Ort zu erproben oder zu wagen.

Zum Wintersemester 1966/67 nahm ich den Ruf an die FU Berlin an.

Den zum zweiten Mal ausgesprochenen Ruf. Das verdient achtungsvoll und dankbar erwähnt zu werden. Vier Jahre zuvor hatte mich die FU schon zu sich holen wollen. Ich hatte den Ruf abgelehnt. Und es ist keine Beiläufigkeit, sondern verdient als symptomatisch und voller Respekt und Dankbarkeit gewertet zu werden, dass die gleiche Fakultät, die gleiche Universität sich nicht zu gut war, die erste Absage hinzunehmen und es mit dem Absagenden noch einmal zu versuchen. Es bezeugt das den liberalen, den sehr unkonventionellen Stil dieser Hochschule, die viel angenommen hatte von Geist und Formen der USA. Denn es waren die Amerikaner, die den mutigen Gründungsakt von Studenten und Professoren politisch und materiell entscheidend unterstützt hatten, der die souveräne Reaktion auf die Unterwerfung des freien Geistes der Humboldt-Universität durch die marxistisch-kommunistische Weltinterpretation des DDR-Regimes gewesen war.

Nach den in jedem Sinne improvisierten Anfängen hatte sich die im Dezember 1948 gegründete FU selbst und selbstbewusst gefunden, aber immer noch vibrierte ihr Geist im flexiblen Habitus der aller Ruhe abgeneigten Gründerzeit. Der Abschied von Heidelberg nach insgesamt 17 Jahren war für mich kein einfacher Vorgang. Ich ließ Freunde zurück, auch solche außerhalb der Universität, und Erinnerungen an Geschehnisse und Erlebnisse, die zu bestimmenden Formationen geworden waren in der Architektur meines inneren Selbst. Aber es hatte sich in mir die Vermutung ausgebildet, die sich zur Überzeugung verfestigte, dass ich mich lösen musste aus einer Umgebung, die es mir wohl zu leicht machte, zu angenehm und keine Widerstände spüren ließ dank Gewöhnung an Gewohntes. Zwar war Heidel-

berg nicht mehr die verzuckerte Stadt des Student-
Prince; zwar waren die Gesänge im »Seppl« und
im »Roten Ochsen«, die von »der Jugend schönster
Feier« kündeten in Bass und Tenor und vom »Stu-
dent-Sein, wenn die Veilchen blühn«, mittlerweile zu
bloßer künstlicher Folklore degeneriert und besten-
falls noch zur Lust der (vor allem amerikanischen)
Touristen installiert. Aber etwas Exotisch-Weiches
webte in der milden Materie dieser Stadt, und in ihrer
steten und selbstverliebten Wiederholung waren der
flammenden Schlossbeleuchtung und dem Feuerwerk
und dem Ball- und Bade-Spiel auf den Neckarwiesen
ein operettenhafter Zug eigen. Kurzum, ich meinte,
mich einer härteren Lebenswirklichkeit stellen zu
sollen, – und keinen Ortes war diese Wirklichkeit
härter und verwirrender und im Bewusstsein ständiger Gefährdung fassbarer als im eingemauerten
Berlin. In West-Berlin, das sich als »Frontstadt« empfand und gebärdete. Und als solche inmitten aller
Unsicherheit der materiellen Fürsorge vor allem des
»Bundes« in ungewöhnlichem Maße sicher sein durfte. Nicht zu reden von den emotionellen Wellen, die,
leise gekräuselt oder heftig bewegt, den nahezu exotisch wirkenden Komplex umringten.

Ich verließ mit der Heidelberger Fakultät, wie sie
zu beschreiben ich versucht habe, eine Communitas,
die sich selbst gerecht wurde, ohne doch selbst-
gerecht zu sein, und die es mich nie hat spüren lassen,
dass ich in ihrem Kreise nach Lebensalter wie Anciennität über einige Jahre hin der Jüngste war. (Und

diese Erinnerungen niederschreibend, verlasse ich für einen Atemzug die Bahn eines Konzeptes, das nicht will, dass der Berichtende sich und seine Person zum Gegenstand macht; und werde dessen beklommen und beklemmend inne, dass wohl alle nicht mehr leben, von denen hier die Rede ist. Fast alle, – bis auf, zu nicht nur meiner Freude, Rudolf Sühnel.)

Der Umzug war kein Umzug von einer Stadt in die andere. Der Umzug ging aus von dem so genannten Westdeutschland und strebte als Ziel an West-Berlin (gemäß der Sprachregelung der DDR in einem Wort zu schreiben). Und da die bewusst sekkierenden Regel-Bestimmungen der DDR nicht nur jedem Möbel, sondern auch jedem Buch ihre misstrauisch-registrierende Aufmerksamkeit mit pedantischer Insistenz zuwendeten, wurden der Einfachheit halber Fracht und Personen dem Flugzeug anvertraut. Das sei hier nicht im Einzelnen geschildert. Wohl aber das Ärgernis der vielen nunmehr notwendig werdenden Autofahrten durch die »Zone«. Die Demütigung – auch sie natürlich bewusst arrangiert – durch die Wartezeit: die Abgabe der »Dokumente«, also Pass und Autopapiere, die dann in einer Art Tunnel-konstruktion von einer Baracke zur anderen beför-dert wurden; der Aufruf endlich des eigenen Namens; die Entlassung mit den gestempelten Scheinen auf die Autobahn; die Kontrolle von Geschwindigkeit und eingehaltener Fahrspur durch die »Organe«, – mir ist seit jenen Erfahrungen ein tiefes Misstrauen einge-prägt gegen diese Brüder und Schwestern und ihren sächsischen Dialekt, deren vereiste Gesichter auch nicht ein Mal, nicht ein einziges Mal, bei unzähligen Passagen so etwas aufschimmern ließen wie Menschenfreundlichkeit oder auch nur die andeutende Geste eines Wissens: nämlich dass wir alle Überlebende waren und nun fertig werden mussten, in dem einen Staatengebilde und Gesellschaftssystem wie dem anderen, mit dem Erbe jenes weltenvernichtenden Krieges. Aber das war zu viel erhofft, – so klingen sie mir denn heute noch schrill und böse im Ohr, die Namen Drewitz und Dreilinden und Helmstedt. Oder man nahm den Weg durchs liebliche Thüringer Land, Grenzübergang Herleshausen; um beim Hermsdorfer Kreuz abzuschwenken. Sie hießen jeweils anders auf der einen und der anderen Seite, der »deutschen« und der »russischen«, wie man immer versucht war zu sagen. Helmstedt hieß Marienborn hieß Helmstedt … Und die hinter den Hecken lauernden Autos der Volkspolizei, die uns stoppte und solide Westmarkscheine kassierte, wenn wir das Tempolimit von Hundert (oder darunter) nicht eingehalten hatten. Was nach Lage der Dinge nicht so selten vorkam, denn die Autobahn war oft leer und ihre Belagschäden waren zwar in deutlichen Stößen spürbar, aber nicht unbedingt zur gemächlichen Zurückhaltung zwingend.

Auch nachdem Egon Bahrs Transit-Verträge wesentliche Vereinfachungen im Bereich der Formalitäten herausgehandelt hatten, blieb es doch eine Tour der ewigen Peinlichkeit. Der Unwirklichkeit inmitten knallharter Wirklichkeit. Des steten Unsicherheitsgefühls.

Ich fand eine konvenierende Wohnung in Dahlem, Ehrenbergstraße, nahe den Amtssitzen und Seminargebäuden der über den ganzen Stadtteil und seine Parklandschaft hin verstreuten Universität. Der Hauseigentümer war der Verleger Herr Spitz, und zu den Eigentümlichkeiten seiner Person zählte die wider alle Konvention gerichtete Gewohnheit, nicht das Weihnachtsfest feiernd zu begehen, sondern statt seiner im Familienkreis den Geburtstag Mozarts. Weiteres entzweite uns nicht. Auch hatte ich nun eine Haushälterin, Helga Bamme ihr Name, und in ihrem Wesen vereinigte sie alle Wunderbarkeiten und Wunderlichkeiten des echten Berlinertums.

Sie schmeichelt meinem Stolz, als sie erzählte, sie habe mich im Fernsehen ihren Freundinnen gezeigt mit den Worten: »Der wie 'n Herr aussieht, det is mein Chef!« – Als der Dekorateur die Filzvorhänge so arrangierte, dass sie wie gewollt über dem Boden um einen halben Meter umknickten, und sie ordnungseifrig protestierte, – da klärte er sie auf: »Jute Frau, det is französisch!« … Und nun sie resignierend: »Also jut, leben wa ebent französisch …« – Als ich eines Tages ihre Frisur lobte: »Na ja, hab ja keenen, der mir't Haar zerwühlt …« – Als sie mit ihrem Mann ein Geschäft verließ und er die Verkäuferinnen abschiednehmend grüßte, Hand an der Hutkrempe: »Wiedersehen die Damen!«, – da musste er lernen: »Det hätt mein Chef nie jesacht …!« – Diese ausgewählten Zitate legen es mir nahe, weitere Berolinensia vorzubringen, der Berliner Witz hat etwas aufklärend Preußisches (und mit dem Lachen nichts zu tun), – hier begnüge ich mich guten Grundes mit dem Heizungsmonteur, der zu allzu früher Stunde erschien und ich, kleinbürgerlich, eine Art Entschuldigung stammelte, weil das Bett noch nicht gemacht war: »Na, ick wer's Ihn ooch nich machen …!«

Den spezifischen Tonfall allerdings, den muss ich schuldig bleiben. Der, wie man weiß, recht eigentlich die Musik macht, genauer: die Musike …

Die FU war körperschaftlich verfasst, innerhalb dieses von den USA gelernten Systems war auch den Studenten Mitsprache und Mitwirkung zugestanden. Den überlasteten Rektor dieser großen Körperschaft sah man selten, nachdem man in seinem Amtszimmer vor ihm den Amtseid abgelegt hatte (der mich zum wiederholten Male zum »Beamten auf Lebenszeit« machte). Das eigentliche Regiment der verwaltenden Herrschaft über diese große Korporation, deren Traditionslosigkeit Erleichterung und Beschwernis zugleich bedeutete, lag in den Händen des Kurators. Damals des Dr. med. von Bergmann, eines mit allen Wassern getauften, sehr gebildeten und seine Macht mit dezenter Gebärde ausspielenden Universitätsverwalters von hohen Graden. Eine seiner wichtigsten, ja die wichtigste seiner Funktionen war das Geschäft der Berufungsverhandlungen. Was von ihm bestimmt und gebilligt war, das persönliche Gehalt angehend wie die Fülle der sachlichen, Institut und

Assistenten und Forschungsvorhaben betreffenden Regelungen, wurde erfahrungsgemäß von den stadtstaatlichen letztverantwortlichen Instanzen anstandslos gebilligt. Konservativ gemäß seiner Persönlichkeitsstruktur und der Tradition seiner berühmten Mediziner-Familie, traf ihn die Rebellion der Studenten mit einer Heftigkeit, als sei sie nur und vor allem gegen ihn persönlich gerichtet. Das hat Wunden geschlagen, die er nie verschmerzen konnte. Und mit dem Untergang der alten FU ging sein Lebenswerk unter.

Die Philosophische Fakultät: Sie war etwa drei Mal so umfangreich wie die Heidelberger, und schon dieser Masse wegen schwer zu dirigieren. Aber auch ihre sehr heterogene Zusammensetzung machte sie zu einem unhandlichen Gebilde, einem *Corpus irregulare* und (beinahe) *monstro simile*. Diese Gelehrtenversammlung war ja nahezu aus dem Boden gestampft worden, und in ihr fanden sich zusammen (wenn sie sich zusammenfanden) alte Remigranten und aufstrebende Jungtalente, und was die Beschädigung durch allzu nahe Berührung mit dem Regime der Nationalsozialisten betraf, so verfuhr man in der FU großzügiger als im übrigen Deutschland. Was zur Folge haben konnte, dass ein heimgekehrter Jude neben dem heimgeleuchteten NS-Parteimitglied saß ...

Vielleicht hätte ich versuchen können, mittels meiner Erfahrungen der Politik dieser Fakultät nützlich zu sein, denn ich war wohl der Einzige in diesem Kreis, der schon die Schule eines Lehrstuhlinhabers an einer deutschen Universität absolviert hatte. Aber die Verhältnisse waren schneller als die zwar erneuerungswilligen, aber doch zur Schwerfälligkeit neigenden Umstände. Das Neue aber geschah plötzlich und unvermutet, ein Funke glühte auf und setzte in Brand, was sich lange schon als explosives Material angesammelt hatte.

Es begann so freundlich. Wir Heidelberger (ich hatte drei Assistenten und ein halbes Hundert Studenten mitgebracht) durften das Gefühl haben, willkommen zu sein, und machten unsererseits kein Hehl draus, dass es uns wohlgefiel am neuen Ort. Im großen Hörsaal des neuen ausladend-imponierenden Henry-Ford-Baus ein »Tristan«-Kolleg, dazu eine Seminarübung zum *Guten Gerhard* des Rudolf von Ems. Was uns Gelegenheit gab, ohne Hoffart festzustellen, dass es in Heidelberg schon etwas anspruchsvoller zugegangen war, was die germanistischen Fundamentalkenntnisse betraf.

Ich war oft Gast im Hause von Sylvia und Joachim Bumke, und wir machten uns mit Eifer an das Entwerfen von gemeinsamen Unternehmungen mit und ohne Studenten. Tranken altvertrauten Pfälzer Wein und sahen auf zum Himmel, dem die unablässig startenden und landenden Flugzeuge (vor allem der PanAm) mit ihren Kondensstreifen die elegantesten Figurenbilder einzeichneten. Das Düsengeräusch und die optischen Wahrnehmungen waren wie Signale, die garantierenden Signale der Freiheit für alle in der Begrenzung der eingemauerten Stadt. Die jederzeit mit Repressionen rechnen musste für den nicht voraussagbaren Fall einer plötzlichen Temperatur-veränderung im unkalkulierbaren Klima des Kalten Krieges.

Bis dann der 3. Juni 1967 kam: Besuch des Schahs und Farah Dibas. Die Ruhe war dahin, Aufläufe und Demonstrationen rotteten sich zusammen, es gab wilde Prügelszenen auf Platz und Straße zwischen Schah-Freunden und Schah-Kritikern, und offenbar hatte die Schah-Partei eine Knüppelgarde rekrutiert, die brutal zuschlug. Die so genannten Ordnungs-kräfte waren den sich hochschaukelnden Unruh-wogen nicht gewachsen, – und irgendwann fiel ein Schuss. Der eine furchtbare Nahfolge, nämlich den Tod eines Menschen, – und langwirkende Nachfolgen hatte, nämlich den Aufstand vieler Menschen. Ein waffennärrischer Polizeimeister in Zivil hatte sich in dem Getümmel bedroht gefühlt und zog seine Pistole. Und traf den Friedlichsten unter den Demonstranten, einen Jungen, der aus keinem anderen Grund als dem des Interesses an den wirren Vorgängen hinzugekom-men war und sich nicht beteiligte an irgendwelchen Aktionen. Er verblutete noch am Ort, nahe der Deutschen Oper in der Krummen Straße. Hinterließ Frau und Kind. Was aber uns überdies noch ganz persönlich traf: Er hatte zu uns gehört, er war Teil-nehmer jenes erwähnten Seminars über den *Guten Gerhard*.

Von da an war die Universität verwandelt. Und in besonderem Maße aufgeputscht in den geisteswissenschaftlichen Instituten. Innerhalb ihrer nirgendwo heftiger als in der Germanistik.

Lehrveranstaltungen wurden bestreikt, eine so genannte Studentische Vollversammlung löste die andere ab, die Studentenvertreter versuchten, die Professoren vorzuführen, zu kritisieren nicht nur, sondern auch – gefahrlos, wie es war –, sie zu demütigen. Man wollte eine andere Wissenschaft, wollte andere Lehrer, wollte eine andere Universität. Der von der ideologischen Linken siegesfroh proklamierte »Marsch durch die Institutionen« begann allererst am Ort des geringst-vermutbaren Widerstands. Denn anders als etwa Ministerien oder Konzerne oder Kirchen oder das Militär war die Universität ja ein »offenes« Gebilde, – und innerhalb seiner gezeichnet von durchaus unterschiedlichen, ja widersätzlichen politischen und sozialen Überzeugungen.

Auch die Professoren der Germanistik am Ort waren nicht etwa ein durch gemeinsame Überzeugung geschlossener Kader. Einige von ihnen stellten sich den studentischen Ansprüchen mit intransigenter Härte entgegen, auch mit Mut, – und mussten wie auch die anderen Boykottierung und Sprengung ihrer Lehrveranstaltungen erfahren. Darüber hinaus auch Sorge tragen für die Sicherheit ihrer Sachen wie ihrer Person. Dann war da – Sonderpositionen nicht eingerechnet – das kleine, aber feste Häuflein der so genannten Liberalen. Zu deren Kennzeichnung konsequent das Präfix »Scheiß-« sich fügte. Diese pejorative Schwärzung eines an sich noblen Begriffs hatte ihren Grund in dem einfachen Faktum, dass die militante Spitze der studentischen Aggression trachten musste, diejenigen zu erledigen, die Verständnis zeigten. Verständnis für die Motive, nicht hingegen für die den Motiven entsprechen wollenden, Verletzungen und Brutalität nicht scheuenden Handlungen. Es war ja der Ehrgeiz, um nicht zu sagen der Stolz der Aufrührer, dass sie nicht verstanden werden wollten! Nicht von einer abgetretenen Generation, die die ihrer Eltern war und gegen die sich landesweit, ja weitgehend international das Aufbegehren richtete: von Princeton und Berkeley bis Paris und Frankfurt. Und so versuchten sie kaputtzumachen, was sie – gemäß ihrer von Wehleidigkeit nicht freien militanten Ideologie – kaputtmachte.

Um zurückzukehren zur Germanistik der FU: Als ich eines Morgens pflichttreu meinen Hörsaal aufsuchte, wurde mir der Weg zum Katheder versperrt durch eine verhakte Kette von Studenten, die ihren Häuptern zum Zwecke der Mehrung ihrer kriegerischen Ausstrahlung Bauarbeiter-Helme aufgetopft hatten. Und so ging es nicht nur mir, sondern vielen meiner Kollegen; und so ging es nicht nur ein Mal, sondern viele Male. So dass zum Beispiel Eberhard Lämmert in trotzigem Widerstand gegen den Widerstand schließlich seine Vorlesung im Treppenhaus hielt …

Wir hangelten uns von einer Sitzung mit den Wortführern der Studentenschaft zur anderen, hier ein Feuer eilends austretend, während in unserem

Rücken schon ein anderes (wieder) aufflammte. Die Tag- und Nachtstunden drangebend, – und wacker Valium schluckend. Das Institut war nun »besetzt«, und an ihm prangte auch ein revolutionärer Titel, es hieß jetzt »Rosa-Luxemburg-Seminar«. Es hatte mich zu dieser Zeit gerade das Los des Geschäftsführenden Direktors getroffen, so machte ich mich eines Nachts denn auf, vor der Barriere Einlass verlangend in »mein« Institut. Der mir von einem – echten! – Bauarbeiter gewährt wurde, nachdem ich ihm auf seine Frage: »Gehören Sie dazu?« ein vieldeutbares »Ja« geschenkt hatte.

Es sah wüst aus bei »Rosa Luxemburg«, man lag die Kreuz und die Quer und machte es sich auf revolutionäre Art gemütlich, weiblich wie männlich, Lust von einer Art genießend, die ihnen das Studium bisher vorenthalten. Ich war da offensichtlich fehl am Platz und trollte mich wieder, gleichgültig zur Kenntnis genommen von dem mit sich befassten Besetzercorps, und gleichgültig von ihm entlassen. Zu meinem Schaden klebte mir ein Rest an von diesem Besuch, nämlich Buttersäure an den Schuhsohlen, Spur vergangener kämpferischer Auseinandersetzungen, die nun auch den Boden meiner Wohnung verpesten wollte, – so deponierte ich die Schuhe im Treppenhaus. Wo ich sie jedoch nicht wiederfand …

Eine fragwürdige Figur muss ich auch abgegeben haben, als die Konservativsten unter der Studentenschaft, nämlich die Juristen, die schneidige Absicht bekundeten, das Germanistische Institut mit Gewalt

zu stürmen, also »zu befreien«. Da habe ich, scheinbar und in absurder Verkehrung der Fronten die Partei der Besetzer einnehmend, nicht minder schneidig
abgewiegelt, indem ich durch das Megaphon die
kampflüsternen Anhänger der Rechtswissenschaften
mit allen Mitteln des rhetorischen Aufgebots über-
flutete und sie immerhin so weit beeindruckte, dass
sie abließen von ihren Angriffsplänen. Der konserva-
tive Rektor indessen, Zahnmediziner seines Zeichens,
griff zu anderen Mitteln. Er sperrte dem Seminar-
Haus Wasser und Elektrizität, und infolgedessen
machte sich sehr bald ein übles Gemenge von Ge-
stank und Unrat breit und breiter ... So zogen die
Aufständischen denn schließlich aus, ein Chaos aus
Trümmern und Dreck hinterlassend, jedoch ihre
revolutionäre Emphase nahmen sie mit. Leider auch
einige Bände aus der Institutsbibliothek. So standen
wir denn mit dem Rücken an der Wand, wir liberales
Häuflein, nebst mir bestehend aus Bumke, Lämmert,
Szondi. Und, ganz links außen, der so kluge wie gebildete Religionsphilosoph und Rabbiner-Sohn Jacob
Taubes. Einsam, – inmitten seiner Jünger. Mit dem
Neugermanisten Hans Egon Hass zog ich zum Kura-
tor, um ihn zu gewinnen für den Beschluss einer
Lockerung der Wasser-Elektrizitäts-Sperre. Der aber
war sich mit dem Rektor einig in gemeinsamer Ab-
scheu wider unsere, wie man meinte, feige Appease-
ment-Nachgiebigkeit. Wir hatten uns das akademische
Establishment zum Feind gemacht – und die Studenten nicht etwa zum Freund. Die hielten sich weiter

an ihre Parolen, fordernd, »die Magnifizenzen« zu ziehen »an ihren Schwänzen«, und dem Regierenden Bürgermeister schenkten sie die muntere Parole: »Brecht dem Schütz die Gräten! / Alle Macht den Räten …«

»Linker Faschismus«, wie Habermas den wilden Aktionismus bitter benannte. Man gefiel sich in den abstrakten Wonnen einer eigenen, theoriebelasteten Parteisprache, redete von »repressiver Toleranz« (das traf uns »Liberale«) und »fragte« nicht mehr, sondern »hinterfragte«, – was die Chance einer gewisseren Antwort zu geben verhieß. »Die Studenten«, – das waren in der Majorität keine aufbegehrenden Aktivisten. Die Majorität tat, was sie meistens tut: Sie sah zu und wartete ab. Einerseits fühlte sie mit dem Aufruhr, der in ihrem Namen fungierte. Anderseits bewahrte man den gebeutelten Professoren ein gewisses, der Konvention und der Gewohnheit, zuweilen vielleicht auch der Erinnerung an menschenfreundliche Zeiten geschuldetes Maß an lässiger Sympathie. Auf Distanz-Halten bedacht.

Damals, im Herbst 1968, hielt der Deutsche Germanistenverband seinen Jahreskongress in Berlin ab. Er hätte für seine Zwecke keinen unglücklicheren Zeitpunkt und Ort finden können. Wie nicht anders zu erwarten, wurden die Veranstaltungen blockiert und boykottiert, und hohe Achtung gebührte dem amtierenden Präsidenten, dem Hamburger Altgermanisten Karl Heinz Borck, für die beherrschte Standhaftigkeit, mit der er diese sinnlosen Turbulenzen durchhielt, inmitten unverhohlener Feindschaft: »Schlagt die Germanistik tot, / Macht die Blaue Blume rot …!«, so das revolutionäre Gegenprogramm. Polittheater, zu seinem eigenen Ergötzen, seiner eigenen dümmlichen Befriedigung inszeniert.

Es kam auf diese Weise zu einem Auszug der Germanistik aus der FU Berlin, das heißt der Lehrer dieses Faches. Die schließlich keine Antwort fanden auf das insistente Fragen nach der »gesellschaftlichen Relevanz« ihres Tuns. Es wollte mir in der Tat nicht gelingen, diese Frage in Bezug auf Parzival und den Gral, auf Erek und Enite oder den Gregorius und caesurierten Strophenbau des Minnesangs und frühmittelhochdeutsche Reimtechnik, – diese Fragen und alle anderen zur Befriedigung der Fragenden zu beantworten … Dass allen literarischen Stoffen, so auch den eben genannten, ein soziales, ein gesellschaftliches Element innewohnt, das herauszuarbeiten (auch) Aufgabe des Philologen ist; dass man den Autoren der alten Texte eine Tendenz auch auf ein gesellschaftliches Programm ablesen kann, – daran war nie gezweifelt worden und kann auch nicht gezweifelt werden. Aber die krude Nutzbarmachung etwa der Artus-Runde für die sozial-moralischen Irritationen einer irgendwohin verblendet nach neuen Ufern Ausschau haltenden Generation wollte sich nicht eben anbieten. Es machte sich unter uns Dozenten die beklemmende Sorge breit, die sich zur Gewissheit verdichtete: dass wir unter obwaltenden Umständen nicht würden sinnvoll arbeiten, dass wir den von uns gewählten Beruf unter diesen Bedingungen nicht mehr seinem Anspruch und seiner Dignität gemäß würden ausüben können. So zogen sie denn die Konsequenz: Die Professoren Eckehard Catholy und Katharina Mommsen nahmen Rufe nach Amerika an; Lämmert bezog den Lehrstuhl seines Faches in Heidelberg; Bumke den in Köln; und ich entschloss mich, in die freundlichen Gefilde des Badischen zu wechseln: nach Karlsruhe, an die dortige altberühmte Technische Hochschule, die sich mittlerweile geweitet und vertieft hatte zu einer »Universität«; somit auch einen kleinen, aber feinen geisteswissenschaftlichen Sektor aufbauend. Dies zumal dank dem universitätspolitischen Geschick und Bildungsprogramm des Rektors Hans Rumpf wie auch der Energien des Kunsthistorikers Klaus Lankheit (wir waren einander verbunden aus der Erfahrung gemeinsamer Privatdozenten-Zeit in Heidelberg).

Abschied von der FU, Abschied von Berlin

Wir hatten ihn uns nicht gewünscht, – und er war mir auf andere Weise schwerer als der ein paar Jahre zuvor aus Heidelberg. Und zwar vor allem angesichts der Trümmer konkreter Hoffnungen und Pläne, während wir Heidelberg immerhin in dem Bewusstsein verlassen durften, dort unsere Sache getan zu haben, und sie nicht vergeblich getan zu haben.

An den Schwarzen Brettern des FU-Instituts hingen Blätter aus, Listen, in die die Studierenden ihre Namen eintragen sollten. Unter diesen folgender Text:

»Professor Wapnewski hat einen Ruf an die Technische Hochschule Karlsruhe erhalten. Die unterzeichneten Studenten des Instituts für Germanistik möchten die wissenschaftliche Diskussion um das Selbstverständnis der Altgermanistik fortsetzen. Sie sehen im Fortgang Professor Wapnewskis eine wesentliche Verschlechterung ihrer Arbeitsbedingungen und bitten ihn deshalb, seinen Lehrstuhl an der Freien Universität zu behalten.« Folgen einige hundert Unterschriften.

Ein Text, der sich ermutigend abhob von dem rüden Stil, der über etwa fünf Semester hin die Atmosphäre stickig und explosiv vergiftet hatte. Aber ich hatte die Hoffnung aufgegeben, eine sinnvolle »Diskussion über das Selbstverständnis« meines Faches führen zu können. Es ging mir ja auch um meine »Arbeitsbedingungen«. Doch mache ich kein Hehl daraus, dass mich diese Aktion auch wohl anrührte: gewissermaßen die säkularisierte Variante des alten Fackelzugs, wie er einst auf die Straße zog, den Ruf eines Professors nach auswärts zu feiern und seine Umsetzung zu verhindern.

Wir gingen also. Ich hätte die Chance gehabt, neben Bumke in Köln einziehen zu können, – ich nahm den anderen Weg. Und weiß bis heute nicht zu sagen, ob ich recht getan habe, – und wage kaum zu Ende zu denken, welche verwandelnden Veränderungen der eigenen, der professionellen und der privaten Existenz sich aus der Wahrnehmung der anderen Möglichkeit ergeben hätten.

Wie von einem Tag auf den anderen war nun die Germanistik an der FU arm geworden. Es blieben: Wilhelm Emrich; Ingeborg Schröbler; Hans Egon Hass; Heinrich Matthias Heinrichs (der Skandinavist). Wenige Jahre später waren sie nicht mehr am Leben. Es wäre ein stilloser Aberwitz, wollte ich ihren Tod kausal mit der Studentenrevolution verbinden. Doch dass sie alle – wie auch wir, die Abgehenden – schwer trugen an den Versehrungen aus dieser Bataille, die sie so wenig erwartet wie gewollt hatten, bleibt unbezweifelbar. Am schwersten aber traf uns der Tod Peter Szondis, den wir bewundert, verehrt und geliebt hatten. Er ging eines Tages (am 18. Oktober 1971) in das Wasser des Halensees, an dessen Ufer er wohnte. Kam nicht zurück.

Mit diesen Bild-Ausschnitten, dieser Schilderung der Vorgänge im großen Aufbegehren der studentischen Generation habe ich wiederzugeben versucht, wie sich die gewaltige Woge brach in den kleinen Partikeln der uns, der mir anvertrauten und vertrauten Welt.

Die Studentenrevolte. Aus dem Abstand einer Generation, aus dem Abstand von dreißig Jahren gesehen, hat sie bereits geschichtliche Konturen. Es stellt sich die Frage: Was hat sich, was hat sie verändert: Allgemein, also in der Gesellschaftsstruktur der Bundesrepublik; und im Besonderen, also dem Bereich der Universität? Um mit der Hochschulsituation zu beginnen: Es ist vorbei mit der »alten Ordinarien-Universität«. An ihre Stelle rückte die Gruppenuniversität, mit der Absicht einer möglichst weitgehenden Beteiligung an der Lenkung der Hochschule durch die innerhalb ihrer tätigen einzelnen Berufsgruppen. An die Stelle der hergebrachten Gliederung und ihrer Stufen, Rektor und Senat und Fakultät, traten neue Gremien und Untergremien. Insbesondere wurden Einfluss und Rechte der Studenten und der Nicht-Ordinarien gestärkt. Auch galt es nun, die Ansprüche anderer Gruppen zu berücksichtigen, von der Verwaltung bis zum technischen und zum Reinigungspersonal. Aus dem Rektor wurde vielerorts ein Präsident, aus dem Dekan ein Fachschaftssprecher, aus dem Ordinarius der C-4-Professor. Die Art dieser tief greifenden, die Substanz der alten Universität grundlegend umschichtenden Veränderung einem gültigen Urteil zu unterwerfen will mir nicht gelingen. Vielmehr begnüge ich mich, von der Veränderung des Klimas, des Stils zu reden. Das aber heißt: Der Ton ist nüchterner, gleichgültiger, neutraler geworden, in dem die Lehrer und ihre Studenten miteinander umgehen. Die alte, auch sentimental bewegte Beziehung, die sich gefühlsreich äußerte in Gemeinschaftsunternehmungen geselliger Natur wie Kneipen und Kahnfahrten und Seminarfesten, ist dahin. Die ehemals weitgehend subjekt- und persönlichkeitsgeprägte Institution wurde zum technisierten System, zu einem Betrieb, der einer arbeitsteiligen Gesellschaft zu dienen hat durch Bereitstellung von ausgebildeten Fachkräften. Es bleibt nahezu mirakulös, dass die Universität heute beinahe vierzig Prozent eines jeweiligen Jahrgangs aufnimmt und annimmt, – verglichen mit den einstigen fünf oder zehn Prozent. Die bange Frage, ob und wie denn ein derart großer Anteil der heranwachsenden Jugend das Zeug mitbringt, intellektuell zu denken, bündig zu schließen und das Verstandene angemessen zu formulieren (und nicht weniger und nicht mehr als das fordert ein Studium), – diese bange Frage mag hier für sich stehen in der Vermutung, dass sie auch von anderen und von Instanzen der Politik gefragt wird. Die anekdotenähnlichen Geschichten, die Professoren erzählen und weitergeben und die Zeugnis sein wollen der stupenden Torheit, Ahnungslosigkeit und bildungsfernen Dumpfheit mancher Studenten sind Legion, – es gab sie von je als fabulierendes Genre, wie es sie immer noch gibt. Inwieweit solche Erfahrungen mehr sind als Kuriositäten, als Augenblicksaufnahmen, und inwieweit sie als repräsentativ gelten müssen, steht dahin. Auch das Bild, das »Image« des Professors hat sich wesentlich verändert, es gibt keine Professorenwitze mehr (auch sie ein eigenes und nicht reizloses literarisches Genre, in Heidelberg sich rankend vor allem um den legendären Juristen Gradenwitz), – denn es gibt das »Original« nicht mehr: den seinen Denkproblemen und ihrer Lösung in konzentrierter und isolierter, also »zerstreut« scheinender Hingabe gehörigen weltfremden Gelehrten. Der in seiner Tradition zu einer eigenwilligen und exzentrischen Figur wurde, – zu einer liebenswerten freilich auch. Die Zeit mag vorbei sein, in der sich 1968 ff. Professoren ihren Studenten anbiederten durch die lässige Kleidung (Norwegerpullover und Birkenstock-Sandalen, und dazu die Shag-Pfeife); oder gar durch das Angebot des kollegialen »Du«, – so ist doch heute allemal das professorale Erscheinungsbild nivelliert und der alles überziehenden Schicht des Zeitgeschmacks angeglichen. Abbau der Formen: dies gewiss eine der deutlichsten Folgen der Studentenbewegung. Sehr allgemein wie etwa im Bereich des Modischen (man kann heute im gleichen »Outfit« ins Labor gehen wie in den Zoo wie in die Oper); spezifisch fassbarer in der Einebnung von Titeln und Anreden. Die liebenswerte k. u. k.-Hofrats-Titulatur mit all ihren Entsprechungen (bis hin zu ihrer wunderbaren Zuspitzung in Herzmanovsky-Orlandos *Gaulschreck*, wo eines Hofzwergs normal- und gutgewachsene Gattin von ihrer Nachbarin angeredet wird als »Frau Hofzwerg« ...), – dieses zierliche und fragile österreichische Arrangement von subtil differenzierten Stufungen des gesellschaftlichen Miteinanders hatte im »Reich« ohnehin keine Entsprechung. Wohl aber hatten bis zur letzten Jahrhundertwende Titel und Rangbezeichnungen eine altbewährte Geltung. Auch in der bewusst gepflegten, ja kultivierten Form der öffentlichen Anrede. Wer den Präsidenten oder die Magnifizenz, wer den Professor oder die Spektabilität auf diese Weise formal tituliert, bekundet damit, dass der Angeredete in seiner Funktion gemeint ist, hinter der die Autorität einer Institution steht, – mag man auch mit dieser Person, die diese Funktion trägt, im täglichen Leben auf Du und Du stehen. Wenn diese Formen nivelliert und applaniert sind, verlieren sie ihre wesentliche, nämlich ordnungsstiftende Bedeutung. Dass alle gleich sind vor dem Gesetz, gilt uns viel. Aber eine Gesellschaft der Gleichen, die auf jegliche Differenzierung in Form und Gestus verzichtet, wird in ihrem grauen Einerlei nicht mehr durchschaubar und nur mehr langweilig. Und widersprüchlich dazu, denn unter der Schicht des »coolen« Gleichmaßes rührt sich dann doch ein Streben nach dem andeutenden oder deutlichen Ausdruck hierarchischer Abstufung und Differenzierung. Zum Beispiel in der inflationären Erfindung von »Prominenten«.

So mag es denn auch seine begrenzte Richtigkeit haben, wenn behauptet wird, dass in unserer gegenwärtigen Zeit die altgeübten Konventionen von Benehmen und Verhalten, die Rituale der Tanzschule und die der Ess-Kultur sich hie und da neuer Beliebtheit erfreuen. Wenngleich nach wie vor Unsicherheit sich breit macht im Bereich der Anrede und das gleichmacherische »Du« nach wie vor viele ihm nachplappernde Freunde hat. Die nicht begreifen, welch schöne Chance der Andeutung von menschlicher Ferne oder Nähe das feintrassierte Repertoire der unterscheidenden Anredeformen und -formeln bietet. Dem anderen die Tageszeit als Gruß zu entbieten, und zwar eine »gute«, ist zwar Konvention – und dennoch schimmert eine humane Geste durch. Wer aber es vorzieht, mit »Hallo!« durch seinen Tag zu gehen, begnügt sich mit einem Scheingruß und wird nie der Segnung inne, die in der Choreographie der Umgangsformen das menschliche Miteinander erleichtert und auch schöner macht, nämlich erträglicher. Unerreicht auf diesem Felde die Kunst des facettierten Alltäglichen in Sprache, Formel und Haltung der welterfahrenen, geschichtsverhafteten Briten.

Noch ein Wort zur Universität. Ihre hierarchische Struktur wurde 1969 ff. auch aufgehoben mittels in Eile durchgesetzter neuer Maßnahmen, Regelungen,

Gesetze. Am nachhaltigsten von allen: die massenhafte Mehrung von Planstellen zugunsten der Hebung des Mittelbaus. Plötzlich wurden Ungezählte zu Professoren, – und wussten kaum, wie. Ob ihr Atem wissenschaftlich und pädagogisch der neuen Höhenluft gemäß war, musste sich im Einzelfall herausstellen. Der allgemeine Fall aber sorgte dafür, dass nun auf Jahre, auf Jahrzehnte hin dem aufstrebenden Nachwuchs der Weg in die Planstellen versperrt war, – bis die biologische Gesetzmäßigkeit den Weg wieder frei machte.

Diese »Massentaufe«, auch »Bauernbefreiung« geheißen, hat in der Welt der Universität als allzu eiliger und einfältiger Ausdruck des Gleichheit anstrebenden politischen Neuerungswillens viel Unmut und Unheil angerichtet. Die Aufhebung oder Lockerung des Formen-Kanons im Allgemeinen wie im Besonderen kann indessen zu ihren Gunsten auch die Erweiterung und Schärfung des Blicks buchen auf bisher im Schatten der Beachtung und des Interesses angesiedelte Themen und Bereiche. So im Lehrplan der philologischen Fächer, der nunmehr eine gewisse Themenverlagerung erfuhr, die ihm gut tat: in Bezug etwa auf Frauenliteratur oder die Befassung mit »den im Dunkeln«, den unbeachteten sozialen Schichten und ihrer Lebenswirklichkeit (in der Geschichtswissenschaft vor allem durch die großen Ansätze der neuen Französischen Schule bewirkt). Hingegen zur jüngsten Caprice der wechselfrohen Bildungspolitik zählt neuerlich die Einrichtung von »Bachelor«- und

»Master«-Studiengängen. Es will mir nicht gelingen, gemäß meiner Einsicht in diese Verfahren auf sinnvolle Resultate zu hoffen.

1968 ff.: Schärft der zeitliche Abstand den Blick zurück? Das Einzelne verliert seine scharfen Konturen, die Szene verflüchtigt sich ins Unwirkliche. Aber es bleibt die Forderung an den Betrachter, das Miterlebte in seinen Dimensionen, seinen Ansprüchen und Motiven, seinen Forderungen und seinen Folgen zu verstehen und darzustellen.

Kein Ort der Triumphe. Nicht auf der einen Seite, nicht auf der anderen. Die alte Universität ist dahin (wie lange vor ihr schon die alte Burschenherrlichkeit). Es gibt die Ordinarien nicht mehr und nicht mehr die Gremien, darin sich ihre Autorität umsetzte. Aber die »neue« Universität hat wenig Grund, sich ihrer Struktur und Organisation freudig zu brüsten. Die »Gruppen« verlieren sich in unzähligen Gremiensitzungen und üben keine »Herrschaft« aus, – nun aber ist an die Stelle der einst regierenden Kaste die Bürokratie getreten. Die Verwaltung mit ihrem untrüglichen Sinn für subversive Machtausübung hat aufmerksam das Herrschaftsvakuum wahrgenommen und es mit ihrer alterprobten Eigenmächtigkeit gefüllt. Die »neue« Universität ist die von außen verwaltete, also gelenkte Universität. So hatte es der Aufstand der Jungen nicht gewollt.

Es liegt in der Natur der Situation, meiner Situation damals, dass ich vor allem die rüden Aktionen, die dümmlichen Angriffe, die verletzenden Beleidigungen und leer laufenden Aktionen geschildert habe. Ich mache kein Hehl daraus, dass diese Verletzungen nachwirken, dass sie mein Verhältnis zur studentischen Generation, zu meinem Lehramt verändert haben. Weil die alte Universität so sehr die meine war, glaubte ich, dass ihre unbestreitbaren Schwächen auf gewissermaßen organische Weise korrigierbar gewesen wären. So vor allem das Defizit in der tätigen Beteiligung der Studenten an Lehrplan, Themen und didaktischen Verfahren, – man hatte sie im Laufe der Generationen fahrlässig in eine passive Haltung des bloßen Rezipierens abgedrängt.

Defekte dieser und anderer Art wären, meinte ich, heilbar gewesen, – aber im Strudel der gewaltigen Welle sozialer und politischer Umwälzung war an Reparaturarbeiten im windgeschützten Detail nicht mehr zu denken.

Was bleibt, ist ein Gefühl der Traurigkeit, auch wohl der Trauer. Nicht nur in Bezug auf den begrenzten Raum der Universität. Es war ja um Höheres gegangen, denn die Besten unter den Aufbegehrenden wollten nicht mehr und nicht weniger als eine bessere Welt.

Eine Generation war angetreten, Geschichte zu verändern. Geschichte zu machen. Die Immobilität einer Gesellschaft, die sich einigermaßen komfortabel eingerichtet hatte im friedlichen Halb-Staat der Adenauer-Epoche, war diesen Nachkommen eine Provokation. Eine härtere Provokation noch war ihr der Geist der Verlogenheit, Bequemlichkeit, der

Unwahrheit, des Verdrängens. Etwa im Bereich der Sexualität, an dem auch die Literatur (in jeglicher Machart) Anteil hatte. Oder und vor allem: im Bereich der Politik. Die Elterngeneration und die der Großeltern hatte sich mit Hitler arrangiert und abgefunden auf diese wie auf jene Weise. Man war »entlastet«, – trug den Schein der Entlastung mit und in sich. Hitler wurde relativiert und abstrahiert zu einer Art Naturereignis, das man hatte über sich ergehen lassen müssen. Dass es diese Gesellschaft war, eben sie, die in ihrer großen, erdrückenden Mehrheit selbst die Rolle dieses Naturereignisses übernommen hatte, das wollte man nicht mehr wissen, – und wusste es vielleicht wirklich nicht. Die Jungen aber wussten es, deckten es auf. Und machten sich daran, diese Form von Vergangenheit noch einmal gewusste, bewusste, wissende Gegenwart werden zu lassen.

Ihr Aufstand bedurfte der Instrumente. Sie wurden gesucht und gefunden in den Konstrukten der Philosophie. Nicht Hobbes und Kant, von denen sie vielleicht hätten lernen können, sondern Marx und die Frankfurter Schule und vornehmlich Herbert Marcuse, von denen sie allenfalls noch Begriffspartikel des Hegelschen Systems übernahmen. Solches intellektuelle Rüstzeug war notwendigerweise fragmentarisch, – und es wurde begriffslos vermengt mit den Parolen des Politischen, mit der politischen Parteiideologie des Kommunismus als der scheinbaren Verdinglichung des Marxismus und der Hegelschen Weltseele.

Es sollte gehen um die Zerstörung dessen, was zerstörte. Das Kaputtmachen des Kaputtmachenden. Die uranfänglich ernsthafte Motivation der ganzen großen und weitgehend irrational akzentuierten Bewegung diskreditierte sich in dümmlichen Aktionen theatralischer Natur, in peinlichen Happenings und schäbigen Gewaltausbrüchen, die schließlich sich nicht mehr nur gegen Sachen richteten, sondern zynisch auch gegen Menschen.

Die Kinder fraßen ihre Revolution. Es blieb nicht viel von ihr, – außer jener Veränderung der Formen, die ich zu beschreiben versuchte und die, da Form nie nur ein Außen ist, auch eine der Mentalität war. Des Gemüts. Auch eine der Moral? Das Wissen und Gewissen tut sich schwer, die Wandlungen einer kollektiven Moral zu registrieren, zu erwarten, zu erhoffen.

Der Aufstand zerrann. Er hatte in seiner spekulativen Kopflastigkeit die Balance verloren. Er hatte in seiner konkreten Umsetzung eben jenes Maß an Menschenfreundlichkeit eingebüßt, die zu provozieren eines der ursprünglichen Motive des Aufbegehrens war: Es sollte die bessere Gesellschaft auch eine der Heiterkeit sein ...

Daraus wurde nichts. Und Melancholie lenkt den Blick zurück. Es war der Aufstand der Nichtschwimmer gegen das Wasser. Ist das Wasser erst erledigt, gibt es keine Nichtschwimmer mehr ...

Karlsruhe: Das Gegenprogramm

Nun also wieder im Badener Land. Nicht Heidelberg, sondern Karlsruhe. Der Unterschied ist, aller landschaftlichen Ähnlichkeit zum Trotz, beträchtlich. Zwar wurden beide Städte im Badischen Erbfolgekrieg 1689 erbarmungslos von den Franzosen des Vierzehnten Ludwig zerstört. Aber während Heidelbergs Wiederaufbau sich lässig einem gewissen städtebaulichen Wildwuchs überantwortete, dessen Folgen beitrugen zu seiner beharrlich behaupteten romantischen Idyllik, ging man in Karlsruhe an ein systematisches Planen und entwarf eine vom Schloss als dem Mittelpunkt ausgehende radiale und fächerförmige Stadtarchitektur. Dieser planende und die Neigung zu süddeutscher Barocküppigkeit nüchtern überlagernde Geist macht sich bis heute bemerkbar in der Atmosphäre und Stimmung der alten Residenzstadt. Die dem großen Baumeister Friedrich Weinbrenner einige kostbare Gebäude klassizistischen Stils verdankt und in der das Bundesverfassungsgericht neben vielen anderen hohen und höchsten Bundesanstalten und -behörden gut untergebracht ist.

Die Fridericiana, 1825 gegründete Technische Hochschule, verdiente sich hohe Reputation und erweiterte sich 1967 zu einer Universität, was – wie erwähnt – vor allem das Verdienst des hervorragenden Universitätspolitikers und Rektors Hans Rumpf war, der mit der milden Strenge seines naturwissenschaftlich-technischen Temperaments für einige Jahre auch die Präsidentschaft der Rektorenkonferenz wahrgenommen hatte.

Und nun hatte also auch die Altgermanistik ihren wenngleich bescheidenen Platz und ihre Chance an der Karlsruher Hochschule. Nicht nur geduldet, sondern willkommen. Zehn lange Jahre, die, um es kurz zu sagen, meinen Mitarbeitern und mir zum Gewinn wurden. Die Zahl der Studierenden war, verglichen mit unserem Berlin, gering und betrug insgesamt etwa 10 000. Entsprechend bescheiden die quantitativen Verhältnisse in der Neuen und Alten Germanistik. Wie in einem Lied aus alten Zeiten besuchten einige Dutzend Zuhörer das Kolleg, nahmen um die zwanzig Mitglieder an den Seminaren teil. Wir nutzten den freien Atem, und ich war stolz, in diesem Dezennium vier den verheißungsvollen Nachwuchs repräsentierende Wissenschaftler habilitieren zu dürfen: Dieter Kartschoke, Thomas Cramer, Rüdiger Krohn und Bernd Thum.

Ich selber, erst in Ettlingen, dann in Gernsbach im Murgtal und schließlich in Baden-Baden wohnend, konnte ein Buch über die Lyrik Wolframs von Eschenbach schreiben und zwei über das Werk Richard Wagners. Konnte überdies einen Teil meiner Arbeitskraft in das Goethe-Institut und sein Präsidium investieren, – und mich auch im Bereich des Privat-Persönlichen neu befestigen: im Jahre 1971 Monica geb. Plange heiratend. Die ich auf einem weinseligen Fest im Badischen Land im Sommer 1970 kennen gelernt hatte. Sie brachte zwei Kinder mit aus ihrer ersten Ehe und wurde seit jenem Tag Maß und Mitte meines Lebens, Ruhe wie Unruhe sinnreich spendend. Unsere Gemeinsamkeit zu schildern widerspräche als private und persönliche Geschichte der Konzeption dieser Erinnerungen. Was hier nicht gesagt werden kann und soll, möge sich erkennbar machen im Widmungstext dieser Erinnerungen (Bd. I, S. 4).

Gemäß seiner Entstehung und Funktion war der Sektor der Geisteswissenschaften klein an dieser Hochschule, und erst zögernd weitete er sich zu einer Fakultät. Von den Kollegen wuchs einer uns in ungewöhnlichem Maße ans Herz, nämlich der Historiker Walter Bußmann, aus den Unruhstürmen der Münchner Universität das ruhige Land in Karlsruhe anstrebend, – nicht anders als wir Berliner. Er war berühmt als Historiograph Preußens und insbesondere der Bismarck-Epoche, und er war, ganz alter Offizier und ganz alter Ordinarius, dennoch auf gewinnende Weise anders als seine Generations- und Fachgenossen. Nämlich bar aller Konventionalität, in freundschaftlicher Liebe denen hingegeben, die dieser Liebe würdig waren: Schülern und Gefährten, Assistenten und Kollegen. Von dieser sich unbefangen äußernden Leidenschaft zur Freundschaft profitierten wir über alles Maß, und Bußmanns Parole »Schampus!« steigerte so manchen geselligen Abend zu einem glorreichen Fest. Er hatte der Widerstandsgruppe gegen den Tyrannen angehört und war auf unfassliche Weise nach dem 20. Juli 1944 der Rachemaschinerie entkommen, – nun war er, Militär mit einem zivilen Herzen, entschlossen, das Leben zu genießen, wo immer es Genuss versprach. Darüber seine historiografische Verpflichtung nicht versäumend und der Wissenschaft nebst Forschungen zu Bismarcks Politik unter anderem ein schönes Buch über den preußischen Vierten Friedrich-Wilhelm schenkend.

Wenn ich festgestellt habe, dass es zur Eigenart und Wesenseigentümlichkeit der alten Universität gehörte, dass sie nicht nur Originale duldete, sondern sie geradezu hervorbrachte, so ist festzustellen, dass Bußmann dieser liebenswürdigen Traditions-Figur zumindest nahe kam. Er, der ehemalige Wehrmacht-Hauptmann und prominente Historiker, hegte in seiner Brust eine kindliche Seele. Die ihn in aller Offenheit berichten ließ von den seltsamen Frauenbegegnungen seines Lebens, von den skurrilen Parolen im Zirkel einer tiefenpsychologischen Gruppentherapie, – und röchelnd überdeckte sein vergnügtes Lachen die Unzulänglichkeiten dieser Welt. Wie sie sich auch offenbarten in dem Chaos, das seinen Schreibtisch umtürmte und nur ihm den Schlüssel vermachte, mit dessen Hilfe die Bücherberge auf dem Boden umschritten werden konnten. Auf das Rührendste aber bewegte uns seine innige Verbundenheit mit seinem Lehrer Kaehler, den sein Gedächtnis immer wieder in dankbarem Sohnesgefühl zum Leben erweckte. Die Kraft zur Dankbarkeit, – auch sie eine Eigenschaft der Alten, um die wir sie beneiden, sie bewundern sollten. Bußmann starb 1993.

Die geografische Nachbarschaft zu »der ländlich Schönsten« verdichtete überdies das alte, in den lästigen Berliner Stürmen bewährte Freundschaftsverhältnis zu Eberhard Lämmert, der den Heidelberger Lehrstuhl der Literaturwissenschaft neben Arthur Henkel übernommen hatte. Er und seine Frau Luise geb. Martini, beide ursprünglich in Bonn zu Hause, besuchten uns oft, und wir bewanderten fahrend das gast- und genussfreundliche Land um die Rheinebene bis ins Elsass hinein. Das kleine und bescheidene Gernsbach an der Murg blühte über einige Jahrzehnte hin dank den mäzenatischen kulturellen Ambitionen der Industriellenfamilie Hoesch, und so begrüßten wir denn nicht nur Luise und Eberhard Lämmert, sondern als vortragende Gäste auch Uwe Johnson wie Fritz J. Raddatz wie Max Frisch wie Martin Walser und Gabriele Wohmann, hörten ihnen zu und feierten mit ihnen die alte oder neue Gemeinsamkeit.

Bis Lämmert dann, meinen Schritt auf seine Weise vorausnehmend, wieder nach Berlin zog und er das so ehrenvolle wie lastenreiche Amt des Präsidenten der FU übernahm, – es ausübend so streng wie vernunftgelenkt und sich bewunderungswürdig behauptend gegen die ungebärdig sich äußernden Fraktionen der unterschiedlichen politischen Interessengruppen.

Diese Universität hat ihm viel zu danken, ohne ihm den gebührenden Dank je ausgerichtet zu haben. Als sie ihn wieder freiließ, profitierte von ihrem Verlust wieder die Wissenschaft, der Lämmert nunmehr als Autor wie als Präsident der Schiller-Gesellschaft und zeitweise des deutschen Germanistenverbandes souverän dienen konnte.

Wir beide haben an so manchem Ort der Welt (Berlin und Bonn und Heidelberg und Gernsbach und Princeton ...) lange und so rede- wie weinreiche Abende und Nächte miteinander verbracht, und ich habe dankbar profitiert von Lämmerts kundiger Beschlagenheit im Bereich der Geschichte unseres Faches wie auf dem Felde der spekulativen Nachbardisziplinen, – schließlich auch auf dem irdenen Acker der Gesteine: denn es gehört die Petrographie zu seinen privat gehegten Leidenschaften. Der legendäre Münchner Germanistenkongress des Jahres 1966, der – nicht eben zu früh – das Fach konfrontierte mit seiner fatalen Geschichte im NS-Staat und ihren Repräsentanten und Ausschau hielt nach neuen Ufern, verdankt sich im Wesentlichen der Initiative Lämmerts (und den mit ihm verbundenen »Jungtürken«, wie Benno von Wiese sie nannte). Das Gelingen bleibt ihm treu dank seiner unbeirrbaren Überzeugung von der Richtigkeit und Gerechtigkeit seines Tuns. Ihm wie Luise Lämmert nach den vielen geografischen Umschweifungen auch räumlich wieder nahe zu sein zählt zu den Freuden unserer Berliner Spätphase.

Im späten Mittelalter dichtete ein urkundlich nicht fassbarer Mann seine Sangvers-Sprüche: Heinrich der Teichner. Und Eberhard Lämmert hat ihm seine Habilitationsschrift gewidmet, die 1970 als Buch erschien. Auch auf die Kunst der Meistersinger hatte der Teichner eingewirkt, also auch auf die Dichtung Hans Sachs', – zweihundert Jahre später. Mit dieser von sanfter Gewaltsamkeit nicht ganz freien Überleitung komme ich zu einem der wichtigsten Erlebnisse und Begebnisse während des hier zu behandelnden Zeitraums: zu Richard Wagner. Die Befassung mit seiner Kunst war ein »Erlebnis« im Diltheyschen Sinne, – lebensprägend also und ständig im rezipierenden Genießen das Verstehen fordernd.

MEIN WAGNER

Die Deutschen und ihr Wagner, eine unendliche Geschichte von Nietzsche über Thomas Mann und Adorno und Ernst Bloch bis zu Hans Mayer und weiter, – durch Dieter David Scholz in dialektischem Zugriff als »Ein deutsches Missverständnis« zusammengefasst (1997). Die bis ins Absurde getriebene Parteinahme für ihn und sein Werk, die bis ins Absurde getriebene Verurteilung von Person und Werk sind mittlerweile übergeglitten in Bahnen milderer Temperatur. Immer noch aber wird als »Wagnerianer« aufgespürt, wer sich mit ihm betrachtend und zuhörend, vor allem aber über ihn forschend befasst. Doch meine ich, diesen überholten Kampfbegriff reservieren zu müssen für alle jene, die auch heute noch dem Wahnfried-Wahn anhängen und die als Heilslehre und Erlösungsgewissheit kultisch verehren, was, lediglich als Kunst begriffen, an und in sich genügen kann. Der »Meister«, als welchen er sich selbst stilisierte, hat in einer Energieleistung, die in der Geschichte der Kunst einzigartig ist, sich als werkgewordene Person, als persongezeichnetes Werk zum Denkmal gemacht. Von ihm angelegt, von Cosima und den Ihren zur Glaubenslehre mit religiösem

Untergrund überhöht und zur säkularisierten Kirche geweiht.

»Neu-Bayreuth« hat mit diesem weihrauchsatten Zauber (Klingsor näher als Amfortas) ein Ende gemacht. Aber es bedurfte eines totalen Zusammenbruchs, um den Enkeln die Chance zu geben, »Neues zu schaffen«, und damit das Alte als das Eigentliche freizulegen.

Mein Weg nach Bayreuth war umwegreich. Der zehnjährige Knabe hatte, von der Mutter ins Opernhaus mitgenommen, den »Holländer« und den »Lohengrin« gehört und gesehen, – und das waren bewegende Erlebnisse. Mehr aber auch nicht, – und das heißt, der »Freischütz« und »Tiefland« machten ähnliche Wirkung, – mag sein auch »Zar und Zimmermann« und »Martha«, wie der Spielplan es grad lieferte, und sie wurden rezipiert im Kantschen Verstande als »ohnschuldige Sinnenlust«. Das galt dann schon nicht mehr für die großen Italiener, für Verdi vor allem, und nicht für Richard Strauss. Dabei ging es nicht um dessen silbrig lockenden, zärtlich verzuckerten »Rosenkavalier«, sondern um seine Eigentlichkeiten: die »Salome«, die »Frau ohne Schatten«, die »Arabella«. Womit in aufsteigender Linie auch die Bedeutung des Librettos angezeigt ist, das sich traditionsverhaftet einstmals zufrieden geben durfte mit der Vorführung der allseits gängigen Affekte und der Hoffnung auf ein *Lieto fine*. Das wurde anders mit Hofmannsthal.

Eines Tages indes war ich erwachsen genug, um

Wagner nicht mehr warten zu lassen. Der Auslöser dieses Vorgangs aber war ein Rundfunkmann, dem ich mit seinen eleganten Essays und Versen literarisch begegnet war, flüchtig begrüßt in der Gruppe 47. Dr. Wolfgang Buhl, Intendant des dem Bayerischen Rundfunk attachierten Senders Nürnberg.

Die würdige fränkische Stadt, von der Geschichte mannigfach versehrt und geschmückt, schuldete einem ihrer großen Mitbürger ein festliches Gedenken: Hans Sachs. Gestorben 1576, somit war im Jahre 1976 an seinen 400. Todestag zu erinnern.

Das sollte mittels eines Festvortrags geschehen, den zu halten Buhl mich einlud. Ich ließ ihn, für die Ehre dankend, wissen, dass im weiträumigen deutschen Liedersaal keine Stimme mich so wenig anrührte wie die des biederen Schusters und Meistersingers. »Meinem« Mittelalter nicht mehr angehörig und der neuen Zeit noch nicht teilhaftig, nach Stoff und Fantasie und Formvermögen angesiedelt außerhalb des Kreises meiner wissenschaftlichen und ästhetischen Interessen. Wohl aber, so ließ ich Buhl in einem erleuchteten Augenblick wissen, könne und wolle ich versuchen, Hans Sachs gerecht zu werden in der Brechung dieser Gestalt durch Wagner in seinen »Meistersingern«. Buhl stimmte komplikationslos zu, – und es wurde dann ein schönes Fest daraus mit ihm und seiner Frau und seinem Mitarbeiter Rainer Lindenmann und den vielen sich der sommerlichen Nacht freuenden Menschen.

Nun aber ließ dieser Wagner mich nicht mehr los.

Da war allererst die Figur dieses Sachs zu begreifen, der sich mit peinlich nationalpathetischen Tönen verabschiedet, – und der doch ein ganz anderer ist: nämlich ein Entsagender, der auf ein mögliches Liebesglück verzichtet um der Glückserfüllung anderer willen: des jungen Paares. Der möglichen Glückserfüllung. Weiter dann: Über das Motiv der »Verkauften Braut« war nachzudenken: so Evchen wie Isolde, so Senta wie Elsa, so auch inmitten des Spannungsgefüges der Ring-Tragödie schließlich Brünnhild. Ich hatte ursprünglich diese tastende Neigung hin zu Wagners Werk vor mir selbst begründet mit der unbestreitbaren Einsicht, dass unter allen, die das Mittelalter in die Neuzeit hineingetragen haben, unter den Dichtern und Historikern, den Malern und Baumeistern und Musikern nicht einer der Transporteure in solch mächtigem Maße gewirkt hat wie Wagner. Auf meine begrenzte Weise als Philologe war ich angetreten, ein Mittler des Mittelalters zu sein, – diese Bemühungen waren und blieben naturgemäß fragil und auswählend, nun hatte ich es zu tun mit dem, der für das 19. und 20. Jahrhundert das Mittelalter schlechthin repräsentierte. Ein Missverständnis, aber ein fruchtbares. Und seinen Ursprüngen und den Eigentümlichkeiten von Wagners Werk nahe zu kommen machte ich mich auf und schrieb in den Jahren seit 1976 die Seiten voll und füllte mit ihnen sechs Bücher und ungezählte Aufsätze und verglich Inszenierungen und konsultierte die in Punkt und Kontrapunkt sich offenbarende Familie und durfte nach etwa zwanzig Jahren der Meinung sein, den großen Tragiker Richard Wagner, den letzten in der Tradition abendländischer Dichtung, um einiges deutlicher gezeichnet und fasslicher vorgestellt zu haben, als das den schier grenzenlosen Bemühungen der klügsten und der gelehrtesten, aber auch der verwirrtesten und irrtumsfrohesten Köpfe der Kulturgeschichte über anderthalb Jahrhunderte hin gelungen war. Ihnen indessen beharrlich verpflichtet, – und es bleibt ja eines der Wagner-Mirakel, dass seit Nietzsche kein Großer im Geiste mehr an ihm vorübergehen konnte. In Verehrung und Verachtung, in Bewunderung und Abwehr.

Damit aber habe ich nur Stückwerk geleistet, vielmehr mich mit der Behandlung von Stückgut begnügt. Denn den Kosmos seiner Musik musste ich, begrenzter Kompetenz halber, anderen zur Analyse und Deutung überlassen, – allen voran dem souveränen Gelehrten Carl Dahlhaus, neben dem ich einige kollegiale Jahre an der Berliner Technischen Universität verbringen durfte, – und der so sinnlos früh verstarb (1989).

Wagners Musik angehend, der ich nie das letzte Wort streitig gemacht habe, so hat man, eines Versuchs ihrer präzisen Beschreibung nicht Herr werdend, ausweichend gern von der diffusen Wirkung einer ›Droge‹ geredet. Damit meinend, was aller Musik eigen, in der Wagners aber am intensivsten verwirklicht ist: die Vereinnahmung des Gefühls, ja dessen totale Bemächtigung jenseits aller rational kontrollierenden Kategorien durch den ins Innerste des Empfindungssystems dringenden Klang. Dem man, wenn man ihm mit Begriffen wie »Zauber« und »Rausch« nahe zu kommen sucht, kaum gerecht wird, – da er doch das Resultat eines virtuosen Ton-Setzertums ist, des Vermögens eines auf die Spitze getriebenen Raffinements der Instrumentationskunst, die jedem einzelnen Instrument gerecht wird, ihm seinen spezifischen Eigencharakter entlockend und im Ergebnis ihrer Gesamtheit das Einzelne wiederum vergessen machend. Und den Empfindenden trans-zendieren lässt in jene Zone, die höher ist denn alle Vernunft. Ferruccio Busoni, gewiss kein »Wagneria-ner«, sagt es unübertrefflich in seinem *Entwurf einer neuen Ästhetik der Tonkunst* (1916): »Wagner, ein ger-manischer Riese, der im Orchesterklang den irdischen Horizont streifte, der die Ausdrucksform zwar stei-gerte, aber in ein System brachte (Musikdrama, Deklamation, Leitmotiv), ist durch die selbstgeschaf-fenen Grenzen nicht weiter steigerungsfähig.« Trans-zendenz also, und »System« gegen die irrationale Kategorie des »Rausches«. (Und amüsiert mag man zur Kenntnis nehmen, dass hier der elegante Romane aus Empoli und Wahl-Berliner, nach eigenem Wort ein »Anbeter der Form«, den Gnom aus dem Säch-sischen einen »germanischen Riesen« nennt ...)

Dass Wagner unter den Deutschen – wie Nietz-sche – ein widerspruchsreiches Missverständnis war, gilt uns als ausgemacht. Dass seine Kunst aber in spezifischem Sinne »deutsch« sei, in Gunst und Hass, begleitet als Behauptung seinen Nachruhm mit Rätselauflagen. Was »deutsch« sei, darüber hat er sich ja in großer und ihm eigener Ausführlichkeit geäußert (vor allem in der Schrift »Was ist deutsch?« von 1865), wie er denn immer und überall meinte, sich zu Worte melden zu müssen. Dabei läuft es doch letztlich darauf hinaus, dass all sein abundierendes Räsonnement, es gelte dem Vegetarismus oder der Vivisektion oder aber eben dem Deutsch-Begriff (womit wir wieder bei den »Meistersingern« und Hans Sachs wären), zu keiner Zeit und an keinem Ort je einen anderen Zielpunkt hatte als das eigene, das künstlerische Ich. Das Ich als Inbegriff der Kunst. Die Kunst wiederum als der Versuch, die Welt neu zu erschaffen, – was die Forderung einschloss, die alte zu zerstören. Das ist die Formel für seinen Nibelungenring, »Deutsches« wird die Vernunft aus ihm so wenig heraushören wie genuin Germanisches, seine mythische Welt war die der selbst erfundenen Götter und Dämonen und ganzen und halben Menschen, das mittelalterliche Gewand war nichts als Schale und Hülle, er hätte seine philosophische Kolossalinstallation auch mit Hilfe der Götter und Helden Griechenlands ausführen und aufführen können, – nur war eben diese Bühne schon durch die Alten reich besetzt.

Insofern ist die Plakatierung »Mittler des Mittelalters« nicht viel mehr als eine Außenformel, sie prätendiert eine andere Wahrheit als sie in sich birgt. Es geht nicht um »Richard Wagner und das Mittelalter«, es geht um *ihn* und *sein* Mittelalter. Was Hitler und

die Seinen bewogen haben mag, sich seines grund-
tragisch-hoffnungswidrigen Konzepts mit penetran-
ter Vehemenz anzunehmen, bleibt letztlich rätsel-
haft, – man kommt bei genauem Betracht zu keinem
andern Schluss als dem: Sie haben ihn nicht verstanden. Es sei denn, es wäre ihrem Ideenrepertoire,
wäre Hitler seit seinem spätpubertären »Rienzi«-Er-
lebnis (Linz 1907) als Grundmuster des wahnhaften
Welteroberungsanspruchs von allem Anfang an die
wütende Sehnsucht nach Selbstzerstörung, die schau-
rige Lust zum totalen Tode im Flammenbrand eingeschrieben gewesen. Was wiederum zu der hilflosen
Frage führt, ob dieser dunkle Trieb zur Selbstauf-
hebung »typisch deutsch« sei.

Es war 1980 am abendlichen Tisch in unserer
Charlottenburger Wohnung, dass wir diese Fragen
und angrenzende erörterten mit Syberberg und der
unvergessenen Susan Sontag. Ich, Wolfram von
Eschenbach und seinem Parzival herzlicher zugetan
als dem Parsifal Wagners, erlaubte mir den inszenato-
rischen Hinweis: es sei denn doch der »Parsifal« mit
seinen nahezu fünf Stunden reiner Aufführungsdauer
ein wenig zu lang, – und provozierte einen vesuvischen
Ausbruch Susan Sontags: »The Parsifal is much too
short …!«

In Bayreuth aber ist in der Tat keine Stunde zu
lang. Dieses freundliche Städtchen inmitten einer sehr
deutschen Landschaft (hier kann man die heikle Prädikatisierung getrost wagen) wird einmal im Jahr für
dreißig Tage zu einem Weltmittelpunkt. Sein Weich-

bild betretend, beflügelt sich der Schritt, erhellt sich der Sinn, verklärt sich der Geist, man ist Bürger eines Musenstaates und jeder ist dem andern wohlgesonnen. In dieser sich in spröder Schlichtheit ausbreitenden Landschaft, in dieser bescheidenen kunstliebenden Residenzstadt mit rokokofeinem Opernhaus und Schloss und Park gedeiht nicht, was andernorts zur Festspielzeit abgleitet in die selbstgenügsame Prunkfeier der »Gala«. Man ist in Bayreuth ganz eingewoben in das jeweilige Tagesthema, die Gäste freuen sich ihrer Abendkleidung, aber sie wollen mit ihr nicht Sensation machen, der freie Morgen gehört der Wiederbegegnung mit dem Textbuch, der Nachmittag setzt ein mit dem langen Weg hinauf zum Grünen Hügel, zum Festspielhaus, das der Herr des Geschehens hat maßfertigen lassen für seine Kunst. Und so ist es: Jenseits der sich anbietenden Formeln und Bilder sucht die Sprache vergebens nach der Möglichkeit, wiederzugeben, was sich in dem Besucher ereignet, wenn im amphitheatralischen Innenraum die Leuchten matt werden und dunkel dann und das Haus, dieses mächtige Holzcorpus, vibriert in atemloser Stille, – bis sich der Klang erhebt aus dem (allzu oft zitierten) »mystischen Abgrund«, – der Klang, der nur hier erklingt und nur diesem Haus und seinem Herrn und Werk eigen ist. Da wird alles Wagnerianertum, wird die weihrauchgeschwängerte Kultgebärde zu einer freundlichen Gleichgültigkeit und verbleicht vor der innigen Leuchtkraft des Werks. Das an diesem Ort ursprünglich musterhaft aufgeführt wurde, heute kann man künstlerisch glanzvollere Aufführungen in anderen Opernhäusern erleben, – aber nur hier gibt es die Weihe des Authentischen, die auch das Mittelmaß über sich selbst hinaushebt.

Einem besonderen Reiz sind überdies die Generalproben verpflichtet, und wer Glück hat, von Gudrun und Wolfgang Wagner zu ihnen eingeladen zu werden, der erlebt hier ohne Smoking und Abendkleid die erste Reaktion der Kenner und Experten, der professionellen Kritiker, der Künstler-Kollegen, und die der wahren Vertrauten: der Zimmerwirtinnen und der Angehörigen der Musiker und der Gaststättenwirte, – und da kann man den Gesprächsfetzen der Pause entnehmen, »was für einen *Wälse* der drauf hatte«, der James King nämlich ...

Es war im Sommer des Jahres 1986. Der Deutsche Akademische Austauschdienst hatte zu einer Literarischen Tagung nach Florenz eingeladen. Unter den Rednern auch Jürgen Habermas, er sprach über Heine, das mir anvertraute Thema habe ich vergessen. Da kam die lähmende Nachricht vom Reaktorunglück in Tschernobyl über uns, – und ein jeder machte sich seine Gedanken und mehr. Wir wohnten mit Habermas und seiner Frau im gleichen Hotel und hörten, wie sie ihre Haushälterin daheim mahnten, die Katze nicht in den Garten zu lassen, damit sie sich nicht vergiftete durch den Kontakt mit dem kontaminierten Gras.

Ein Vorgang, der nicht vergessen sein sollte und

mich zu einem aus dem Innersten hervordrängenden Bekenntnis ermutigte, spätabends an der Bar. Und zwar gestand ich, es habe mich in meinem Erlebnisraum nichts nachhaltiger belehrt und tiefer bewegt als das Wesen von Wagners Werk – und das Wesen von Katzen. Es vergingen vierundzwanzig Stunden, und wieder saßen wir an der Bar, da äußerte sich Habermas wie folgt: »Herr Wapnewski, es wäre der Reifung und Ausstattung Ihres inneren Erlebnisraums sehr zugute gekommen, wenn Sie sich beschränkt hätten auf die Belehrung durch Katzen.«

Hier irrte Habermas.

Ein so beliebtes wie müßiges Unterfangen: die Festspiele gegeneinander auszuspielen, – vor allem, versteht sich, die in der Wertordnung Ersten: Bayreuth und Salzburg. Ich nähme noch Ansbach hinzu, – und hatte für meinen Bedarf Glücks genug mit ihnen dreien.

Übrigens hilft die Beschränkung. Wo es nur um Bach geht und nur um Wagner, mag noch so viel »Innovation« angekündigt sein, es bleibt doch die Konzentration der thematischen Eingrenzung. Und hilfreich ist in Bayreuth auch eine gewisse durch die Landschaft und ihre historische Tradition bedingte Provinzialität. Ganz anders Salzburg, das in all seinem gesellschaftlichen Glanz doch gefährdet ist durch die wechselnden Launen der sich auf dem Weg über die Finanzierung eigenwillig einmischenden politischen Obrigkeit; sowie durch die Not, kein konsistentes Ideenkonzept zu haben, das sich identifiziert mit den Festwochen. Die allein vom »Jedermann« und von Mozart und von Strauss nicht leben können. Die Geschichte von Stadt und Territorium verantworten es, dass diese Festspiele »offen« sind, – das ist ihre Bedrohung wie ihr Charme. Dessen Welt- und Geschichtshaltigkeit ich mit Hilfe eines schlichten Briefes inne wurde. Das war zu den Osterfestspielen 1999. Abbado dirigierte, die Berliner Philharmoniker spielten den »Tristan«, die Inszenierung durch Klaus Michael Grüber verblasste hinter dem – hier greife auch ich nach dem Hilfsbegriff – *Wunder* der Musik, der Abbado die letzten verschwebenden Zaubertöne entlockte, bis höchste Lust sich im Unbewussten auflöste. Der Intendant der Philharmoniker Elmar Weingarten hatte mir den einführendbegleitenden Vortrag anvertraut über den Tristan-Stoff im Mittelalter, so war ich aus der passiven Rolle des Gastes herausgewachsen in die des Teilhabenden, ja Mitwirkenden. Was mir aufs Liebenswürdigste demonstriert wurde durch den Willkomm im Hotel. Es erwartete mich eine Flasche Champagner, eisgekühlt, das war schon verheißungsvoll. Aber seine Nobilitierung erhielt der »Krug« durch die beigefügten Zeilen der Festspielleitung, die mich ermunterten, unter der angegebenen Handynummer anzurufen, wofern ich irgend Fragen hätte. Diese »freundlichen Grüße« aber waren unterschrieben – man liest es zwei Mal und traut dem Auge nicht –: »Ihre Camilla Habsburg-Lothringen«. Da reißt die Szene auf, die Weltgeschichte bemächtigt sich des einsamen Gastes, plötzlich ist die Casa d'Austria seine Gastgeberin, vage Erinnerungen kreuzen das Gedächtnis, Maria Theresias kaiserlicher Gatte Franz I. war ja Herzog von Lothringen, und spanische Provinzen erblühen und fallen ab und ganz Europa bietet sich dar in den Schnüren eines Netzes von dynastischen Verflechtungen. Und Türkenkriege, und pragmatische Sanktion und hispanische Mönche wölben sich domgleich über den verwirrten Gedächtnispfaden, – und siehe, der nächste Tag bringt die erwünschte persönliche Bekanntschaft, und da steht man nun einer jungen Frau gegenüber, die wahrhaftig die Urenkelin des Herzogs der Toskana ist und deren Tenue sich ausweist durch jene unbefangene, fragile Höflichkeit, die in der Kultur der Form aufbewahrt ist und die nie lernt, der sie lernen *will* ...

Wagner also, er hat unser Leben wesentlich verändert, Monica und ich verdanken ihm ungezählte Abende in den Opernhäusern der Welt, vor allem natürlich Bayreuths. Wir verdanken ihm ungezählte Begegnungen mit Menschen, die uns wichtig wurden. Vor allem mit den Wieland-Töchtern Daphne und Nike, und mit Nike verbindet uns eine der wesentlichen Lebensfreundschaften. Sie hat, als die Großmut der TU Berlin mich mit der Würde eines Ehrensenators bedachte und ihr die Laudatio anvertraute, mich durch ihre Rede bis zur Unkenntlichkeit erhoben und mich begreifen lassen, dass nur der Lorbeerbaum selber die Grazie hat, den anderen mit dem Lorbeerzweig zu schmücken ... Sie – nebst ihrer

Schwester Daphne – gibt des großen Hauses rüh-
menswertes Teil weiter; und macht nicht etwa vergessen, wohl aber ertragen, was dem Namen an Wid-
rigem anhaftet. Nunmehr leitet sie schon im dritten
Jahr das »Kunstfest Weimar« und huldigt ihrem Ur-
Urgroßvater mittels des dem Musikprogramm ver-
liehenen Titels »pèlerinages« (der sich dem Klavier-
zyklus Franz Liszts verdankt). Sie macht Kultur? Ja,
denn sie ist Kultur.

Mit der Wagner-Welt in mir und um mich könnte
ich erzählend wohl mehr als ein Buch füllen. Das
geht hier nicht an, der ich nicht ein individuelles
Leben, sondern die Zeit beschreiben will, die ein
Mensch auf seine Weise erlebte. Mit diesem Gedanken ist auch ein Abschied winkender Gruß verbunden an zwei bedeutende Wagner-Regisseure, deren
Arbeiten ich oft begleitet habe: Götz Friedrich in
Berlin. Und August Everding in München. Nach-
trauernd dem einen wie dem anderen.

Everding war ganz und gar ein Mann des Theaters,
die Einübung der Rollen war ihm ein Naturbedürfnis,
midasgleich verwandelte er, was er berührte, in das
Gold des Maskenspiels. Seine tätige Liebe galt der
Oper, und in der berühmten Unmöglichkeit dieser
Kunstform schuf er das Mögliche: die Kaskaden der
üppig sprudelnden Spiel-Lust auffangend im Becken
des Maßes und der Ordnung. Seine Inszenierungen
waren nie das die bizarre Willkür des Spielleiters ver-
herrlichende »Event«, und schnellfertige Kritik an
seinem Wirken ahnte nicht, wie innig man sich später

in der entfesselten Regietheater-Phase zurücksehnen würde in die stabilisierte Harmonie seiner Entwürfe.

Ein Mann des Theaters ganz und gar, – und ein Glückskind des Daseins, das Leben so liebend wie von ihm geliebt. Die Dinge allemal ernster nehmend als sich selbst, voll des Witzes und jenes Humors, der das Mittel ist, die Unzulänglichkeit dieser Welt zu erkennen, – und sie zu ertragen. Auch anderen zum Ertragen verhelfend. Im Innersten – nicht anders als seine Frau, die Ärztin Gustava, und seine Kinder – von tiefem religiös verankertem Ernst geprägt.

Er beherrschte, genussfroh und daseinsfreudig, die größte aller Lebenskünste: die das Leben überwindende. Ich habe ihn in seiner letzten Phase viele Male erlebt, als die tückische Krankheit ihn schrittweis von innen aushöhlte. Man konnte von ihm lernen, was eine schwarze Gattung mittelalterlicher Literatur lehrte: die *Ars moriendi*. Er ging den letzten Weg ohne jegliche Klage, ohne irgendeine Mitleid heischende Gebärde. Er ging ihn so tapfer wie gefasst, getreu bis in den Tod …

Es kennzeichnet den wahren Theatermann, dass er nicht eine Rolle spielt, sondern dass er seine eigene Rolle ist. Identisch mit ihr. Extemporierend, das heißt aus dem jeweiligen Augenblick reagierend, – und zwar richtig.

Ein Beispiel nur von ungezählten: Fernsehinterview. Thema: Nutzen und Schaden des ins Deutsche übersetzten fremdsprachigen Opernlibrettos. Großer Aufwand, einschlägige Literatur war ausgesandt wor-

den an die übrigen Teilnehmer schon Wochen zuvor.
Am ausgemachten Ort zur ausgemachten Stunde bau-
ten sich auf: Kamera und Ton und Aufnahmeleiter
und Maske und Gesprächsleiter. Mit wenigen Minuten Verspätung erschien Everding, im flatternden
Havelock. Ich öffnete ihm die Tür, – und der Gruß-
formel schickte er stoßatmend die Frage voraus:
»Worum geht's?« ...

Worum es auch immer gegangen sein mag, es ging
gut.

DER NOTENSCHLÜSSEL

Reichen Ersatz – aber eben Ersatz – für meine in der Kunst der Umsetzung defiziente Liebe zur Musik und mein Gefühl des Ungenügens gegenüber ihrer Auf- und Vorführung schenkte mir über ein Jahrzehnt hin der Südwestfunk, der auf Betreiben seines Fernsehdirektors Felix Schmidt eine nur der Musik (die sich prinzipiell ja dem optischen Medium Fernsehen verweigert) gewidmete Reihe konzipiert hatte: »Notenschlüssel« geheißen. Da habe ich unter der kompetenten Anleitung des Redakteurs Bernhard Pfister wohl an die hundert Sendungen bestreiten dürfen im Gespräch mit den Meistern der musikalischen Künste. Auf diese Weise durch die geografische und künstlerische Welt reisend und das Glück nachhaltiger Begegnung erlebend im Umgang mit Aloys Kontarsky und Gidon Kremer und Pierre Boulez und Rolf Liebermann und Giuseppe Sinopoli und Michael Gielen; und Regisseuren wie August Everding und Götz Friedrich und Peter Mussbach und Jean-Pierre Ponnelle und Harry Kupfer; und Sängern wie Dietrich Fischer-Dieskau und Hermann Prey, – und der wunderbaren Catarina Ligendza (meiner Lieblings-Isolde), die auf dem Höhepunkt ihrer

Karriere zurücktrat, leise und ohne jegliche Versuchung, aus ihrem Abschied ein Spektakel zu machen.

So traf ich auch zusammen mit Nikolaus Harnoncourt und Jürgen Flimm, dem seit dem Monteverdi-Zyklus so erfolgreich inszenierenden Künstlerduo, dessen Korrespondenz sich vielleicht erklärt aus dem Einklang ihrer Gegensätzlichkeiten, einer Concordia discors: der Verbindung des altadeligen Musikers, stammend aus der österreichischen musikträchtigen Kulturtradition, mit der spielfreudigen Handfestigkeit rheinischen Diesseitssinnes. Es ging um eine Inszenierung von »Così fan tutte«, und wir waren uns sehr bald einig in der Erkenntnis, dass dieses sich als *giocoso* vor- und verstellende *Dramma* das traurigste ist unter den Da Ponte-Mozart-Werken, eine Geschichte von der verfehlten und vertanen Liebe, die Szene spannte ein schwarzes Segel über das scheinbare *Lieto fine*. Das war in den siebziger Jahren in Amsterdam, es spielte das Conzertgebouw Orchester.

In Amsterdam war es auch, wo ich Peter Greenaway kennen lernte und die irisierenden Farben seiner kaleidoskopartig wechselnden Film- und Theater- und Bild- und Musik-Kunst im Gespräch zu verstehen versuchte. – Des Weiteren: Auf Europas letzten Inselriffen im schottländischen Norden suchten wir Peter Maxwell Davis heim, von Wogen und Möwen umspielt …

Wir besuchten auch das »Festival di Due Mondi« des greisen Gian Carlo Menotti in Spoleto, der wie ein Fürst gefeiert, aber eben auch geliebt wurde von der Grafschaft seiner Gemeinde. Im Zauber seines Gartenparks, dem nächtlichen, erlebten wir die fackelflackernde Unwirklichkeit eines wirklichen Gaukelspiels, der Nachtwind strich über die Zauberpracht von Tönen und Farben, die Natur spielte das Spiel mit und die Zypressen und Oleander und Kamelien neigten sich vor dem Herrn dieser Herrlichkeit und seiner Gärten.

Mit manchen aus dieser Künstlergesellenschar gab es dann später auch wohl ein Wiedersehen im Wissenschaftskolleg, so mit dem chevaleresken, also keinem Turnierkampf ausweichenden Gérard Mortier. Und mit dem sich knäbisch gebärdenden und doch so fantastisch-sensiblen Regisseur Peter Sellars.

»GOETHE«

Es war in dieser zehnjährigen Karlsruher Phase auch die Möglichkeit, sich dem zu widmen, was mit einem von Peinlichkeit nicht freien Nebenklang »Management« heißt: nämlich der Kultur- und Wissenschaftspolitik. In dem hochkomplizierten Gebilde einer demokratisch gegliederten Gesellschaft und ihrer partikularen Egoismen kann weder die Kultur noch die Wissenschaft gedeihen ohne die ordnende Hand, die der Politik das ihre gibt und sorgt, dass sie nicht zu viel nimmt, das heißt die garantierte Autonomie dieser kulturfördernden Organisationen schützt und stärkt.

Da ist das Goethe-Institut, landläufig nur »Goethe« genannt. Seinem Präsidium habe ich ein Vierteljahrhundert als Vize-Präsident angehört und versucht, seiner großen Aufgabe in ungezählten Sitzungen beratend nützlich zu sein. Überdies bestrebt, in Reisen über alle Erdteile die Idee und die praktische Arbeit des Instituts zu vertreten, zu rechtfertigen und zu stärken.

Über drei Wahlperioden, das heißt über zwölf Jahre hin habe ich neben dem Präsidenten Klaus von Bismarck gestanden und seine Redlichkeit und Entschiedenheit zu achten gelernt. Das Erbe des alten Landadels und der preußischen Offiziersehre wurde durch seine Beharrlichkeit und Festigkeit beglaubigt, die ihn in schwierigen Phasen seiner Präsidentschaft lenkten und ihm die Sicherheit gaben, sich gegenüber dem Übermut der Ämter zu behaupten. Sein Nach-Nachfolger Hilmar Hoffmann, legendär sein Ruhm und Ruf als Kulturreferent der Stadt Frankfurt am Main, ging wie der Sturmwind über die mit Hindernissen reich bestückte Landschaft des kulturpolitischen Parcours. Er brauchte keine Türen einzutreten, sie öffneten sich von selbst, wenn sie sein Kommen spürten. Die Einschränkung der finanziellen Mittel, unter denen seine Amtszeit zu leiden hatte, kompensierte er nach Kräften durch seine nahezu magische Fähigkeit, Sponsoren zu gewinnen und erhebliche Geldmittel aus deren Füllhorn dem Institut zukommen zu lassen. Das Geheimnis seines Erfolgs war der treue unverbrüchliche Glaube an sich selbst und sein Glück. Ich habe mich bemüht, ihm hilfreich zur Seite zu stehen inmitten von Turbulenzen, wie sie auch innerhalb des Instituts nicht ausbleiben konnten, wenn man bedenkt, dass »Goethe« zeitweilig über 4000 bis 5000 Mitarbeiter zählte.

Kultur zu betreiben in staatlichem Auftrag; Kultur darzustellen ohne prahlende Geste, – und oft fern dem Mutterhaus in fremdem Land: Das erzeugte mannigfache Schwierigkeiten und rührte auch an die Bereiche von Stil und Geschmack, – Probleme, denen gerecht zu werden Vorstand und Präsidium sich redlich bemühten, ohne aber immer die Zufriedenheit aller ernten zu können. Ich persönlich habe Hilmar Hoffmann vor allem das eminente Maß an Fairness zu danken, das sein Denken und Handeln auch mir gegenüber regierte, und die stete impulsive Herzlichkeit, die er mir über Stock und Stein entgegenbrachte. Und wenn in einem Rathaus-Saal ihm das Goldene Buch der Stadt aufgedrängt wurde zum Eintrag des Namens, wich er nicht, bevor nicht auch ich – ungerufen – meinen Namen dazusetzte.

Der Verfassungsrechtler Wilhelm Kewenig war schon jung von seiner Kieler Universität zum Rektor gewählt worden. Als solchen lernte ich ihn 1974 kennen anlässlich einer pittoresken Dienstreise durch Brasilien. Die uns wenig von Land und Leuten erfahren ließ, weil wir von einer offiziellen Instanz zur anderen befördert wurden mittels air-condition-gekühlter Limousinen im Auftrag auswärtiger Kulturpolitik. Kewenigs Bedeutung später als Vorsitzender des Wissenschaftsrats und als Wissenschaft- und Kultursenator Berlins erklärt sich auch aus dem Umstand, dass er Autorität ausstrahlte, ohne sich je autoritär zu gebärden. Seine Erscheinungsform war eher zart und fragil und von einer stillen, in sich zurückgenommenen Vornehmheit, – die ihn nicht hinderte, hart und entschieden zu argumentieren und zu bestimmen auf dem Felde, für das ihm Verantwortung anvertraut war. Seine Souveränität verhinderte auch, dass er parteipolitisch handelte, wo überparteiliches politisches Handeln notwendig und angemessen war. Über die Gemeinsamkeit im Wissenschaftsrat wurden wir zu Freunden, und diese Freundschaft bewährte sich folgenreich in der Zeit, als ich, Rektor des neu gegründeten Wissenschaftskollegs zu Berlin, in allem Tun und Lassen angewiesen war letztlich auf das Wohlwollen meines zuständigen Senators. Und das war über die wichtigsten Jahre hin Wilhelm Kewenig.

Er konnte politisch handeln und denken, ohne doch ein Berufspolitiker zu sein. So zog er sich dann zurück in die Jurisprudenz als Wissenschaft und praktische Vernunft und arbeitete als Rechtsanwalt in Frankfurt am Main. Noch nicht 60 Jahre alt, ist er gestorben, plötzlich sich und seinen Freunden entgleitend, nach wie vor nicht begreiflich.

Die Lehrjahre indessen, deren Schule mich zu »Goethe« und zum Wissenschaftsrat führte, verdanke ich dem DAAD (Deutscher Akademischer Austauschdienst). Eine Organisation unserer Universitäten, die deren Außenbeziehungen wahrnimmt, insbesondere durch den Austausch von Professoren und die Entsendung von Lektoren. Im Jahre 1970 war ich aufgestellt worden als Kandidat für die Präsidentschaft durch die Vorschläge des Auswärtigen Amtes und der Rektorenkonferenz. Ich unterlag in dieser Wahl dem zwölf Jahre jüngeren Romanisten Hansgert Schulte, der sich innerhalb des DAAD schon hoch verdient gemacht hatte als dessen Emissär in Paris.

Es hätte sich diese Konstellation als eine der Rivalität und der Enttäuschung auf der einen, des Trium-

phes auf der anderen Seite peinlich auswirken können. Es kam zum Gegenteil, Schulte und ich wurden
ein brüderliches Paar, und ich habe als sein Vizepräsi-
dent dem DAAD sechs Jahre gedient. Auf solche
Weise lernend, was Kulturpolitik vermag und wo
ihre Grenzen sind. Schulte lenkte dieses hochkompli-
zierte Gremium über viele Jahre mit leicht scheinender und doch entschieden prägender Hand und
kehrte schließlich auf seine Professur an der Sorbonne
zurück, – vielen seiner Bonner Mitarbeiter nach wie
vor schmerzlich fehlend. Hansgert Schulte ist ein
lebensdankbarer Mensch, und dieses daseinszuge-
wandte Temperament war eine glückliche Voraussetzung für unser jahrelanges Miteinander im Dienste
unserer Universitäten und ihrer Außenwirkung.

Die Gruppe 47

Immer noch kann man gelegentlich lesen, es sei dieser oder jener ihr »Mitglied« gewesen. Sie hatte keine Mitglieder, sie hatte nur ein Zentrum, und das war Hans Werner Richter. Meine erste, allerdings sehr indirekte Begegnung mit ihm geht zurück auf das Jahr 1947.

Im April dieses Jahres erscheint das sechzehnte Heft einer Zeitschrift, die sich im Untertitel nennt: »Unabhängige Blätter der jungen Generation«. Es handelt sich um ein ursprünglich im britischen Kriegsgefangenenlager entstandenes Organ: den »Ruf«, den Richter zusammen mit Alfred Andersch herausgab mit dem erklärten Ziel, Sozialismus und Demokratie über das Instrument des literarischen Wortes zu einer politischen Wirklichkeit in Deutschland zu machen. Die unabhängigen Blätter erwiesen sich als allzu unabhängig, die amerikanische Militärregierung stellte sie bloß in ihrer Abhängigkeit, verbot das weitere Erscheinen: nach acht Monaten war Hans Werner Richter wieder ein »Geschlagener«.

Dieses letzte Heft aber zeichnet sich durch eine Kuriosität aus. Es nennt im Impressum einen Beiträger, von dem sich auf keiner Seite auch nur eine

Zeile findet. Was seine Erklärung darin hat, dass eben jener Raum, der für den Abdruck seiner Gedichte vorgesehen war, in letzter Minute einen anderen Text bringen musste, nämlich den der erzwungenen Abkündigung. Das Impressum mit seinem, auch meinem Namen aber widerstand dem trostlosen Abgesang und blieb, wie es zuvor gesetzt war.

Es handelt sich um meine frühe und – wie ich bald einsah – sehr entbehrliche Lyrik, die auf solche Weise der Willkür der Herrschenden zum Opfer fiel. Es sei ihnen gedankt, wer weiß, welch fatale Versuchung vielleicht ausgegangen wäre von einem unvermuteten Erfolgserlebnis ...

Hans Werner Richter jedenfalls lud auf seinen legendären Postkarten nach eigenem Belieben den oder die zu den Tagungen ein, die ihm gefielen. Zu diesem Kreis gehörte ich spät erst und war als Mittelalter-Germanist eher eine Randfigur. Die erste Tagung, an der ich teilnahm, war auch die letzte: Jene berühmt-berüchtigte des Jahres 1967 in der »Pulvermühle«, hier traf ich auf Augstein und seine schöne, weder erste noch letzte Frau Maria (süperbe Übersetzerin unter dem Mädchennamen Carlsson) und auf Raddatz und Reich-Ranicki und auf Lenz und Walser und Joachim Kaiser und Gabriele Wohmann und Hildesheimer und viele, die der lebhaften Erinnerung und mehr als bloßer Erwähnung wert sind. Aus mancher dieser Begegnungen erwuchsen Freundschaften, – am intensivsten die mit Reinhard und Hille Baumgart und mit Fritz Raddatz. In Baumgarts

Lebenserinnerungen (*Damals*, 2004) kann man über die Gruppe und ihre Zusammenkünfte Genaueres erfahren, als ich zu liefern vermag. Den Zutritt übrigens verdanke ich Reinhard Lettau, dem schon im Harvard-Kapitel rühmlich erwähnten. Inzwischen war er zu einem geachteten, bewunderten und geliebten Schriftsteller avanciert, sehr eigenwillig und eigenartig, und seine souverän mit dem Umbau der Wirklichkeit befassten Erzählungen waren angesiedelt zwischen Kafka, Hildesheimer und Herzmanovsky-Orlando. Ähnlich seinen poetischen Spielfiguren waren auch seine sich in skurrilen Aktionen offenbarenden politischen Leidenschaften. Die Pulvermühlen-Tagung lief aus, wie die Tradition es befahl, in einem bacchantischen Tanzfest, und inmitten der Tanzfläche immer wieder Lettau, verzückt den Beatles-Song singend: »All you need is love ...« Womit er ja nicht Unrecht hatte. Als wir ihn zu Grabe trugen (1996 in Berlin), taten wir es im Bewusstsein unserer weiterlebenden dankbaren und liebevollen Erinnerungen. Darunter unser Besuch 1972 bei ihm in La Jolla, als er Professor war an der University of California (San Diego). Die Wäsche der Gästebetten roch noch stark nach dem Gast der vor uns war, nämlich Ferlinghetti, und das meint nach Haschwolken. Wir konnten damals Lettau gerade freudig gratulieren zu seiner Entlassung aus dem Gefängnis, in das man ihn gesteckt hatte, weil er einem auf dem Universitätscampus für den Eintritt in die Armee werbenden Captain die Mütze vom Kopf gefegt hatte.

Leider war dieser Offizier zufällig ein Schwarzer. Lettau brachte uns dort auch zusammen mit Herbert Marcuse, der gleich ihm in San Diego lehrte, und auf weiten Spaziergängen am Meeresufer lernten wir einen milden und klugen alten Herren kennen, dessen Glut damals – wenige Jahre vor seinem Tod 1979 – nicht von politischem Umsturzwillen und dessen theoretischem Überbau und praktischem Unterbau schwelte, sondern der uns nahe kam in langen Gesprächen über Thomas Mann und den deutschen Bildungsroman und seine Vorstufen in der Literatur des Mittelalters; und über das Deutsche in der Fremde.

Noch einmal zur Gruppe 47: Nach dem Muster der Olympischen Spiele verkündete Richter zum Ende der Konferenz jeweils den Tagungsort des nächsten Jahres: Das sollte 1968 Prag sein. Die Russen kamen ihm und uns zuvor, – und da Richter sich an sein das freie Prag wählende Wort hielt und die Okkupanten die Tschechoslowakei nicht räumten über die Jahre hin, gab es auch keine Gruppe 47 mehr. So will es die Legende, – die Wahrheit kennt eine andere Erinnerung. Der alteingekerbten Gewohnheit im Banne einer sammelnden Energie folgend, scharrte Richter doch immer wieder die alten und auch neueren Gesellen um sich, zuweilen in seinem Lieblingshotel in Saulgau, allermeist aber im Fischerhaus, Erdener- Ecke Gneist-Straße, Berlin-Grunewald. Das alte herrschaftliche Haus also des großen Verlegers Samuel Fischer, darin die literarischen Koryphäen der Jahrzehnte vor Hitler ein und aus gegangen waren. Nun hatte der Senat Richter und seine Frau Toni dort einlogiert, und beide führten, nach Richters Worten, »einen literarisch-politischen Salon in Verbindung mit dem Sender Freies Berlin (…), in dem Politiker und Schriftsteller sich treffen, sich kennen lernen und sich auseinander setzen konnten«.

Ungezählte Male haben wir uns getroffen in dem Haus und in dem großen Garten und ohne »Gruppe 47« Gruppentagung gespielt. Und Kempowski und Johnson gerieten in Hader, weil sie sich – was Wunder – über den Literaturbegriff nicht einigen konnten, und Grass bereitete Kutteln und Rebhühner auf Linsen und der Alkohol floss, und einmal brachte Grass einen jungen polnischen Freund mit, er hieß wirklich Antek, und er kam auf mich zu und klagte bitterlich. Als ich ihn fragte nach dem Grund seiner Traurigkeit, gestand er: »Ihr Deutschen, ihr könnt nicht Feste feiern.« Das wunderte mich, und also stieß ich nach und wollte wissen, was fehle und was denn ein wirkliches Fest ausmache. Darauf schenkte er mir die unvergessene Belehrung: »Bei uns: Männer saufen, Weiber heulen …!«

Die Versuchung ist groß, dem episodischen Detail und der abenteuerlichen Anekdote den Rang des Exemplarischen einzuräumen und zu berichten von diesen Abenden, die an der Bar begannen und an der Bar endeten, und dazwischen die Aufnahme der jeweiligen literarischen Sendung und anschließend der von Toni und dienstwillig-liebenswürdigen Marketenderinnen reich bereitete ovale Tisch, und wenn es ihm gar zu ausufernd-spät wurde, dann suchte (und fand) der Hausherr sein Bett. Zu schweigen von den Festen und Feiern und den barocken Tafelfreuden, den runden Geburtstagen, Ersten-Mai-Feier-Tänzen, und einmal gab es sogar eine Hochzeit. Nämlich die von Renate und Walter Höllerer.

Ein Ferment der Komposition. Ich will HWR's ebenso entschieden wie human geübte Kunst der Menschenkreisbildung, die schwerlich (oder jedenfalls schwer) zu definieren ist, nahe zu kommen suchen, indem ich einen Analogiefall der Literaturgeschichte bemühe. Ich versuche, eine Analogie der »Gruppe« und ihres Zentrums zu der Tafelrunde des Königs Artus zu entdecken:

Ein Kreis begünstigter Persönlichkeiten, die ausgezeichnet sind und gezeichnet durch Leistung und Mut. Ein Kreis, der fest ist, aber wechselnd, und dessen Namen sich ändern. Der keine fixierte Verfassung hat und keinen nach Paragrafen und Satzung regierenden Monarchen. Der sich reguliert in der festen und leisen Choreografie ungeschriebener und präzis befolgter Gesetze. Der seine Struktur und seine Dignität bezieht aus der Anheimgabe aller an den einen.

An dieser Table Ronde sind alle *pares*, doch einer ist der Erste, ist Nabe des Rades, Mitte aller Bezüge und Festigungspunkt aller Streben.

Wollte man einen Namen finden, der diese Energie und ihre ritualisierende, ordnende, gliedernde und stimulierende Kraft bezeichnet, so gibt es dafür den

Begriff der *auctoritas*. Eben nicht den einer Autorität, die sich der Anmaßung und Willkür verdankt. Diese Autorität ist ganz einfach da, einfach in ihrer Auswirkung, nicht gefürchtet, nicht belacht, unbezweifelt, von gänzlicher Fraglosigkeit. Und ob er es nun wahrhaben will oder nicht, es ist in Hans Werner Richter etwas von richterlicher Würde, sie teilt sich mit und teilt sich aus, und wer da von einem »Geheimnis« der Gruppe 47 und ihrer Wirkung orakelt, dem wird dieses Geheimnis offenbar, wenn er den Richter ins Auge fasst.

Wie König Artus: letzte Instanz, einzige Instanz für die Fülle der Zweifelsfälle, die das Leben, die das in Literatur gefasste, vorangetriebene, vorgelegte Leben anbringt. Ohne belehrend zu sein, ein *Doctor auctoritatis*. Wobei es gut ist, sich der weit gefächerten Semantik des Begriffs der *auctoritas* zu erinnern, der da »Rat« umfasst und »Vollmacht«, »Ansehen« und »Einfluss«, »Vorbild« und »Rechtsgültigkeit«. So sagt es das Lexikon, und es verweist auf den der gleichen Wortwurzel zugehörigen *auctor*, den mehrenden »Gründer«, der ein »Verfasser« ist; den »Verfasser«, der ein »Gründer« ist. Da hat man, wenn nicht den ganzen, so doch ein gut Teil des ganzen Hans Werner Richter in einem einzigen Wort.

Als Hans Werner Richter und Toni auszogen und nach München strebten, wurde in einem wilden Akt der Versteigerung dieses und jenes Stück des Hausstands feilgeboten, das als materieller Teil die spirituelle Gruppenwirklichkeit überlebte. Dem manipulierenden Versteigerungsgeschick von Fritz J. Raddatz verdanken wir einen Schirmständer, der in Gestalt eines pfiffigen Spitzes nach wie vor – nicht bellend – das Entree meiner Wohnung bewacht. Bleibt noch ein Ehrentitel der Universität Karlsruhe nachzutragen: dass sie 1978 (auf der Germanistik Vorschlag hin) Richter mit der Ehrendoktorwürde auszeichnete.

Im Folgenden soll, außerhalb einer klammernden Chronologie, von einigen Dichtern und ihren Gesellen die Rede sein.

Uwe Johnson – ich bin mir gewiss, er war im Grunde seines reinen Herzens ein guter Mensch. Aber er versuchte diese Güte zu tarnen unter dem Schirm seines alttestamentlich strengen, ja erbarmungslosen Urteils. Dessen abgründige Radikalität schließlich zum Ende seiner Ehe führte, – und damit auch zu seinem eigenen einsamen Ende in Sheerness on Sea. Vor nunmehr zweiundzwanzig Jahren. Der große Rundkopf, die kleinen Augen, die nie lachten, die Stimme aus der Tiefe, – all dies konnte einen bedrohlichen Ausdruck annehmen, und immer war er im Recht. Wer sein Werk kennt, kennt auch das Humorige in ihm, – er wusste es zurückzuhalten in der persönlichen Begegnung. Wir haben viele Abende miteinander verbracht, in Berlin und dann im Badischen Land, er besuchte uns, und es war eine spröde Zärtlichkeit in ihm, wenn er mit dem Recht des Dichters den Dingen und Menschen eigene Namen gab, sie sich auf diese Weise zu Eigen machend: »Manja« nannte er Monica, und mich »Pitja«. Er lallte nie, wenn er Wein getrunken hatte, und er trank ihn in großen Mengen, sondern sprach dann in Zungen. Und konnte kraft seiner gewaltigen Körperlichkeit auch wohl gefährdend werden. Gefährdet war er. Wir haben viele Briefe gewechselt, der Brief war ihm das Instrument seiner geradezu dämonischen Fabulierlust. Das schönste Beispiel dafür war seine Korrespondenz mit meiner Mutter, die er nie gesehen hat. Aber eines Tages schickte sie ihm – da war sie in ihren Siebzigern – eines seiner Bücher mit der Bitte um seine Signatur. Das schien ihm zu wenig, er schrieb ihr, sie antwortete, und es wurde ein veritabler Briefwechsel daraus. Ein Dokument dieser wunderlichen Beziehung hat sie dann für mich abgeschrieben, und es soll hier aufgehoben sein. »Stimmen« tut nichts darin in einem planen Wirklichkeitsverständnis, – inwiefern es dennoch seine Richtigkeit hat mit den skurrilen Details, das stehe dahin.

Uwe Johnson, Stierstraße 3, 1 Berlin West 41
1. März, 1970
Sehr geehrte Frau Wapnewski,
Ihr Sohn Peter hat uns gebeten, Ihnen einen Bericht über seine Führung während eines Aufenthaltes in Berlin einzusenden. Wir bestätigen zunächst, dass er wirklich am 25. hier zu sehen war und dass er sich soeben ordnungsgemäss abgemeldet hat. Dabei behauptete er, er sei am Flughafen.
Seine Schusseligkeit ist leider wenig abgenutzt und

wird ihm im künftigen Leben noch so manches ver-
masseln. So vergass er wiederum, uns einen Abend
vorher anzurufen, wie ausgemacht war, und so sahen
wir keinen Anlass, ihm ein Kalb zu schlachten. Er
musste sich dann mit einem so genannten Sauerbraten
zufrieden geben, von dem er bei Tisch auf eine mäk-
lige Weise kleine Stücke zu sich nahm. Stunden später
begab er sich unter einem Vorwand in die Küche und
wurde von uns dabei betroffen, wie er grosse Scheiben
des kalten Bratens aus der Hand ass. Mag man über
seine Beherrschung der Tischsitten auch denken wie
etwa über den goldenen Boden des Handwerks, Sie
haben nun doch die Versicherung, dass zumindest an
jenem Abend für seine Ernährung gesorgt war.

Er ging dann, ohne dass wir ihn dazu aufforder-
ten, zurück zu Herrn und Frau Kempinski, die ihm
hier ein Bett gegeben haben. Über den Rest seines
Besuches in dieser Stadt wissen wir im Grunde nichts,
geben aber mit grossem Vergnügen die nichtsnutzigen
Gerüchte wieder, die uns unter der Woche erreichten.
Danach soll er zwar seine Inspektion der mannbaren
Töchter aus vermögenden Häusern von neuem auf-
gelegt haben, und zwar mit der Tour, dass seine Dach-
kammer in Ettlingen nicht geheizt sei, jedoch sein
anhängliches Wesen immerhin nicht von Pappe sei. In
der Hauptsache war er bemüht, bereits verheirateten
Damen ein rechtes Verständnis seiner Gemütslage
beizubringen, mit ff. Seeleneinblicken, so dass schon
jede Menge Ehemänner nachts vor dem Hause von
Herrn und Frau Kempinski ihn abzufangen warteten,

aber umsonst, denn als er doch noch ankam, hatte er sich einen weissen Fuss gemacht. In Märchen ist er gut, wir haben ihn abgefragt. Seine Barmittel sind in einem nicht ganz glücklichen Zustande, was bei seiner Art von Lebenswandel Niemanden verwundert, nicht einmal uns. Es ist nun einmal seine Art: mit einer Million gibt er sich nicht ab, er will nun einmal drei davon. Deswegen auch haben wir ihn liebgewonnen und stellen Ihnen diese Gefälligkeitsbescheinigung zu.
Ihr sehr ergebener
Uwe Johnson
Schreibmaschinenbesitzer.

Im letzten Monica und mir zugedachten, diktierten und nicht unterschriebenen Brief lud er uns sehr nachdrücklich ein, ihn zu besuchen in Sheerness on Sea. Wir scheuten die Reise, hatten anderes zu tun und im Sinn, und so haben wir ihn nicht wieder gesehen. Und wären ihm doch von Nutzen gewesen in seiner Einsamkeit.

So viel zu und von Uwe Johnson. Zurück zur Gruppe 47 – und zwar zu einer Gruppe innerhalb (oder unterhalb) der Gruppe: den Kritikern.

Das Sitzungsritual folgte schlichten Regeln. Richter rief den Probanden auf, der las eine halbe Stunde – und war gehalten, die anschließende Kritik schweigend hinzunehmen. Ohne also auf Lob oder Tadel und Einwände defensiv zu reagieren. Den Dichtern gebührte der riskante Part, und dann kam die Stunde der Kritiker. Das waren vor allem Joachim Kaiser und Marcel Reich-Ranicki und Fritz J. Raddatz und Roland H. Wiegenstein und Reinhard Baumgart. Jeder nach seiner Art, Jochen Kaiser die gefeilten Worte in Sänfte – und wie in einer Sänfte – führend, und sich und uns das Glück der hohen Kompetenz im Literarischen wie darüber hinaus erfahren lassend. (Und in der Tat tut es ihm – seit Jahrzehnten – schon keiner gleich auf dem Felde der wissenschaftlich-journalistisch-musikalischen Urteilskunst, seine brillante Doppelbegabung hat ihn zur letzten Instanz gemacht, wenn es um Worte geht *und* Töne.) Dann Reich-Ranicki: die Blitze nicht im Bündel schleudernd, sondern sie witzbeflügelt aussendend aus dem Zeughaus seiner kapitalen Literaturkenntnis. Und Raddatz, sich rücksichtslos exponierend in dieser von Tucholsky aufs Vollkommenste gesteigerten Freiheit der Eigenwilligkeit, wie sie einst das Wesen des Berlinischen war, als es noch geistreich herging in Berlin.

Ich kann von Glück reden, wenn ich ergänze: Ich war und bin diesen Personen, die Instanzen sind, in Freundschaft verbunden. Das verwirklichte sich leider am seltensten in der Beziehung zu Kaiser, obwohl uns über die Literatur hinaus die bewegendste aller Künste zusammenführt, die Musik. Und nicht nur die Wagners. Aber die Gelegenheit war uns nicht dauerhaft günstig, wir trafen uns immer wieder nur im Vorübergehen, sei's in Bayreuth, sei's in Salzburg, sei's in München. Und sind darüber zwei alte Herren geworden, ich älter noch als er, und beide von den

Tatzen der Altersgebresten nicht eben gnädig geschlagen.

Marcel Reich-Ranicki. Manchmal denke ich, dass nur ich ihn richtig, also gerecht sehe. Zum einen den von vielen Wunden Verletzten, der die Klinge seines Urteils nie zu dem Zweck geschärft hat, einem Menschen Schaden anzutun. Wenn es je einem um »die Sache« ging, das heißt also: die Literatur, dann ihm. Sie war und ist ihm das kostbarste Gut, ist ihm die portable Lebensbegründung und fester Lebensgrund, und wo immer er sie bedroht oder versehrt oder geschändet sieht, da bricht der Zorn schmetternd oder auf Samtpfoten aus ihm heraus. Auch die Mittel des Komischen nicht verschmähend, lachend das Wahre suchend und sagend. Aber er hat selbst viel zu schmählich gelitten, als dass er nicht auch die Leidensfähigkeit anderer bedächte, – ich habe Beispiele erlebt der Zurückhaltung nicht nur sondern Zurücknahme des kritischen Wortes, wo es galt, einen gefährdeten Menschen zu schonen. Auch fand ich ihn im Zwist mit einem Gegner immer zur Versöhnung bereit, – eher als der andere. Wissen ist, wie man weiß, vor dem Irrtum nicht gefeit, Kritik hat geradezu ein Recht auf ihn, denn sie soll das Engagement in seiner Unmittelbarkeit sprechen lassen, – und so hat Marcel R.-R. es ein Kritikerleben lang gehalten. Wer wollte bestreiten, dass diese Unmittelbarkeit des Urteils oft etwas Sinn- und Herzerfrischendes mit sich trug und sich bis zum Gaukelspiel steigern konnte und man freudig seine Lust hatte an seiner Lust des großen Nein, – aber auch des großen Ja. (Nur dass das Ja meist nicht gleichermaßen unterhaltsam wirkt.) Wo er aber geirrt hat und sich des Irrtums bewusst wurde, da hat er nie gezögert, Fehl und Fehler zuzugeben. Man hat ihm Theorieferne vorgeworfen, und es ist wahr, dass er nicht eben neigt zum Weg oder Abweg der abstrakten Erörterung des rationalen Diskurses. Denn im Grunde kennt er nur eine Theorie, – und die ist praktisch-empirischer Natur: nämlich sehr viel gelesen, sehr viel begriffen, sehr viel bewahrt zu haben. Was aber an Leisem und Behutsamem in ihm ist, das hat er in Teofila-Tosia aufbewahrt, seiner liebenswerten – und malbegabten – Frau, und aus ihrem weltversöhnenden, sich der Tiefe entringenden Lachen klingt es auch, als wär's ein Teil von ihm.

All dies haben wir erfahren, Monica und ich, in ungezählten Begegnungen, und in Briefen überdies. In denen er sich auch als der hilfreich-faire Redaktor erwies der Texte, die man ihm lieferte für das Monument seiner rühmenswerten Lyrik-Anthologie.

Eine ihm eigene Schwäche allerdings kann man als störend empfinden, wenn man mit ihm zu Tische geht. Er achtet die Güte des Weins, die Delikatesse des Mahls gering. Sie sind ihm nicht literarisch genug. Sind eben Natur, – und treffend ist die Anekdote, die mit ihm Adolf Muschg erlebt hat und die identisch ist mit ihm. Sie gehen also wandelnd spazieren, der Dichter und sein Rezensent, und zur Linken oder Rechten öffnet sich die Landschaft, gibt den Blick frei auf einen felsigen Abhang, von dem herab ein Wasserfall stürzt in funkelnden Kaskaden, und Muschg gelingt es, das verbale Gefälle zu unterbrechen, das gerade Heinrich Mann gilt oder Musil oder Hölderlin, – und Marcel R.-R., ohne den Schritt zu dämmen, gibt flüchtig dem Anblick, was des Anblicks ist, fügt aber hinzu: Sehr schön, aber es müsste der Katarakt um der Proportion willen doch besser etwas weiter nach links gerückt werden …

Er ist ein Aufklärer und hasst das Ungefähre: Fritz J. Raddatz aus Berlin. Und das Berlinische auch in Hamburg bewahrend, inmitten seiner aus Elementen der Erlesenheit komponierten Wohnung in der Heilwigstraße, wo das dahinfließende Alsterwasser den Garten streift. Eine Wohnung, deren Dignität sie befördert hat zum Ausstellungsprachtstück im Hamburger Stadtmuseum, – wenn eines späten Tages ihr Eigentümer und Erfinder sie nicht mehr bewohnt.

Kompromisslos im Urteil und in der Gesinnung und ohne Lust auf die Konzession an das Übliche. Dem Unüblichen mit jenem Maß an Deutlichkeit hingegeben, die sich dispensiert weiß von dem Versuch einer Erklärung oder gar Rechtfertigung. Dom Pérignon und was man dazu serviert, bedeuten ihm einiges, – aber lächelnd würde er verzichten auf all dies, wenn es aufgewogen werden sollte gegen den Genuss des Eigentlichen. Das Eigentliche, das ist der Versuch, des Lebens Widerspruch Herr zu werden mit Hilfe des ihm nachspürenden Wortes. In der Kritik, im Essay, in der fiktionalen Darstellung.

Das kleine schnelle Wort und der pfeilspitze Witz, –

so einer verliert Freunde leichter, als er sie gewinnt, denn die gewitzte Wendung und die ans Frivole grenzende Rücksichtslosigkeit des Urteils erzeugen Distanz und halten auf Abstand. Auch hat er, sich selber übereilend, der Fehlbarkeit des menschlichen Denkens und Nach- und Vordenkens seinen Tribut gezollt, das hat so mancher ihm nicht vergessen wollen. Wer alles oder doch fast alles über ihn und von ihm wissen will, über Sein und ZEIT, der halte sich an das funkelnde Corpus seiner Lebenserinnerungen, – ich habe zu ihnen einiges gesagt und darüber hinaus vieles von ihm erfahren, das hier unerwähnt bleibt, da dem Privaten zugehörig. Er hat uns besucht in der Toskana wie im badischen Land wie in Berlin, und wir haben die vielleicht hervorragendste seiner Eigenschaften kennen lernen und erproben dürfen: Er ist ein Freund und liebt die Freundestreue. Die sich für ihn inkarniert in dem Künstler Paul Wunderlich. Und dem Gefährten Gerd Bruns.

Einer auf einigermaßen buntem Felde spielenden Kooperation mit Raddatz sei noch gedacht. Es war in den siebziger Jahren, dass im Dritten TV-Programm des Senders Freies Berlin ein literarisches Konzept entworfen und praktiziert wurde. Es eignete sich den etwas krampfigen Namen »Autor-Scooter!« an, womit wohl ein Anstoßgeben und ein Kreiseln im Präsentieren eines zeitgenössischen Autors vor der Öffentlichkeit signalisiert werden sollte. Alternierend waren Raddatz und ich im Abstand von jeweils vier Wochen die so genannten Moderatoren, und im damals noch eingemauerten Berlin waren diese Autoren-Auftritte von Martin Walser über Christine Brückner und Ephraim Kishon bis hin zu uns selbst ein literarisch reizvolles Spiel über die Mauer hinweg in die unbegrenzte Weite von Dichters Landen.

Bleibt noch Kishons elegante Parade anzumerken: Ich hatte in der Tat noch nie ein Buch von ihm in der Hand gehabt und leitete die Vorstellung des berühmten Gastes ein mit diesem Geständnis, kam mir dabei womöglich auch noch wagemutig vor. Er replizierte prompt: »Herr Wapnewski, ich habe auch noch nie ein Buch von Ihnen gelesen …« Chapeau!

Mit Christine Brückner verlief es ärgerlicher. Ich stellte sie vor als Verfasserin von »Unterhaltungsliteratur«, – das empörte sie tief, und lang anhaltend verfolgten mich in Briefen und Telefonaten noch die Folgen dieses Fauxpas. Der doch gewiss keiner war, – nur hatte ich den Umstand missachtet, dass im wohlgepflegten deutschen Kulturverständnis die leserfreundliche Geste des Unterhaltens und der Unterhaltsamkeit als Schwäche und Minderung des Kunstanspruchs gehandelt wird … Das *Delectare* darf nicht gelten als Vehikel der bildenden Belehrung, sondern bleibe, wo überhaupt zugelassen, dessen schüchterne Magd.

Das Römerbad

Der »Notenschlüssel« und der »Autor-Scooter«:
Versuche, Materie der Kunst und des Künstlerischen auf medial-technischem Wege zu vermitteln
und jenen Publikums-Schichten dienlich zu sein, die
man früher »das gebildete Bürgertum« nannte. Eine
soziale Kategorie, die genauer zu bestimmen unserer
Zeit schwer fallen muss, deren Form ja die der Nivel-
lierung ist: Es hat sich mittlerweile der Begriff des
»Bürgerlichen« entschieden verwandelt, nicht anders
als jener der »Bildung«. Dass es aber die eine wie die
andere Größe noch gibt, bezeugt das im südlichen
Schwarzwald gelegene Hotel »Römerbad« (in Baden-
weiler). Ähnlich wie in Johannes Müllers Schloss-
Elmau-Institution verbindet sich an diesem Ort die
Einbettung in reizvoller Landschaft mit dem Hotel-
Angebot des verwöhnenden Komforts, – und beides
macht sich der Kunst dienstbar (oder sich die Kunst
dienstbar). Wobei hier der Kunst wiederum der alt-
überlieferte Sinn der »Artes« eigentümlich ist, der
Begriff also, der nächst der Poesie und der Musik
auch die Wissenschaften einbezieht. Und deren Horizont offen bleibt.

Der Erbe und Hausherr des traditionsreichen

»Römerbads«, Klaus Lauer, es schließlich leitend in vierter Generation, verfiel in jungen Jahren schon der Musik, – und machte sein Haus in systematischem Crescendo zu einem Tempel der kammermusikalischen Hochkunst. Vor allem der Gegenwart zugewandt, musizieren hier die prominentesten Repräsentanten des zeitgenössischen Musiklebens als Solisten wie im Duo- oder Trio- oder Quartett-Verbund, bis hin zum Kammerorchester. Die großen Namen der lebenden Komponisten- und Virtuosengeneration zählen mittlerweile zu den ständigen Gästen des Hauses, – und wurden aus Gästen zu Freunden: von Pierre Boulez bis György Kurtág, von Hans Werner Henze bis Bruno Maderna, von Aloys Kontarsky bis zu den Ardittis und zum Alban-Berg-Quartett. Genius aber der Kultur des Hauses wurde in der Bewährung jahrelanger freundesnaher Gemeinsamkeit Wolfgang Rihm.

Klaus Lauer erdachte sich zu den an Glanz und Ruhm beharrlich wachsenden Musiktagen eine Komplementärveranstaltung gewissermaßen wörtlicher Art, die so genannten Colloquien. Einmal im Jahr, und zwar zum Ende des Winters, versammeln sich unter dem Dach des Römerbades rund hundert und mehr Gäste, um sich an vier Tagen fünf Vortragenden anzuvertrauen. Der Schwerpunkt der Themen liegt zwar auf dem literarischen Gebiet, weitete sich aber nach Belieben aus auf jegliche dem Bereich des gebildeten Interesses zugängliche und von ihm bestimmte Thematik. Verklammert durch einen Rahmenbegriff.

Wobei die Wahl der Referenten dem Thema vorging, es war immer die inspirierende Energie des oder der Vortragenden, die das Thema dominierte (und nie umgekehrt). Im Laufe der Jahre knüpfte sich eine Traditionskette, die gemäß der Bedeutung der Aussage und der Prominenz der Redner sich selbstbewusst und wohlgefällig neben den Exponenten der Musiktage präsentieren konnte: Politiker, Dichter, Historiker, Publizisten. Es oblag mir über siebzehn Jahre hin, die Thematik zu erfinden und ihr entsprechend die Referenten, die Veranstaltung über ihre vier Tage hin zu steuern, Person und Gegenstand einzuleiten und die Summe zu ziehen, und ich habe diesen Auftrag als Ehre empfunden und als Freude dazu. Denn es bildete sich schon nach wenigen Jahren eine Stammkundschaft aus, die den Colloquia in Treue zugetan war, ihnen rezipierend folgte und sie durch Diskussionsbeiträge wesentlich bereicherte. Es ist ein Ehrentitel des Hausherrn, dass und wie er dem materiellen Komfortzustand eines solchen besternten Hotels und dem Wohlleben in ihm die strenge Nobilität der intellektuell-künstlerischen Idealität zueignete. Nach meinem Abschied hatte ich das Glück, in dem Literaturprofessor und Essayisten aus dem Graubündischen Iso Camartin einen Nachfolger im Regiment zu finden, der dem Römerbad reich zugute kommen ließ, was er als akademischer Lehrer und Forscher wie als Akademiemitglied (in Darmstadt) repräsentiert: die Gabe nämlich, dem Gewicht des Gedanklich-Intellektuellen seine Schwere zu nehmen durch die Anmut der Form und die Liebenswürdigkeit des persönlichen Habitus. Nicht zu vergessen seine Ehefrau Melitta, die als Neurobiologin in Hamburg und weit darüber hinaus, von aller Welt bewundert, forscht. (Den eigentlichen Hotelbetrieb hat Lauer 2005 in andere Hände übergeben. Die Kunst bleibt seine Provinz.)

FESTE

Die Deutschen, sie gelten (wie schon angedeutet) nicht eben als Meister des Festefeierns. Die barocke Lust am beschwingten Lebensgenuss, die den Ablauf der Alltäglichkeit hell unterbrechenden Feiern mit Musik und Farben und reich gedeckten Tischen ist unsere Sache nicht, – sie findet sich eher im flandrischen Breughel-Land oder in Italien, wo die fromme Hingabe der schwer schreitenden Prozession sich tänzerisch löst in praller Daseinslust: Nahezu an jedem Sonntag gilt es, irgendwo einen Heiligen und damit sich selber hochleben zu lassen.

In den fünfziger und sechziger Jahren aber gab es auch hierzulande eine große Gastgeberin, und unter ihrer taktgebenden Hand blühte galante Lebensfreude auf in Kufstein oder in Düsseldorf oder dem ihm nahe liegenden Orte Hösel. Gabriele Henkel bat zu Tisch, und nahezu alles, was Rang und Namen und Verdienste hatte in unserer Republik, scharte sich glanzvoll gewandet um sie und Conrad Henkel, den Hausherrn. Der das üppige Treiben nicht nur gern geschehen, sondern sich und den Seinen zur Freude gereichen ließ, aufs Liebenswerteste die Würde der reich spendenden Bescheidenheit verkörpernd. Die

Liste der über die Jahre hin regelmäßig oder gelegentlich einer Einladung Gewürdigten ist ein Handbuch der Künstler und Gelehrten und Politiker jener nun schon geschichtlichen Phase, – sie endete, als der Wahnsinn des Terrorismus zu schwerfälligen Schutzmaßnahmen der prominenten Gäste nötigte, es vertrugen sich diese grauen Farben der armierten Zeit nicht mit der Buntheit des Festtages. Es bleibt die Erinnerung an musterhafte Tischreden, und wenn Carlo Schmid sie hielt (was er gerne tat), dann überlagerte das Griechische und Lateinische schwerelos das geliebte Deutsch.

Dass die Regie einer solchen Einladung in den Bereich der Kunst gehört, ist allbekannt. Wie auch notorisch ist, dass Gabriele Henkel jedem dieser Ereignisse eine besondere, thematisch gewählte Note gab, es wurden die Tische im Schmuck von Blumen und Silber, von Porzellan und kleinen Exponaten veredelt zur »Tafelkunst« – einer Variante der Bildenden Kunst, die Proportion und Arrangement, Farbenkomposition und die Choreographie des Tischgeräts zu einer eigenen Ausdrucksform steigerte.

So weit, so gut. Aber Gabriele Henkel ist es ergangen wie manchem der so genannten Prominenten, das heißt, es wurde beim Blick auf ihre Existenz das Teil für das Ganze genommen. Jedoch ist sie, wie ihr Nahstehende wissen, sehr viel mehr als eine ingeniöse Gastgeberin. Sie ist vor allem eine gebildete Frau, deren Affinität zum ästhetischen Phänomen der Eleganz auch auf dem Gebiet der Literatur ihren Niederschlag fand, in der kleinen Form der Kritik, der Glosse, des Essays. Das Modische in ihr und um sie war nicht nur Schönheitskult, sondern auch Freundschaftsdienst, richtiger: Freundesdienst. Dergleichen vollzieht sich abseits von Illustriertenreportagen und Fernseh-Features, – und füllt einen Raum, der von dieser Frau nicht minder angemessen gefüllt wird wie der des Festgetriebes. Menschen um sich zu haben, die der gleichen Sprache mächtig sind (in welchem Idiom auch immer), war und ist Teil ihrer Lebenswirklichkeit. Die Conrad Henkel eines Tages mit einer transzendenten Note versah: Gabriele überraschte ihn mit der Information, dass sie ein Areal ausgewählt habe für ihrer beider Grabstätte. Woraufhin er fragte, ob denn die angegebene Quadratmeterzahl ausreichen werde, – denn wie er sie kenne, werde sie doch zur Ruhe auf dieser Ruhestätte gewiss noch ein Dutzend Leute einladen …

Gastprofessuren

Die Erinnerung mahnt neben dem Aufenthalt in Harvard noch ein Dutzend weiterer Gastprofessuren an. Nicht zuletzt, sondern eher allererst die sich über ein halbes Jahr erstreckende Einladung an die Universitäten Neu-Seelands. Die Reise war eine um die Welt, und es wäre einiges zu berichten von den bunten und wirren, auch belehrenden und zuweilen kindisches Sehnsuchtsweh nach der Heimat auslösenden Zwischenaufenthalten in Thailand oder Indien oder Indonesien oder Ägypten. Doch muss, diese Zwischenstopps betreffend, das Geständnis gewagt werden, dass ich nicht selten von jenem fremden Lande vor dem Passieren der Zollschranke mehr wusste als nach ein paar eher irritierenden denn informierenden Tagen oder Wochen und einem ein Wiederkommen eifrig behauptenden Abschiednehmen.

Dankbarer Erwähnung aber sind ferner die Einladungen würdig wie die, die mich über mehrere Wochen nach Kopenhagen führte, der freundlichsten Fürsorge der Kollegen wie Jungbluth und Michelsen verpflichtet. Und nach London und Birmingham unter der Obhut von Arthur T. Hatto, dem neben

vielem anderen die wunderbare Sammlung des internationalen Tagelied-Schatzes zu danken ist unter dem
sie alle vereinenden Titel *Eos*. Nachhaltigen und bestimmenden, auf späteres Handeln sich auswirken-
den Eindruck hinterließen überdies die Besuche der
Colleges in Oxford und Cambridge. Peter Felix Ganz
gebührt das große Verdienst, mich angeleitet zu haben
zum Verstehen von Aura und Charisma dieser Fix-
sterne am viel bewegten Himmel der europäischen
Hohen Schulen.

»Gastprofessur«, das Wort gibt sich gewichtig und
wird dieserhalb zuweilen auch anspruchsvoll artikuliert. In Wahrheit handelt es sich durchwegs um nor-
male Bewegungen in der Mechanik des Universitäts-
systems, gehorchend dem System des Nimm und
Gib: Man lädt ein und wird wieder eingeladen, die
Mittel sind im Haushaltsplan vorgesehen oder verdanken sich privater Spenden-Großmut, sie decken
allermeist Reise und Aufenthalt, das Salär ist sekun-
där, denn der reisende Professor steht ja allermeist im
Brot. Besuche dieser Art werfen dank persönlichen
Gesprächen mit Gastgebern und Studenten meist
mehr Gewinn ab als Kongresse, die vom Fachverband
so regelmäßig einberufen werden, wie ich sie regelmäßig zu meiden wusste. Germanisten unter sich
haben kaum einen Reiz auf mich ausüben können,
und das Ereignis eines Kongresses mit der Unzahl der
sich wechselseitig überschneidenden oder aufheben-
den Vorträge und dem konventionellen begrüßenden
Freudentaumel der einander wiederbegegnenden Kol-

legen und Kollegengattinnen war mir je öfter umso eher entbehrlich. Wobei dieses »öfter« noch geprahlt ist, es mögen vier oder sechs Kongresse gewesen sein, die ich im Verlauf meiner fünfzig Dienstjahre besucht habe, – und die Teilnahme war dann in der Regel bedingt durch Zufall oder persönliche Beziehung. Wie im Falle des großartigen, ja glanzvollen Germanisten-Kongresses, den mein Freund Albrecht Schöne als Präsident der Internationalen Vereinigung in Göttingen abhielt, dem Ereignis einzigartige Ausgewogenheit schenkend von öffentlich dargebotener Gelehrsamkeit und privater Vertrautheit, überstrahlt von der Strenge der denkenden und nachdenkenden Disziplin und der heiteren Lässigkeit festlicher Freude. Unvergessen der Kerzenlichterreigen in der Nacht des Abschieds, der spät noch heimleuchtete. Das war im Jahre 1985. Dreiundzwanzig Jahre zuvor hatte ich einen Ruf auf den Göttinger Lehrstuhl abgelehnt, den ich vor allem meinen Freunden Walter Killy und Albrecht Schöne verdankte und dem mich zu verweigern mich härter noch ankam als die Absage an Harvard. Härter, weil hier die Chance sich anbot, inmitten der Festigung und Festung einer längst bewährten Freundestrias die gemeinsame Wissenschaft zu betreiben.

Aber ich glaubte damals noch, in Heidelberg so fest verwurzelt zu sein, dass ich in Stadt und Landschaft Göttingen nicht würde heimisch werden können. Es beruhigte mein Gewissen, dass an meiner statt dann aus Bonn Karl Stackmann berufen wurde –

und ich sicher sein durfte, dass die Göttinger traditionsreiche Altgermanistik mit ihm gewiss so gut fahren würde wie mit mir. Wenn nicht gar besser. Dieser Göttinger Ruf übrigens brachte mir einen der letzten der schon erwähnten studentischen Fackelzüge ein, wie sie nach althergebrachter Tradition einem deutschen Professor aus besonderem Anlass gewidmet wurden.

Ein Akt korporativer Sentimentalität? Mehr als das, und was es auf sich hatte mit der Verwirklichung einer Lehrer und Schüler umfassenden Universitas, wie sie zum Entstehen unserer Hohen Schulen beitrug, wird nur der ermessen, der sich der gefühlsarmen Nüchternheit jenseits aller gemütvollen Gemeinsamkeit bewusst wird, wie sie später die Gruppen-Universität und ihre nicht von herkömmlichem wechselseitigem Respekt, sondern von Fremdheit und Misstrauen beschwerte Atmosphäre regierte.

Ich bin damit wieder bei der alten Universität, wie ich sie kenne und wie ich sie, das sei unumwunden gestanden, geliebt habe. Ihr verdanke ich die schönsten Jahre meiner lehrenden Laufbahn als Universitäts-Lehrer: Gruß an Heidelberg!

Das Wissenschaftskolleg

Es war im Herbst 1979, als mich ein Anruf von Hellmut Becker erreichte. Er brachte die letzte große Wendung in mein Leben. Brachte die anspruchsvollste aller Aufgaben, die ich zu bewältigen hatte innerhalb meines akademischen Berufs. Schenkte mir zum Ende das Bewusstsein, etwas von dauerndem Nutzen getan zu haben. (Becker versuche ich später noch gerecht zu werden, u. S. 218 ff.).

Es gab in Berlin – und gibt es noch – eine Dépendance des Aspen-Instituts (das seinerseits ein Zweig der Ford-Foundation ist). Sein Leiter in jenen Jahren war der renommierte und in Berlin über seine gesellschaftliche Prominenz hinaus populäre Kultur-Manager Shepard Stone. Ein Mann von jovialer Statur, ein Père noble, sich seiner Verdienste und seiner Einflussmächtigkeit bewusst und mannigfach verknüpft in einem ihn mit allen Wichtigkeiten hierzulande wie in den USA verbindenden Netz. Sein Institut lag aufs Schönste auf der Halbinsel Schwanenwerder, am Wannseeufer. Und es war – absurder Fall – das Grundstück der Villa des Doktor Goebbels unselig, auf dessen Boden nun das Aspen-Institut gedieh.

Stone hatte einen lockeren Kreis ins Leben gerufen, der die Direktoren, Präsidenten, Leiter der wichtigsten wissenschaftlichen Einrichtungen der Stadt verband: den so genannten Institutsleiterkreis. Vor ihm hatte der damalige Senator für Wissenschaft und Kunst Peter Glotz referiert über eine Reise in die und durch die USA, die ihn auch zu den wichtigsten Think Tanks geführt hatte. Unter denen das Institute for Advanced Study in Princeton den ruhmvollsten Rang einnahm. Diese Visite war eine eindrückliche Erfahrung, die Glotz dazu bestimmte, Vergleichbares in Berlin zu planen und zu gründen.

Die Absicht einer solchen Gründung ist leicht begreifbar. Durch die Versammlung von glänzenden Gelehrten aller Fakultäten, eingeladen aus aller Welt, sollte das eingemauerte Berlin die Chance wahrnehmen, inmitten der stetigen Isolationsbedrohung durch den Kalten Krieg international Geist und Kultur auszustrahlen, auf diese Weise seine Vitalität und Anziehungskraft über alle Mauer-Begrenzung hinaus erweisend. Um mit dem Feuer des Geistes das Skelett von Eis zum Schmelzen zu bringen, das die große alte geschichtsträchtige Stadt als Objekt der Willkür politischer Unvernunft umschließen wollte. Das leuchtete ein. Nicht nur den Institutsleitern, sondern auch der Politik, der in dieser Sache das erste und letzte Wort zukam. Dieses Konzept durchzusetzen, durchzufechten, war Glotz der rechte Mann, ausgestattet mit scharfem Intellekt, akademischer Erfahrung, politischem Instinkt und einem Widerstände nicht anerkennenden Willen zur Verwirklichung des als richtig Erkannten. Das Richtige war in diesem Fall die Gründungsplanung eines solchen Instituts, und so gelang es Glotz, Senat und Abgeordnetenhaus für das Unternehmen nicht nur zu gewinnen, sondern auch zu begeistern.

Natürlich hing, nachdem die gesetzlichen Hürden genommen und die Finanzierung nach Kräften gesichert waren, vieles, wenn nicht alles, davon ab, diesem Haus seinen rechten Herrn zu finden. Der Institutsleiterkreis, bewogen durch Beckers und Stones Vorschlag, fand ihn in meiner Person.

So kam es zu dem Anruf in jenem Herbst.

Man wird verstehen, dass ich mich nicht leicht tat mit einer Entscheidung. Berlin war für mich besetzt mit peinlichsten Erinnerungen, ich fühlte mich wohl im freundlichen deutschen Südwesten, wenngleich ich den Reiz, vielleicht gar die Notwendigkeit einer neuen provozierenden Aufgabe nicht verkannte. Immerhin aber hatte ich mich vor kurzer Zeit fester noch angesiedelt im Karlsruher Amt und in der Wohnung in Baden-Baden (in die wir aus Gernsbach vier Jahre zuvor umgezogen waren), zufolge des wiederum nicht leichten Entschlusses, einen ehrenvollen Ruf an die Universität Düsseldorf abzulehnen.

Glotz lud uns zu einem vortastenden Gespräch ein nach Berlin, das die Aufgabe hatte, mich in Augenschein zu nehmen, und das mir die Möglichkeit gab, das Für und Wider konkret zu erwägen.

Das war um die Jahreswende 1979/80. Wir fanden Gefallen aneinander, der Wein und die Speisen im aparten »Don Camillo« taten das ihre hinzu, nun bedurfte es nurmehr eines tatkräftigen Entschlusses. Dass es schließlich zu einem Ja kam, war Monicas Verdienst. Sie fühlte sich nicht nur angezogen durch die Aussicht (groß)städtischer Lebensformen (die ihr als in Hamburg gebürtig angemessen waren), sondern sah auch klarer als ich die höhere Vernunft der Herausforderung, die zu bewältigen meine Aufgabe sein würde. Aus seiner Sicht hat Peter Glotz die Begegnung bildreich geschildert, – und damit auch die Idee und Konzeption des Kollegs. Dabei das eigene Verdienst in nobler Bescheidenheit nur leise betonend. (Siehe »Von Heimat zu Heimat«, Berlin 2005, S. 170 ff.)

Der Senator ernannte mich nunmehr auf Vorschlag des Institutsleiterkreises zum »Planungsbeauftragten«. Er stellte mir zwei Helfer zur Seite, deren Beitrag zur Gründung des Instituts nicht hoch genug eingeschätzt und gepriesen werden kann. Beide zugunsten dieser Aufgabe von ihren amtlichen Professionen ganz oder teilweise freigestellt: Dr. Christoph Schneider, Referent im Apparat der Deutschen Forschungsgemeinschaft, und Senatsrat Jochen Stoehr im Hochschul-Ressort des Senators. Schneider war und blieb der Konzeptionalist; Stoehr der kluge Taktiker, unserer Unternehmung in der freundschaftlichsten Gesinnung zugetan, in der er von nun an bis zu seiner Pensionierung im Jahre 2003 die politische Seite repräsentierte. Denn das Haus war ja eine Gründung des politischen Willens, und ohne die ständige Bekundung der staatlichen Verantwortung konnte es nicht gedeihen. So dass es zwar angemessen war, vom ersten Rektor als dem »Gründungsrektor« zu reden, aber der eigentliche Gründervater ist Peter Glotz. Nach ihm müsste das Haus eigentlich benannt sein, dem wir nach langen Beratungen den etwas umständlich klingenden Titel »Wissenschaftskolleg zu Berlin« gaben. Der persönliche Name eines Gründungsheros hätte ihm wohl angestanden, der nächstliegende aber war definitiv besetzt durch die ehemalige Friedrich-Wilhelm-Universität, die nun Humboldt-Universität hieß. Ich schlug Harnack vor, eher an die Widerstandskämpfer der Familie denkend als an den Kaiserlichen Wissenschaftspolitiker, aber es blieb dann bei der spröden Funktionsbezeichnung, »Kolleg« und »Wissenschaft« machten deutlich, was das Haus sein wollte. Und die abstrahierende Präposition »zu« (statt »in«) vermied die Überbetonung des Lokalen. Im Laufe der Beratungen hatte man dem Leiter den Titel eines »Präsidenten« oder eines »Direktors« geben wollen, ich konnte mich durchsetzen mit meinem, die Bindung an die Universitätstradition betonenden Vorschlag »Rektor«. Nicht minder traditionsbehaftet auch der Titel für den Verwaltungsleiter, dem wir die strenge Amtsbezeichnung »Sekretär« gaben.

Es sparte uns Umwege und Irrtümer, dass man vor allem Beginn Schneider, Stoehr und mir die Gelegenheit einer visitierenden USA-Reise gab. Der Besuch der wichtigsten korrespondierenden Einrichtungen, vor allem natürlich des Princeton-Instituts, lehrte uns die Eigentümlichkeiten und Besonderheiten einer solchen Einrichtung kennen und führte zur Anknüpfung freundschaftlicher Bindungen »von Haus zu Haus«. Überdies kam für uns drei hinzu, was der Lebenserfahrene weiß: Nichts nähert Menschen gründlicher einander an als die Fährnisse und Freuden einer gemeinsamen Reise.

Unsere Dreierschaft wurde auf diese Weise zu einem Dreierbund, und wir wussten, was sich nunmehr über Jahre hin bestätigen würde: dass Verlass aufeinander war.

Wir suchten und fanden – dank der Findigkeit Jochen Stoehrs – auch ein Haus. Eine Gründerzeit-Villa aus reicher Epoche, einst der Familie Linde erbaut. Zuletzt hatte das Gebäude britischen Offizieren der Besatzungsmacht als Casino gedient, – und war in entsprechendem Zustand. Seine Adresse war in einem der schönsten Villenvororte Groß-Berlins, dem durch die Fülle der herrschaftlichen, vielfach von Gelehrten, Künstlern und Industriellen erbauten Häuser ausgezeichneten Stadtteil Grunewald. Baum- und seenreich, und die alleeartigen Straßen bieten sich dem gelehrten Temperament zum Spaziergang einladend und gedankenfördernd an. Solide auch das finanzielle Fundament, nicht zuletzt dank der Anschubförderung durch die großzügige Gabe der Volkswagen-Stiftung, mit deren Hilfe die staatlichen

Mittel in der aufwändigen Anfangsphase hilfreich komplettiert wurden.

Diese Mittel lieferten etwa hälftig die Bundesrepublik, die damals noch »Bonn« hieß, und die Stadt Berlin. Sie regelmäßig einzuwerben und angemessen zu verwalten war eine der wichtigsten Aufgaben des Sekretärs, – das Kolleg durfte sich glücklich schätzen, dem Deutschen Akademischen Austauschdienst den Juristen Dr. Joachim Nettelbeck abgeworben zu haben, der nunmehr dem Rektor zur Seite das an Verantwortung, auch an Mühen reiche Amt der Administration und der Obhut über etwa dreißig Angestellte auf sich nahm. Ohne seine die Finessen der Kameralistik präzis durchschauenden und sie seinerseits virtuos nutzenden Fähigkeiten hätte das Unternehmen nicht gedeihen können. Übrigens war er über den administrativen Part hinaus jedem der Rektoren kompetenter Berater auch im wissenschaftspolitischen und personalen Bereich, und wie er es vermochte, den Haushaltsplan jeweils in Übereinstimmung zu bringen mit den kruden Forderungen der Realität, bleibt allemal ein wunderreiches Rätsel.

Der Aufenthalt eines jeden Fellows (wir fanden keine sinnvoller charakterisierende Bezeichnung für unsere Gäste) sollte sich grundsätzlich auf ein Jahr bemessen. Anders die Bewältigung eines förderlichen und auf gewisse Kontinuität angewiesenen, sich kollegial austauschenden wissenschaftlichen Arbeitsvorhabens nicht vorstellbar war. Überdies ging es dem

Gründergeist ja auch um die entschiedene Absicht, den Wissenschaftlern aus der Fremde die Stadt Berlin nahe zu bringen: ihre Vitalität, ihre Daseinslust, ihre kulturelle Vielfalt, ihre nüchtern-gewitzte Mentalität, ihren Überlebenswillen.

Die Qualität und damit die Daseinsberechtigung des Kollegs steht und fällt mit der Qualität der Eingeladenen. So wurde der Prozess der Auswahl zu einem Kerngebiet der inneren Arbeit. Es wurde ein Wissenschaftlicher Beirat gegründet, aus hervorragenden Repräsentanten der wissenschaftlichen Disziplinen bestehend, deren jeder auch als potentieller Fellow gelten konnte. Mit Hilfe sorgfältig und zeitaufwändig eingeholter Gutachten ist der Beirat dann ermächtigt, sein Votum abzugeben. Das letzte Wort hat der Rektor. Das Zahlenverhältnis von Vorgeschlagenen (oder sich Vorschlagenden) zu schließlich Gewählten war über die Jahre hin unterschiedlich, pendelt sich aber im zeitlangen Überblick ein auf eine Relation Eins zu Fünf.

Fixpunkt im Gefälle der Zeit ist das tägliche Mittagsmahl, der Lunch. Dem eine zentrale Funktion zukommt. Es sorgt dafür, dass die Fellows sich kolloquial miteinander vertraut machen, regelmäßig treffen und das Tischgespräch über die Unterhaltung hinaus nutzen zur Beförderung ihrer Arbeitsvorhaben im Sinne auch des gemeinschaftlichen und korrespondierenden Handelns. So wurde aus gutem Grunde an dieser Einrichtung stetig festgehalten, – wenngleich die jeweiligen Jahrgänge einmal mehr und einmal weniger an ihr zu rütteln versucht waren, – zumeist aus dem soliden Motiv der *Stabilitas loci*: Nicht jedem gefällt es, zur Mittagszeit seine Arbeit zu unterbrechen und sich ins Haupthaus zu verfügen. Aber es gab Gründe, das Prinzip beizubehalten, obwohl sich im Einzelnen gewisse Modifizierungen nahe anboten. Hier ist von einer meiner Niederlagen zu berichten:

Tief und dauernd beeindruckt durch meine Besuche in Oxford und Cambridge, hatte sich in mir die Überzeugung verfestigt, dass dem Prinzip Form und ihrer Tradierung eine wesentliche Funktion innerhalb der kulturellen Ausbildung jedes intelligenten Wesens zukommt. Zumal in der Verfassung einer Gemeinschaft. Die Wahrnehmung und Wahrung äußerer Formen nimmt ihren Weg in die Innenwelt humanen Verhaltens, schützt das Individuum vor dem Verlust seiner Verfassung. Eine den Dingen innewohnende Würde teilt sich auch den mit ihnen Umgehenden, von ihnen Umgebenen mit. Eine der Form eigene sittlich-ästhetische Ordnung teilt sich auch der harmonischen Gliederung menschlichen Verhaltens mit.

So hatte ich denn zu allem Anfang die Tische des Speisesaals in U-Form zusammenrücken lassen. An der kurzen, der Verbindungsseite war der Platz für den Rektor, und neben ihm nach Belieben einige Fellows. Oder die Gäste von außerhalb, die uns aus Neugier und Wissbegier aufsuchten, dem Kolleg kurzfristig auf lockere Weise verbunden durch die Kollegialität mit einzelnen Fellows. Und die Politiker, an deren Interesse uns gelegen sein musste. Der Rektor stellte die Gäste zu Beginn der Mahlzeit jeweils dem Plenum vor.

Das schien mir eine Komposition der Angemessenheit. Sie wurde indes kritisiert, nicht zuletzt weil sich in ihr so etwas zu spiegeln schien wie eine hierarchische Struktur, – ein Verdacht, gegen den ich nicht eigentlich etwas einzuwenden wusste. Irgendwann aber, nach drei oder vier Jahren, geschah es, dass die Innenarchitektur aufgelöst, die Tische ihrer isolierten Eigenständigkeit zurückgegeben, der Speisesaal durchsetzt war mit Einzeltischen zu je etwa acht Plätzen. So wollte es das Demokratieverständnis einer Mehrheit, und der Rektor ließ es bewenden.

Bei dieser Gelegenheit ist von einer anderen Niederlage des Gründungsrektors zu berichten. Ich war in einfältiger Arglosigkeit davon überzeugt, dass ein jeder Fellow nach Empfang der Zusage es als selbstverständlich ansehen würde, sich der Sprache der Stadt zu vergewissern, die ihn für ein Jahr aufnehmen würde. Der Sprache der deutschen Hauptstadt. Nicht zuletzt, um sich mit den deutschen Fellows ungezwungen unterhalten zu können (die etwa ein Drittel der Belegschaft ausmachten und ausmachen sollten). Vor allem aber, um sich ohne Not zurechtzufinden in der fremden neuen Umgebung. Überdies war (und bin) ich überzeugt – und weiß mich mit dieser Überzeugung im Einklang mit einer nicht nur wissenschaftlich autorisierten gängigen Gewissheit –, dass mit dem Erlernen einer fremden Sprache ein Kulturzuwachs und eine Persönlichkeitserweiterung verbunden ist, deren der Gebildete sich – sei's auch mit einiger Mühe – dankbar bemächtigt. Auch wird man es als einen Akt der Höflichkeit begrüßen, dass der Eingeladene die Sprache und das Sprechen der Gastgeber versteht und entsprechend zu reagieren gerüstet ist. Das Hauptmotiv aber, das mich bewog, als Umgangssprache in einem Haus der Gelehrsamkeit die deutsche Sprache anzusetzen, war die Überzeugung, dass Deutsch als Wissenschaftssprache konsequente Erhaltung und lebhafte Förderung verdient. Dass die Naturwissenschaften sich längst geeinigt haben auf Englisch als ihre Lingua franca, ist altbekannt. Aber nach wie vor soll die These gelten, dass auf dem Felde der Geisteswissenschaften die Kenntnis des Deutschen unentbehrlich ist. Denn jegliches Verstehen der Philosophie von Kant über Hegel und Schopenhauer bis hin zu Nietzsche und Heidegger; jegliches Verstehen der fundamentalen Werke der Geschichtswissenschaft, der Theologie, der Musikwissenschaft, der Kunstwissenschaft, der Soziologie ist an das Verstehen des Urtextes gebunden. Ranke und Burckhardt und Karl Barth und Max Weber und Bultmann und Habermas erschließen sich dem Verständnis nur in ihrer eigenen, ihnen zugehörigen Sprache, die Teil ihrer Aussagen ist und die in einer wenn auch kompetenten Übersetzung eine Minderung ihrer Wahrheit erfährt. Zu schweigen von den Dichtern und ihren Gesellen.

So weit, so gut. Aber die internationale Dominanz

des amerikanischen Englisch überzog Schritt für Schritt auch die Sprachschicht des Deutschen im Wissenschaftskolleg. Es erwies sich, dass vor allem die amerikanischen Gäste ein Erlernen des Deutschen für durchaus entbehrlich hielten, – und die beflissene Reaktion der Deutschen in und außer Haus gab ihnen insoweit Recht, als man den Fremden gefällig in ihrer Sprache antwortete. So dass auch die wissenschaftlichen Kolloquien zunehmend in englischer, das heißt der amerikanischen Variante der englischen Sprache geführt wurden. Gelegentlich auch die Abendveranstaltungen, zu denen das Kolleg die interessierte Berliner Öffentlichkeit einlud und die zunehmend eine bedeutende Rolle spielten im kulturellen Angebot der Stadt.

Auch begnügt sich zunehmend die Begegnung der Personen im Haus, statt einander – wie es altmodisch so freundlich heißt – die Tageszeit zu entbieten, bewusstlos mit dem geist- und inhaltlosen Anruf »Hallo …!«.

Beiläufige Bemerkungen sehr subjektiver Art, sie betreffen Randzonen, nicht das Zentrum des Geschehens im Wissenschaftskolleg. Von ihm und seiner Geschichte und Leistung zu berichten ist das Institut mit einer Fülle von Zeugnissen selber aufgerufen, – ich beschränke mich bewusst darauf, einige Steine aufblitzen zu lassen in dem großen Mosaik. Das heißt punktuell zu berichten von Menschen und Dingen, die dem Cursus meiner eigenen Geschichtserzählung Akzente gaben.

Wenn es einen Gründer des Wissenschaftskollegs gibt, und einen Gründungsrektor, – dann ist auch, und zwar im Tone der Verehrung und Dankbarkeit, von einem Gründungsfellow zu reden.

Der erste Fellow

Es begann am 7. September 1980. Ein Abendessen in unserer Wohnung in der Charlottenburger Carmerstraße 1, nahe dem Steinplatz. Der Ehrenplatz am Tisch war einem 82-jährigen Herrn eingeräumt. Ihm gegenüber Hellmut Becker. Unter den übrigen Gästen Wolf Jobst und Imke Siedler. Als der alte Herr sich zum Abschied eintrug in das Gästebuch, fügte er dem Namen *Gershom Scholem* ergänzend oder kommentierend hinzu: »... redete viel«.

Vielleicht hat er viel geredet, sein Leben lang. Aber er redete nie genug. Es war ein großes Bedürfnis in ihm, Zeugnis abzulegen von sich selbst, die Zahl der autobiografischen Dokumente ist enorm: Drei Bände Briefe (1914–1982), der Briefwechsel mit seiner Mutter, mit Walter Benjamin, die Tagebücher der frühen Jahre; die *Geschichte einer Freundschaft* (mit Walter Benjamin); die Autobiografie *Von Berlin nach Jerusalem*; und posthum die Briefe an Werner Kraft.

Es ist, als wollte er seiner Zeit ein exemplarisches Leben demonstrativ vorzeigen. Das Leben eines Mannes, der Repräsentant war einer Wissenschaft, zu der er aus innerstem Antrieb, innerster Notwendigkeit gefunden, die er selber erfunden hatte. Die Wissenschaft vom Judentum, von dessen »Seele« in ihrer Mystik, ihrer Religiosität. Aber indem er sie, diese Wissenschaft, repräsentierte, war er mehr als ihr erudierter Vertreter. Er war der Repräsentant des Schicksals der deutschen Juden (– nicht der jüdischen Deutschen). Sein Forschungsfeld war wahrlich die Existenzphilosophie. Ein Jude in diesem deutschen, von Deutschland gebrannten Jahrhundert. Ein Leben, das begann in Berlin und das endete in Jerusalem, – und so auch der erwähnte Titel seiner die Jugendjahre beschreibenden Autobiografie, der schon den weiteren weiten Weg vorwegnahm. Sie hätte auch heißen können: Von *Gerhard* zu *Gershom*.

Ein Leben, dessen Lehre sein kann, dass jenseits aller wohlgemeinten und gefühlsträchtigen Worte zu *Wochen der Brüderlichkeit* und ähnlichen human konzipierten Ereignissen all jene Begriffe zu Schlagwörtern degenerieren, die frohgemut von den Leistungen der Emanzipation und Assimilation sprechen und von dem deutsch-jüdischen Amalgam. Scholems langes Leben verwies allen aufklärerischen Optimismus, verwies die rituelle Berufung auf die Lessing und Mommsen in das Reich der Illusion, der Utopie, »ein schöner Traum«. Und er stritt gegen den beharrlichen Hang zum Selbstbetrug der Juden in Deutschland. Ein deutscher Jude bleibt – nicht nach dem Verständnis der Nichtjuden, aber nach *seinem* Verständnis – immer auch ein Bürger Israels. Gershom Scholem – ein vorbehaltlicher Zionist. Zionist, der er war nicht aus politischer, sondern aus moralischer Überzeugung. Diesem Israel verpflichtet als einer, der – wie Martin Buber, wie Leo Baeck, aber eben anders als sie – sein Denken und Handeln der inneren Erneuerung des Judentums widmete. Einer, der das Schicksal und seine Forderung, Jude *und* Deutscher zu sein, als Aporie erkannte, – als Weglosigkeit also, und der diesen Weg der Weglosigkeit ging.

Man kann auf dem jüdischen Friedhof Weißensee ihm und den Seinen begegnen: das Grab seiner Mutter; seines Vaters; seines Bruders, der 1940 im Konzentrationslager Buchenwald ermordet wurde. Auf dem Stein die Namen: *Arthur Scholem* (gest. 1925); *Betty Scholem, geb. Hirsch* (gest. in Sydney 1946); *Werner Scholem* (der 1940 ermordete Bruder); und *Erich Scholem* (der andere Bruder, der 1965 in Sydney starb).

Dann aber ist, nach dem 21. Februar 1982, hinzugemeißelt worden der Name *Gerhard G. Scholem.* Begraben ist er in Jerusalem. Aber er hat zwei Gräber, ein deutsches, ein jüdisches. Das jüdische ist das endgültige.

Es wäre pure Anmaßung, wollte ich mit dem Gestus der Kompetenz von der Leistung des großen Gelehrten reden, von dem Ergründer der Kabbala, dem Judaisten, dem Philosophen, dem Philologen. Der erste Fellow aber war er insofern, als er der Größte war in diesem ersten Jahrgang des Wissenschaftskollegs 1981/82. Und doch zögert der betrachtende Blick, ihn mit dem Schein gleichmachender

Kollegialität als unseren *Fellow* zu bezeichnen, – so hat es Hartmut von Hentig, auch er Genosse dieses ersten Coetus, in seiner bewegenden Gedenkrede gesagt: Es ist ein Akt auch der Hoffart, wenn wir uns als seine Fellows bezeichnen, so durfte *er* uns sehen, nicht wir ihn, – er war weit über uns, auch wenn er mit uns war, und insofern nicht der erste Fellow, sondern ein Einziger.

So sehen wir ihn vor uns, die wir damals seine Gastgeber sein durften: hoch aufgeschossen, aber sanft – nein, nicht gebeugt, jedoch geneigt. Voller Lebhaftigkeit mit jünglingshafter Neugier dem Gespräch und dem Gesprächspartner zugewandt. Die großen Ohren nicht etwa im banalen Sinne abstehend, sondern wie Lauscher in die Welt gestreckt, um jegliches Signal aufzunehmen. Sein Gebaren vielleicht autoritativ, nie autoritär. Von der behutsamsten Höflichkeit gegenüber den Mitarbeitern, den Angestellten. In seinem Arbeitszimmer – am Ende des Ganges links im Parterre der Wallotstraße 19 – hielt er inmitten der vielen Bücher und Manuskripte immer eine Schachtel bereit mit Schokoladen, die er freigebig aber bedacht austeilte an solche, die dieser Verwöhnung würdig waren. Zum selbst mitgebrachten Inventar zählte auch der Regenschirm, nach seinen Worten ausschließlich dazu da, um vergessen zu werden … Und, so gut er reden konnte, so gut verstand er zuzuhören. Wenngleich eine gewisse Ungeduld unverkennbar war im Falle intellektueller Insuffizienz des anderen, der dann kein Partner mehr war, sondern ein Gegenüber.

Er hat kein Wesens davon gemacht, aber seine Bereitschaft, die Einladung des Wissenschaftskollegs anzunehmen, war eine Geste großer Menschlichkeit. Da war nichts von Vergeben oder gar Vergessen, sondern der klare, der entschiedene Wille, nach dem Geschehenen das Geschehende zu beobachten, kennen zu lernen. Da war nach dem Erleben dieses Geschichtsereignisses von unfasslich-unbeschreibbarer Unmenschlichkeit, gleichwohl von Menschen gemacht, – nach dem Erleben dieser Hitlerschen, nationalsozialistischen, dieser deutschen Epoche, war der Schritt zurück nach Berlin ein Schritt voraus, und einer von hoher Humanität. Und es traf sich, dass er koinzidierte mit einem anderen Vorgang, mit Scholems Wahl in die Friedensklasse des Ordens *Pour le Mérite*, auch hier war es sein Ja, das Größe bezeugte.

Ich setzte ein mit der Erinnerung an jenes Abendessen, dessen Folge Scholems Zusage war, sich zu einem Institut zu bekennen, das damals nichts war als Wille und Vorstellung, nichts war als Absicht und Versprechen. Sich zu diesem Projekt in seiner ersten Stunde zu bekennen bedeutete für diese damals ungesicherte und von mancherlei Anfechtung, Zweifel und Gegnerschaft bedrohte Institution eine Armierung, die uns – sagen wir: bis auf eine Ferse – unverwundbar machte.

Scholems Bereitschaft, das Bemühen um ein neues Verstehen und ein neues Verständnis für dieses Deutschland und seine Haltung zum Judentum zu demonstrieren, erwies sich auch in seiner Bereitschaft, die Einweihungsfeier im November 1981 zu einem Ereignis zu machen, das der Weihe des Hauses gleichkam. Er schenkte uns, schenkte der Stadt und ihren bedeutendsten kulturellen und politischen Repräsentanten den Vortrag über *Die Stellung der Kabbala in der europäischen Geistesgeschichte*. Diese Stellung und Wirkung ist ein Symptom für den Reichtum der Einseitigkeit, – nicht etwa für ein (behauptetes) wechselseitiges Geben und Nehmen. Sondern die Nichtjuden, sie waren – jenseits der jüdischen Religiosität – die Empfangenden über die Jahrhunderte hinweg, und sie gaben wenig. Aber sie gaben anderes, gaben in reichem Maße Verhöhnung, Vertreibung, Brandschatzung und Mord.

Ich sage es mit den Worten von Walter Boehlich:

Sie haben in der Tat den Deutschen, die ihnen den Tod gaben ihrerseits, viel gegeben, mehr als anderen (...), und sie geben ihnen nach ihrer Auslöschung immer noch, was heißt, daß der Versuch der Juden, unter Deutschen zu leben, nicht ganz ohne Folgen geblieben ist. Selbst wenn die Juden und die Deutschen keine gemeinsame Geschichte gehabt haben, sondern nur einige Deutsche und einige Juden unterschiedlich positiv aufeinander reagiert haben, ist diese mißglückte ›Geschichte‹ doch Geschichte und damit ein Stück künftiger Möglichkeit.

Scholem, er war als der Älteste einer der Jüngsten unter unserem Dach, von unermüdeter Unmittelbarkeit im Gespräch, im modellhaften Durchdenken der Probleme vor der Zeugenschaft der Lernenden. Nie eitel oder gar arrogant, sondern von entschiedener Deutlichkeit, die gelegentlich durchsetzt war mit unverstellter Missbilligung angesichts klagenswert sich enthüllender Ahnungslosigkeit. Die Sprache verlor, ganz bewusst, nie ihren Berliner Tonfall, den hatte er geliebt von Jugend auf, und ihn in seiner volkstümlichsten Lautung tönen zu lassen, war in dem bürgerlich-häuslichen Ambiente der Familie verpönt. Die Kenner bezeugen, dass dieser berlinische Klang auch durchschlug in Scholems Gebrauch des Hebräischen, dem er gelegentlich, wenn es denn anders nicht ging, das definitive Wort »Quatsch!« untermischte ...

Er war auch ein wunderbarer Briefschreiber. Auf die Bitte des Rektors hin, die Eröffnung des Kollegs zu einer Feier zu machen durch seinen Festvortrag, war seine Antwort von jener liebenswürdigen Grandezza, die alle seine brieflichen Äußerungen auszeichnete und trug:

Selbstverständlich kann ich mich Ihrer Bitte nicht entziehen und werde also wunschgemäß und mit geschwollener Brust – vorausgesetzt dass ich nicht gerade Bronchitis habe, wofür ja im November die beste Chance besteht – den wissenschaftlichen Vortrag bei dieser feierlichen Eröffnung halten, wobei ich mich gebührend als Jude, Israeli, Berliner und Kabbala-Forscher (...) vorstellen darf. (...) Ob es mir gelingen wird, das Publikum bei Laune zu halten, ist eine heikle Frage, da ich meinen Berliner Mutterwitz sowohl mit Rücksicht auf den Ernst des Themas (...) als auch die Erhabenheit der Stunde, nicht besonders strapazieren darf. Ich muss da also auf allseitige Liberalität und eventuelles Gratisangebot eines Antischlafmittels rekurrieren.

Unnötig zu beteuern, dass es dessen nicht bedurfte, das Antischlafmittel war der Redner selbst.

Anfang Dezember 1981 zog sich Scholem durch einen Sturz eine Hüftverletzung zu und musste mit der Hoffnung und Aussicht auf Erholung die Zeit des deutschen Weihnachtsfestes nutzen, um mit seiner Gattin Fania über die Schweiz nach Jerusalem zurückzukehren. Gast und Gastgeber glaubten an eine begrenzte Zeit der Trennung und sahen getrost der baldigen Wiederkehr entgegen. Scholems Brief aus Jerusalem vom 31. Januar 1982 ist der letzte, den er uns geschrieben hat, vermutlich einer seiner letzten Briefe überhaupt. Er berichtet von dem »Zustand meiner Hüfte«, der sich »auf natürliche Weise verbessert« habe. Keine Schmerzen mehr. »Wohl aber hat die außerordentliche Schwäche und Unfähigkeit zur Konzentration auf produktive Arbeit, die ich im Wissenschaftskolleg leisten wollte, die wachsende Besorgnis zuerst meines behandelnden Arztes und dann der Ärzte in der internen Abteilung des Universitäts-

Hospitals Hadassah auf sich gezogen.« Alle Untersuchungen seien »wie schon die vorigen in Zürich und Berlin ohne Ergebnis geblieben«, und es seien die Ärzte »vorläufig noch immer ratlos. Sie raten mir, bei dem klar vorliegenden Befund von Schmerzen und Schwäche bis auf weiteres nicht nach Berlin zurückzukehren.« Und auf die anrührendste Weise entschuldigt sich ein todkranker Mann dafür, dass er uns um Geduld bitten muss, »da ich vorläufig unfähig bin, den Erwartungen zu entsprechen, die Sie mit Recht auf mich setzten. Vor allem mein geplantes Buch zu schreiben, zu dem alle Materialien in meinem Arbeitszimmer in der Wallotstraße geblieben sind.«

Dann folgt ein Satz, der von jenem helfenden Nichtahnen, von jener schönen Illusion zeugt, die der letzten Phase des Lebens noch eine gewisse Tröstlichkeit zu geben vermag, – und die sich vermutlich dem wohl überlegten Beschluss der schweigenden Ärzte verdankt: »Jedenfalls haben sich alle Verdächte auf ernstere Erkrankungen, wie etwa Krebs, als grundlos erwiesen.«

Der Brief schließt bewegend mit »herzlichen Grüßen und Entschuldigung an alle Kollegen unserer Gruppe« und mit der Bitte, »mich auch den Mitarbeitern des Kollegs für alles mir erwiesene Entgegenkommen mit herzlichem Dank in Erinnerung zu bringen«. (Und dem Worte »Mitarbeiter« hat er in feinster *political correctness* handschriftlich noch in Klammern das femininisierende Suffix -»innen« hinzugefügt.)

Drei Wochen später war Gershom Scholem tot, gestorben am 21. Februar 1982. Alle Welt – und nicht nur die gelehrte – trauerte um ihn. Das Wissenschaftskolleg feierte sein Andenken in einer Gedenkstunde im Juli 1982, seine Frau Fania war zugegen, es sprachen so würdig wie erhellend Klaus Schütz als ehemaliger deutscher Botschafter in Israel und sein Schüler und Nachfolger auf dem Lehrstuhl Zwi Werblowsky; – und im Namen der Fellows seines Jahrgangs Hartmut von Hentig. Und ließen den Menschen und sein Werk wissensreich und aus persönlichem Erleben wie gelehrter Nachfolge vor uns anschaulich werden.

Seine Witwe schrieb nach der Heimkehr von dieser Gedenkfeier die anrührenden Worte: »Mein Mann war sehr gern im Institut und genoss die letzten (sagen wir die vorletzten) Wochen seines Lebens in Arbeit und Tätigkeit, obwohl er schon so krank war. Das wussten wir aber nicht, da die Ärzte alle, in Israel, in der Schweiz und in Berlin fest behauptet haben er wäre gesund, und spielte er vor sich selbst gesund« (13. Juli 1982).

Das war ein halbes Jahr nach seinem Tod. Unmittelbar nach dem Erhalt aber der Todesnachricht hatte der Rektor einige Sätze an die Witwe geschrieben, die man nicht der üblichen Beileidsrhetorik zuschlagen wird, sie entsprangen dem unmittelbaren Impuls und spiegeln die dunkle Schwermut wider, die das Kolleg erfüllte:

Kein Tag, an dem hier in unserem Hause nicht sein
Name fällt, keine Gelegenheit, bei der nicht die
zuversichtliche Vermutung geäußert wird, hier hätte
er, Gershom Scholem, uns ein wichtiges, klärendes,
Zweifel beseitigendes oder Zweifel förderndes Wort
zu sagen. Er war uns allen hier nicht nur Freund
und Lehrer, sondern ein Vorbild in der strengen
Weisheit und der lauteren Güte seines Denkens,
Handelns und Argumentierens (2. März 1982).

(Als triste Kuriosität, wie sie Teil des realen Lebens-
vollzugs ist, sei noch erwähnt, dass uns, datiert vom
25. Februar 1982, also vier Tage nach Scholems Hin-
scheiden, ein Formblatt des Finanzamtes Zehlendorf
erreichte, darin es heißt: »Sehr geehrter Herr Prof.
Dr. Scholem! Nach meinen Unterlagen haben Sie
Stipendien aus dem Wissenschaftskolleg erhalten. Ich
bitte um schriftliche oder telefonische Mitteilung
innerhalb einer Woche, bei welchem Finanzamt und
unter welcher Steuernummer Sie einkommenssteuer-
lich geführt werden.«

Scholems bemerkenswerter berlinisch-jüdisch ge-
tönter Humor hätte sich gewiss bei dieser Frage nach
der nunmehr gültigen Adresse eines zuständigen
Finanzamtes und der Steuernummer erheitert, – wo
immer sie ihn erreicht haben mag ...

Übrigens kann ich die beiläufige, aber doch auf-
fallende Bezüglichkeit nicht unterschlagen, dass das
schreibende Finanzamt auch eine Adresse hat, und
zwar: »Martin-Buber-Straße 20« ...!)

Jeglichem Gedenken an die Furchtbarkeit des deutschen Judenmordes ist die Gefahr des Scheiterns immanent. Das gilt auch für jegliche Form eines Mahnmals. Es ist deutlich, worin die letztlich unaufhebbare Schwierigkeit besteht. Eine Aporie. Es geht um die künstlerische, die bildhafte Verdinglichung eines Vorgangs, der sich in seiner Furchtbarkeit allem Verstehen entzieht. So hat es Dolf Sternberger einmal ausgedrückt, als es um das *Schweigen über Auschwitz* ging:

> *Die wahnsinnige Untat, die mit dem Namen ›Auschwitz‹ bezeichnet wird, läßt sich in Wahrheit gar nicht verstehen, läßt sich nur berichten ... Wer aber den Zweck dieser Verrichtung, wer die Ausführung dieses Plans als solche verstehen wollte, der müßte darüber den Verstand verlieren. Und wer den Verstand nicht zu verlieren imstande ist, der hat dieses Phänomen ›Auschwitz‹ noch gar nicht eigentlich wahrgenommen.*

Eine solche Überlegung macht begreiflich, warum auch die ehrlichste Gedenkrede zu veräußerlichen droht wie ein tönend Erz oder eine klingende Schelle ...

Golo Mann hat solches bedenkend einmal Worte tiefer bitterer Schwermut gefunden, das Geschäft des Historikers weit hinter sich zurücklassend, und an die ältere Generation unter uns Lebenden denkend, die in der ihr nachfolgenden nicht aufgehoben ist:

Wer die dreißiger und vierziger Jahre als Deutscher durchlebt hat, (...) der kann seiner Nation nie mehr völlig trauen, der kann der Demokratie so wenig völlig trauen wie einer anderen Staatsform, der kann dem Menschen überhaupt nicht mehr völlig trauen und am wenigsten dem, was Optimisten früher den ›Sinn der Geschichte‹ nannten. Der wird, wie sehr er sich auch Mühe geben mag und soll, in tiefster Seele traurig bleiben, bis er stirbt.

Die Generation, die Generationen nach diesem Wort eines großen Schilderers geschichtlicher Epochen werden mit sich selbst ausmachen müssen, inwieweit dieses Gesetz der grenzenlosen Traurigkeit für sie gilt. Man würde gern mit Gershom Scholem über dieses Urteil sprechen, sich von ihm belehren, sich von ihm provozieren lassen im Disput über das Wesen der Geschichte, das Wesen Gottes (nicht nur des jüdischen), über den Mythos und das Mythische, über das Numinose der Sprache und ihre Metaphysik.

Übrigens: Er schrieb in drei Sprachen, Englisch und Hebräisch und Deutsch, – aber sein Deutsch ist von einer Klarheit und Transparenz, die man erklärend zurückführen möchte auch auf seinen Auszug aus dem deutschen Sprachgebiet 1923. Seine Worte sind noch ›rein‹, sind gewissermaßen unbefleckt. Er schrieb, wie Jörg Drews es im Nachwort der Briefe ausdrückte,

ein so genaues, sachliches und uneitles Deutsch (...),
wie es in unserer Generation gar nicht mehr vor-
kommt. Es gibt Passagen seiner Schriften, etwa auch
in den drei Bänden ›Judaica‹ in der Bibliothek
Suhrkamp, die man über das Inhaltliche hinaus
lesen kann als vollkommene Modelle einer An-
gemessenheit der Sprache zur verhandelten Sache.
Das ist, was die Alten die Adaequatio verbi ad rem
nannten.

Ich will hier nicht dem Automatismus einer verklä-
renden Gedenkrhetorik anheimfallen und so tun,
als wäre das persönliche Wesen dieses Mannes nur
von sanfter Liebenswürdigkeit gezeichnet gewesen,
besonnt von der Gabe alles-verstehender Menschlichkeit. Er konnte auch starrsinnig sein, wie seine
Freunde und Kollegen bezeugen, – Jörg Drews
spricht freundlich von seinem »kauzig-trockenen
Charme« –, und wie dürfte man wohl annehmen,
dass »seine oft qualvolle Suche nach dem Wesen des
Judentums« nicht auch ihre Scharten gegraben hätte
in die Wesensschichten des großen Mannes. Das kann
nicht abgehen ohne die Härte von Gegensätzen und
Widersprüchen. Wie denn auch bezeichnend ist »für
Scholems sperrige Größe, daß sein Werk sich nicht
eindeutig einer einzigen Disziplin zuordnen läßt«
(Gary Smith).
Wenige hundert Schritte vom Wissenschaftskolleg
entfernt, im Hause Delbrückstraße 23 (Ecke der jet-
zigen Richard-Strauss-Straße) machte der damals

17-jährige Gerhard Scholem einem fünf Jahre Älteren einen ersten Besuch, – auf durchaus zeremoniöse Weise und infolge eines ihm zugegangenen Einladungs-Billets. Das war der Beginn der wichtigsten Beziehung seines Lebens, der Freundschaft zu Walter Benjamin. Zu jenem Benjamin, um den er beharrlich gerungen hat, ohne doch, obwohl der Jüngere, sein Jünger zu sein. Denn er war der Weisere. Und den er nicht hat retten können (es ist aber auch wohl der Gedanke erlaubt, dass Benjamin gar nicht hatte gerettet werden wollen ...). Eines der Zeugnisse dieser Beziehung sind *95 Thesen über Judentum und Zionismus, teils aus alten, teils aus ungeschriebenen Büchern ausgezogen und aufgestellt.* Sie sind vielfach dialektisch gewendet und zum Teil Gegenthesen ihrer selbst, »als eine Herausforderung gedacht, durchaus im Gestus der 95 Thesen, die Luther an der Tür der Schlosskirche zu Wittenberg anschlug« (Gary Smith). Bestimmt waren sie als Gabe für Benjamin zu dessen 26. Geburtstag. Ihm aber nicht überreicht, – »nicht ausgeführt!«, wie Scholem notierte, und zum ersten Male 1995 publiziert. Ihre Ursprünge, ihre Quellen und ihre Bedeutung für Scholem und Benjamin wie für die Ergründung des Judentums und seiner »Seele« zu erwägen, kann meine Sache nicht sein, ich begnüge mich, zwei von ihnen zum Abschluss dieser sehr persönlich getönten Erinnerungen zu zitieren, sie scheinen mir den Geist des Mannes auf wunderbare Weise zu reflektieren. Und ich beziehe sie kontrapunktisch aufeinander:

10. Gerechtigkeit ist der höchste Ausdruck der Ordnung im Judentum.

13. Mit Gerechtigkeit zaubert man nicht, wohl aber mit Liebe.

Wie die Arbeit
im Wissenschaftskolleg anfing

Es war an einem noch spätsommerlich grüßenden Herbsttag, dem 6. November des Jahres 1981, dass die Arbeit des Wissenschaftskollegs offiziell ihren Anfang nahm und die ersten Fellows einzogen. Und zwar in das Mutterhaus Wallotstraße 19. Als Ausdruck der wachsenden Bedeutung und Ausstrahlung des Kollegs gilt uns dann im Laufe der nächsten Jahre auch das Wuchern des Gebäudekomplexes, der sich schließlich auf vier Häuser bemaß.

Die ersten Fellows mit ihren, das verdient ausdrückliche Erwähnung, Familienangehörigen. Denn von allem Anfang an wussten wir uns des Gesetzes der familiären Bande verpflichtet, die Einladung galt also auch dem weiblichen oder männlichen Ehegatten (später dann den so genannten »Lebensgefährten«, – als träfe solche Bestimmung nicht auch den Ehepartner und die Kinder).

Doch empfanden wir es auch als nicht weniger natürlich, wenn ein Fellow die Abgeschiedenheit und Distanz von der gewohnten Umgebung über eine gewisse Zeitdauer hin für angemessen hielt und als Einzelgänger kam. An der schlichten Eröffnungsfeier nahm auch die Politik teil, – und ihre Repräsentanten und Exekutoren erhielten uns in der Folgezeit ihre Anteilnahme in Treue. Damals war es der Regierende Bürgermeister Richard von Weizsäcker, und unser unmittelbarer Dienstherr war als Nachfolger von Peter Glotz, wie schon erwähnt, der Jurist Wilhelm Kewenig. Das Haus bleibt ihrem fördernden Wohlwollen für alle Zeit verpflichtet.

Richard von Weizsäcker ist ein deutscher Glücksfall, in ihm vereinigt sich, was hierzulande so selten zusammenfindet: Persönlichkeitsstruktur und Traditionsbewusstsein, Neigung zum Neuen und Wahrung des Bewährten, Geistnähe ohne Entrückung ins Unfassliche, Bürgernähe ohne das Abgleiten in populistische Scheingemeinsamkeit. Den Wissenschaften und Künsten zugetan nicht als Ausdruck von Amtspflicht, sondern seinem eigenen inneren Bedürfnis folgend als einem Gesetz.

Und all dies im Dienste jener Passion, die hierzulande als Profession sich antithetisch, ja feindlich profiliert zu allem, was mit intellektueller Analyse und musischer Welterfassung zu tun hat: im Dienste der Politik.

Mir ist bewusst, dass ich damit eines der Urthemen der menschlichen Gesellschaft und ihres Nachdenkens über sich selbst berührt habe. Das Fundamentalthema des Verhältnisses von Macht und Geist. Der König und der Philosoph. Der Feldherr und der Dichter. Friedrich der Große: morgens Mars, abends Apoll zu Diensten.

Ich reduziere die Antinomie auf gewissermaßen häusliche Größen und denke an Verhältnisse, wie sie im 19. und noch im 20. Jahrhundert gängig waren. Denke an die Rolle der Sprache, des Wortes in der Politik und der ihr zugeordneten Diplomatie. Manifeste und Interviews, Depeschen und Noten, geheim und öffentlich, privat als Brief und offiziell als Demarche: Das Wort machte über die Jahrhunderte der Neuzeit hin Wirklichkeit, indem es Politik machte. Geprägt-prägende Form, noch nicht erstarrt zur verholzten Formel. In der von mir noch miterlebten und doch schon der Historie anvertrauten Epoche waren es in unserem Lande zwei Politiker, die von diesem von der Geschichte ihres Metiers gestellten Anspruch bestehen konnten, – und das mit Glanz: Theodor Heuss, der das Welthaltige schwäbisch machte; und Carlo Schmid, der das Schwäbische welthaltig machte.

Und nun, in ihrer Nachfolge, Richard von Weizsäcker. Ich bin zu diesem Urteil befugt, denn der Regierende Bürgermeister, dann Bundespräsident, und der erste Rektor des Wissenschaftskollegs sind einander ungezählte Male – und nicht nur vorübergehend – begegnet. Was die uns ebenfalls verbindende Dreiecksbeziehung Richard Wagner – Richard von Weizsäcker und P. W. angeht, so hat Weizsäcker sie einem eleganten Sprüchlein anvertraut, mit dessen Hilfe er auf sehr unterschiedliche Weise allen dreien gerecht zu sein versucht: »Durch Wapnewski wird Wagner erst erträglich.« So unangemessen und ungerecht dieses Urteil auf den ersten und auch zweiten Blick zu sein scheint, so will ich es doch widerspruchslos hinnehmen, wenn damit angedeutet ist: dass meine Arbeiten zu Wagners Werk manchem Leser den Weg geebnet haben zum Verstehen dieses Kosmos, ohne das sie ärmer geblieben wären. Das weiß auch Weizsäcker, der gerne nach Bayreuth gefahren ist und der interessanterweise gelegentlich den »Tannhäuser« als Wagners »schwierigstes Werk« bezeichnet hat. Was wohl Reflex ist des späten Wagnerschen Selbstzeugnisses, kurz vor seinem Tod formuliert: »Ich bin der Welt noch den Tannhäuser schuldig.«

Weizsäcker blieb dem Wissenschaftskolleg hilfreich wohlgesonnen – von allem Anfang an. Nach den Erfahrungen vergleichbarer Institute in den USA und anderwärts hatten die Planungen als ideale Größe eine Besetzung durch etwa vierzig Fellows errechnet (dazu eine ungenaue Zahl von Angehörigen). Ein Maß, groß genug, um eine allzu engmaschige Verhakelung zu verhindern; und wiederum nicht so groß, als dass an die Stelle der Übersichtlichkeit die Anonymität der Vereinzelung hätte treten können. Der erste Coetus aber umfasste lediglich knapp die Hälfte dieser idealen Quantität, was sich leicht erklärt aus den Schwierigkeiten und Unzulänglichkeiten des Beginns. Das Kolleg war eine unbekannte Adresse, national wie international, die Auswahl war auch auf das Glück der Zufälligkeit angewiesen, und die Arbeit insgesamt auf den Segen der Improvisation.

Auch waren wir risikofreudig gewesen, was die Be-
stallung des Personals anging, – und hatten in der
Folgezeit einige Fehlentscheidungen zu korrigieren.

Im Rückblick aber will es scheinen, als ob diese
Crew 1981/82 durch die Inhomogenität ihrer Zusammensetzung und durch den Appell an ihre Bereitschaft, Neues zu erproben und das Erprobte zu festi-
gen oder zu verwerfen, es an Vitalität und Intensität
des Miteinander nicht nur nicht fehlen ließ, sondern
die Unzulänglichkeiten in Zulänglichkeit, ja Gelingen
verwandelte. So sei nach einem Vierteljahrhundert
ihrer mit Hochachtung gedacht, deren einige ich mit
Namen hervorhebe:

Den Philologen Dietz Bering; den spracherleuch-
tenden Romanisten, Stilforscher und Linguisten Hans
Martin Gauger; den Pädagogen und Altphilologen
Hartmut von Hentig; den Soziologen James S. Cole-
man; den Literaturwissenschaftler und Poeten Bruno
Hillebrand; den Essayisten und Kritiker Hans Egon
Holthusen; den Germanisten und Schriftsteller Uwe
Pörksen; und, was unter den damaligen politischen
Verhältnissen doch als leise Sensation gelten durfte,
vier polnische Gelehrte: Marian Biskup, Gerard
Labuda, Andrzej Tomascewski und Krzysztof Ziel-
nica. Von allem Anfang uns zugehörig in beharr-
licher Gewährung paternaler Freundschaft: der große
Nietzsche-Forscher und -Editor Mazzino Montinari.
Nähere Auskunft über das Gründungsjahr wie die
ihm folgenden liefert das den Gang unserer Arbeit
von Anfang an regelmäßig resümierende Jahrbuch.

Eines Fellows des zweiten Jahrgangs muss besonders gedacht werden. Auf Vorschlag Richard von Weizsäckers kam der Freiherr Axel von dem Bussche zu uns, – der Mann, der [zum Ende des Zweiten Weltkrieges] bewusst sein Leben zu opfern gewillt war, um den anderen zu töten, der den Tod grenzenlos über das alte Europa gebracht hatte. Nicht ehrten wir Bussche, ihn zum Fellow wählend, sondern seine Zusage und Anwesenheit ehrte uns.

Ich habe unter den Fellow-Namen Literaten erwähnt. Das mag verwundern. Indessen waren wir von Anfang an des Systems der *Septem artes liberales* eingedenk, das heißt jenes mittelalterlichen Bildungsgeflechts, das dem *Quadrivium*, also den *artes* der Naturwissenschaften, das musische Komplement, das *Trivium*, zur Seite stellte: Musik und Literatur, ursprünglich unter Rhetorik und Dialektik einbegriffen. Die Gründungsprämisse, die der »reinen Wissenschaft grundsätzlich das Moment der Kunst und des Künstlerischen zugewinnen wollte«, hat sich in der Folge glanzvoll bewährt. Die jeweils zwei oder drei Repräsentanten der Kunst und der ihr zugehörigen ästhetischen Selbstreflexion waren nahezu ausnahmslos Lichtgestalten in der eher monochromen Schar der Wissenschaften, und oft zählten die von ihnen bestrittenen internen oder eher noch die öffentlichen Auftritte zu den Höhepunkten des jeweiligen Jahresprogramms.

Die Kunst und ihre Exekutoren, sie taten, was von je Aufgabe und Beruf der Kunst ist, und taten es auch in unserem kleinen Kreise: Sie bestätigten sich im Programm des *Prodesse* und des *Delectare* und vitalisierten die im Prozess des Denkens und Nachdenkens der Abstraktion zugeneigte Atmosphäre des Hauses. In solchem Sinne wird man es nicht als eine Geste der Ungerechtigkeit gegenüber den Hekatomben der Wissenschaftler ansehen, wenn ich aus der Erinnerung die Namen und Gestalten einiger Kunst-Macher herausfördere: Nach Hans Egon Holthusen Dieter Wellershoff und Adolf Muschg und Reinhard Baumgart und Hans Magnus Enzensberger und Günter de Bruyn und Wolf Biermann und Mario Vargas Llosa und Robert Gernhardt und Jorge Semprún und Péter Nádas. Namen übrigens, wie dem Kenner nicht verborgen bleibt, die nicht die pure Poesie verkörpern, sondern die allesamt als *Poetae docti* der Literatur die Literaturkritik und die Gesetze der Poetik geschwisterlich verbinden. Diese noble Gewohnheit fand dann im Jahre 2002 ihre schönste Rechtfertigung in der Nobilitierung des so liebens- wie rühmenswerten Fellows Imre Kertész durch den Nobelpreis, – den das Kolleg eingeladen hatte, geraume Zeit bevor man an die Möglichkeit dieser so glanzvollen wie hochverdienten Ehrung denken durfte.

Zu den Dichtern traten Musiker, Komponisten, die zu den Größten ihres Metiers zählen: so Josef Tal, Alfred Schnittke, Luigi Nono, Hans Werner Henze, Luca Lombardi, Wolfgang Rihm, György Kurtág, das Artemis-Quartett, Helmut Lachenmann und

György Ligeti und Isabel Mundry und Stefan Litwin und Jörg Widmann. Mit ihnen der Dirigent Michael Gielen und der Komponist und Dirigent Hans Zender. Musik zur Sprache gebracht: so formuliert sich der Beitrag von Walter Levin, einst Primarius des berühmten LaSalle-Quartetts, seine Gesprächskonzerte überfüllten und überfüllen kraft ihrer Attraktivität des Hauses Räume. Gernhardt und Ligeti: Von beiden haben wir im Sommer 2006 Abschied nehmen müssen.

Pierre Boulez für die Dauer eines Fellow-Jahres zu gewinnen wollte uns nicht gelingen, er entschädigte den Verlust indessen durch häufige Vortragsbesuche, in denen er die Prinzipien seiner Musik den staunend Hörenden und Zuhörenden vorstellte.

Offenbar manifestiert sich in diesem Programm auch des Gründungsrektors Liebe zur Musik, die man landläufig wohl eine unglückliche Liebe insofern nennt, als ich im Kindesalter kläglich gescheitert war an dem Versuch, erst das Klavier, dann die Violine zu meistern. Es blieb: ein Kummer, lebenslang.

Zurück zu den Jahresringen des Kollegs. Unter den einzelnen Besatzungen verdienen unsere italienischen Freunde den Vorzug eines nur ihnen gewidmeten Kapitels. Ihr Temperament zeugte von der Gnade des mediterranen Wesens, das unter der hellen Oberfläche der daseinszugewandten Heiterkeit die Tiefe nicht zelebriert, aber sie stetig ahnen lässt. Kultur ist immer der Abgründigkeit nah, und dies zumal, wenn sie so alt und gehärtet ist wie die Substanz der Lateinisch-Römischen. Dank unseren Italienern blühte eine jede Mahlzeit im Gespräch über den Gaben von Brot und Wein, – und nie wurde der Speise die ihr gebührende Achtung vorenthalten. Von Giuseppe Bevilacqua lernten wir, was es auf sich hat mit der Kultur des Weines aus den toskanischen Anbaugebieten, vor allem natürlich mit jener der Sangiovese-Traube. Lernten zu unterscheiden zwischen Dutzenden von *Paste* und erlebten die sich über Stunden hinziehende Prozedur der Bereitung eines klassischen *Risotto Milanese*. Zur Ableistung minderer Küchendienste zog er seine Kollegen heran, vor allem den in heiterer Erbötigkeit ihm zur Hand gehenden Germanisten-Kollegen Luciano Zagari aus Pisa. Der gleiche Bevilacqua hatte zu seinem Bedauern seine Frau Barbara in Florenz zurücklassen müssen, weil sein kleiner Fiat, voll geladen mit Olivenöl, Käse und Stockfisch und Wein (in großen Gemäßen) sowie Trockengemüse und -obst, für einen zweiten Mitfahrenden keinen Platz mehr bot … Dank Giuseppe konnte man die tiefgründige Urverwandtschaft erfahren, die die Früchte der Erde verbindet mit der Dankgebärde der mantisch raunenden Poesie: Dem Literaturwissenschaftler Bevilacqua ist die tiefsinnigste Deutung der Gedichte Celans zu danken.

Nächst des klugen Pisaners Zagari ist Paola Zambellis zu gedenken, der scharfsinnigen Philosophin aus Florenz, – und ihrer abundierenden Gastfreundschaft. Später trat Pierangelo Schiera hinzu, der uns in Pesaro festlich Rossini verstehen ließ (und der, Jahre später, sich verdient machte durch die kompetente Leitung des Italienischen Kulturinstituts in Berlin). Über all diesem italisch leuchtenden Leben aber thronte seit dem ersten Jahr in serener Gelassenheit Mazzino Montinari, großer Nietzsche-Forscher und Editor der endgültigen Ausgabe seiner Werke, die er mit seinem Kollegen Colli begonnen, nach dessen Tod allein weitergeführt hat. Und die er konsequent fortsetzte, begleitet von einer Schar ihm innig anhängender gelehrter Helfer und angetrieben von dem unermüdlich ermunternden und unermüdlich zu Festgelagen einladenden de-Gruyter-Verleger Heinz Wenzel. Das Wissenschaftskolleg rechnet es sich zur Ehre an, dass es sein Teil beitragen durfte zum Gedeihen dieses gewaltigen editorischen Unternehmens. Bis wir, eines bittertraurigen Tages des Jahres 1986, unsern Freund Mazzino zu Grab tragen mussten. Viel zu früh, er war erst 58 Jahre alt.

Das Wissenschaftskolleg sträubt sich grundsätzlich, Berliner Bürger als Fellows aufzunehmen – ganz einfach, weil ihnen ja täglich Gelegenheit gegeben ist, diese Stadt in all ihrer Eigensinnigkeit, in ihrer Museums- und Theater- und Kiez-Kultur auf eigenen Wegen kennen zu lernen. Aber es gab Gründe, diesen Grundsatz nicht allzu streng zu exekutieren. Eine der Ausnahmen, die uns mindestens in gleichem Maße ehrte wie ihn, war Ivan Nagel. Er hatte, kurios genug, 1949 als Student in meinem Gotischen Proseminar in Heidelberg gesessen, sich angesichts der offensichtlichen Entbehrlichkeit dieser Materie herzlich lang-

weilend, aber mir gleichwohl das freundlichste An-
gedenken bewahrend. Hatte dann über die Frankfurter Schule, über Adorno zum Theater gefunden
und wurde zum Meister der Kritik, Dramaturgie und
theatralischen Ästhetik. Um schließlich über München, Stuttgart und Hamburg als Professor an die
Hochschule der Künste nach Berlin zu kommen. Was
das Wissenschaftskolleg seit seinem Fellow-Jahr ihm,
der uns beharrlich verbunden blieb, an Förderung
und geistvoller Belehrung verdankt, mag man aus
der andeutenden Aufzählung seiner Kompetenz ermessen. Von ihm konnte, wer dazu bereit war, lernen,
was unter Geisteskultur zu verstehen ist: der organische Umgang des Erkenntnisvermögens mit Dichtung, Musik und Bildender Kunst, mit Mozart und
Goya, – und der Moral des Politischen.

Schließlich Ivan Illich. Auch er zum Urgestein des
ersten Jahrgangs gehörend und uns treu bis zu seinem 2003 in großer Tapferkeit erwarteten Tode. Ein
kühner Einzelgänger, der die Menschen liebte, sich
und ihnen abseits der gängigen Straßen sonderliche
Wege bahnend, aus dem Studium der alten Kulturen
die neuen Botschaften schöpfend und allen zugetan,
die sich ihm anvertrauten. Und die mit ihm das fer-
vente Misstrauen gegenüber konventionellen Schul-
meinungen teilten, – vor allem der offiziellen Lehre
der Medizin. Ein großer Eigen-Sinniger, seinesgleichen kennt eine nivellierte und hedonistisch orien-
tierte Normgesellschaft nicht mehr.

»Nanu, Sie kennen Korff noch nicht?« Zugegeben,

ein etwas alberner Filmtitel, aber ganz unangebracht ist er doch auch in unserem seriösen Kontext nicht. Denn der Professor der Philosophie Friedrich Wilhelm Korff ist es wahrlich wert, gekannt zu werden. Nicht nur der Philosophie wegen, denn er ist auch Schriftsteller, ist Ingenieur, ist Flieger und Überflieger und manches noch mehr, so dass man ihm, die Ironie mochte noch so schelmisch gemeint sein und der Schelm noch so ironisch, durchaus nahe kam, wenn man ihn den »Grunewald-Leonardo« nannte. Es gelang ihm die Konstruktion eines Motors besonderer Art, dessen Jungfern-Präsentation unseren den leisen Tönen gewidmeten Festraum mit dem berstenden Knattern und den blauen Auspuffwolken des technischen Triumphes sprengte …

Was übrigens die Konzeption des Wissenschaftskollegs angeht, so muss man wissen, dass die Satzung wohlweislich forderte, dass der Rektor Inhaber eines Lehrstuhls an einer der Berliner Universitäten zu sein hatte. Sowohl die Freie Universität wie die Technische Universität waren grundsätzlich bereit, mich aufzunehmen, – doch waren die Gremien der FU nach wie vor insoweit linken Bildungsvorstellungen verpflichtet, als sie mit der Gründung des Wissenschaftskollegs die Vorstellung von einer Elite-Förderung verbanden. Die aber war damals noch zu fürchten und zu perhorreszieren. So vermochte der Präsident, mein Freund und Kollege Eberhard Lämmert, die sich sperrenden Gruppierungen nur mit Millimeterschritten voranzubefördern, – die TU hingegen war der FU weit überlegen und konnte sich pragmatisch der Wirklichkeit zuwenden. Diese Wirklichkeit war meine Berufung auf einen Lehrstuhl für Literatur des Mittelalters und ihre Rezeption.

Die Amtszeit des Rektors beträgt laut Satzung fünf Jahre. Sie zu verlängern ist dem Ermessen des Stiftungsrates freigestellt. Als seine Zeit sich dem Ende zuneigte, galt die größte Sorge des Gründungsrektors der Suche eines Nachfolgers. Denn zwar war das Fundament gelegt, die Bedeutung des Instituts in das allgemeinere Bewusstsein der *Scientific Community* eingraviert, – aber doch konnte, wenn die allgemeine politische und soziale Witterung widrig sein sollte, der noch im Wachstum aufstrebenden Pflanze Schaden widerfahren. Meine Schilderung hat bereits deutlich gemacht, dass diese durchaus nicht von der normativen Kraft des Selbstverständlichen verbürgte Gründung von Anfang an nicht nur in Maßen, sondern in der Fülle fast eines Übermaßes Fortune hatte. Und diese Segenskraft blieb ihr auch treu, als es um die elementar bedeutende Wahl des zweiten Rektors ging. Mit dem Sekretär des Hauses war ich mir einig, dass niemand unseren Wünschen und Bedürfnissen in derart idealem Maße entgegenkam wie ein damals nach akademischem Maßstab noch als jung geltender Sozialwissenschaftler, richtiger: Sozial- und Kulturwissenschaftler und Historiker, dem Princeton soeben die ehrenvolle Chance einer *Permanent Fellowship* offeriert hatte: Wolf Lepenies. Auch er, der dem Haus schon als Fellow zugehört hatte, dem es also bis in seine feinsten Winkel vertraut war, zeigte sich einem möglichen Angebot des Stiftungsrats gewogen. Nur eine Hürde war noch zu nehmen, nämlich die des anfänglich nicht nur zögernden, sondern sich sperrenden Senators. Das Princeton-Angebot und die Berufung auf ein Ordinariat der FU überzeugten schließlich auch ihn zugunsten von Lepenies. Der indes nicht unmittelbar nach meinem Lustrum antreten konnte – so ließ ich mich um ein weiteres Jahr verlängern und konnte im Herbst 1987 Wolf Lepenies als den neuen Rektor des Wissenschaftskollegs begrüßen und in sein Amt einführen. Und unser musischer Zweiter Sekretär, der von allen um seiner Pianistenkünste und jungenhaften Menschlichkeit willen geliebte Reinhard Prasser, hatte zu diesem Übergang von Peter W. zu Wolf L. die Musik arrangiert für kleines Orchester: Prokofieffs »Peter und der Wolf«.

Um es gleich zu sagen: In seiner langen, nämlich fünfzehn Jahre währenden Amtszeit wurden Lepenies und das Wissenschaftskolleg zu einem sie gemeinsam umfassenden Begriff. Er hat der Idee wie der Wirklichkeit dieses Institute for Advanced Study international einen gefestigten, ja glanzvollen Ruf verschafft. Seine und des Hauses Reputation vermochten es, das Wohlwollen von Sponsoren zu gewinnen und mit ihrer Hilfe weitere Institute dieser Art in Osteuropa zu gründen oder ihre Gründung zu befördern: so vor allem in Budapest, aber auch in Bukarest und in Mali. Sein Rektoramt hat Lepenies nicht daran gehindert, ein renommierter Autor seines Faches zu bleiben und dieses Renommee zu steigern: Vor allem durch zwei große Werke: *Die drei Kulturen* (1985) (darin der Autor den beiden Snowschen Kulturen der Geistes- und der Naturwissenschaften eine dritte, eben die der Sozialwissenschaften, zugesellt); und die Monografie über den spätromantischen Literaturkritiker und Schriftsteller Charles Augustin Sainte-Beuve (1997). Darin kommt er übrigens zu der erstaunlichen Einsicht, dass der Wunderbau der *Recherche* erstanden ist aus Prousts streitbaren Essays *Contre Sainte-Beuve*, – sich aus deren andeutenden Lineaturen entfaltend.

Was des Rektors Lepenies Einführungsakte in jeweils das Thema einer (meist abendlichen) Veranstaltung des Wissenschaftskollegs angeht, so erwarben sie sich legendären Ruhm. Denn es ereignete sich regelmäßig, dass unter dem anekdotischen Schirm und Charme seiner Einführung der solchermaßen Vorgestellte und sein Geschäft zu einer freundlichen Nebensache magerten, – ich weiß, was ich sage, der ich wohl ein Dutzend Mal unter seiner Protektion dem Podium anvertraut wurde.

Zu den Besonderheiten der Lepeniesschen Introduktion gehört nahezu gesetzmäßig das geistvolle Spiel der umrahmenden Assoziationen. Dieses rhetorisch virtuose Verfahren hat Goethe nach seiner Art voraussehend charakterisiert, und zwar mit der Feststellung:

*Eine Sammlung von Anecdoten und Maximen ist
für den Weltmann der größte Schatz, wenn er die
ersten an schicklichen Orten ins Gespräch einzu-
streuen, der letzten im treffenden Falle sich zu erinnern weiß.*

Im Jahre 2001 konnte Lepenies dann getrosten Mutes
sein Haus den Händen des Verfassungsjuristen Dieter
Grimm übergeben, der dieses Rektoramt schon aus
der Nähe kannte, da er dem Wissenschaftlichen Beirat jahrelang angehört und ihm vorgesessen hatte.

Am Rande nur sei ein zentrales Faktum erwähnt:
die Fairness und Freundschaft, mit der Lepenies seinen Vorgänger behandelte, – ihm selbst das Versagen
als Doppelpartner an der Tischtennisplatte großmütig
nachsehend. Seine Freundschaft, sich verfestigend mit
jedem Jahr, erachte ich als eine der schönsten Früchte
meines Rektor-Amtes, sein Humor und seine Gelehrsamkeit sind ein steter Lebenstrost. Reden, die er
mir zu Ehren aus gegebenem Anlass gehalten hat, lassen mich wünschen, ich sei dem ähnlich, den er rühmend darstellt … Vor allem aber ehren sie ihn.

Wenn ihm im Herbst des Jahres 2006 in der
Frankfurter Paulskirche der Friedenspreis des Deutschen Buchhandels überreicht wird, dann ehrt nicht
nur eine wohlberatene Jury Wolf Lepenies, sondern
die intellektuelle Szene, genauer: Elite, ehrt einen
ihrer hervorragendsten Vertreter. Einen Mann, der –
um es mit Friedrich Meinecke zu sagen – in Sturm
wie in Windstille atmen kann, der Kultur macht aus

dem Geist der ihm eigenen Kultur heraus. Streng als Gelehrter, souverän als Wissenschaftsorganisator und allumfassend als Publizist. Und über all dem das weisheitsfrohe Lächeln dessen, dem das Leben nichts vormacht. Er aber macht ihm vor, wie es ein wenig besser gelebt werden könnte. Auch wenn es im Tun und Streben Stückwerk ist und ein Haschen nach Wind.

Weit über die Kolleg-Gemeinschaft hinaus führte die Beziehung zu weiteren zwei Fellows. Beide mir schon vertraut aus Jahren zuvor. Beide Germanisten – aber dieser Wissenschaft auf sehr unterschiedliche Weise dienlich und nützlich.

Da war (und ist) Kurt Wölfel. Verdient um die Vertiefung unserer Kenntnisse unter anderem der Werke Lessings und Jean Pauls, – und diese beiden Namen sind charakteristisch für die Spannweite seines Wesens und Denkens. Zum einen ist er der strengen transparenten Balance des späten Aufklärers aus dem Sächsischen verpflichtet, – der aber auch, wunderlich genug, ein passionierter Spieler war. Dem anderen, dem aus dem Fränkischen, ist er nahe dank der Vertiefung in die zierverliebte Tiefsinnigkeit der Romane und Erzählungen. Niemand schreibt Briefe in so rokokoeleganter Anmut wie Wölfel, – schon um dieser Briefe willen lohnt es sich, mit ihm befreundet zu sein. Und auch um Barbaras, seiner Frau willen, zu deren charmanten Eigenwilligkeiten eine den Rahmen der üblichen Haustierhaltung sprengende Liebe zum Tier gehörte. So bereicherte eine Zeit lang neben Katze und Hund auch ein kleines Schwein ihren Haushalt.

Um Wapnewskis indessen hat Wölfel ein Verdienst besonderer Art. Noch bevor ich mir den Weg zu Richard Wagner gebahnt hatte, bahnte er uns den Weg nach Bayreuth: Ihm verdanken wir unseren ersten Festspielbesuch und also auch das Glück, noch die Spätauflagen der Inszenierungen Wieland Wagners erleben zu dürfen.

Der andere Fellow-Freund: Peter Stoltzenberg. Ein Theatermann, der die akademische (und höhere) Bildung zu verbinden vermochte mit der praktischen Arbeit vor der und auf der und hinter der Bühne. Eine Seltenheit, wie der Kenner weiß.

Er kam zu uns aus Heidelberg, dessen Theater er erfolgreich geleitet hatte. Kam nach Berlin, um sich mit der Geschichte der Schaubühne zu befassen. Das hatte, wie alles im Leben, sein Vorspiel. Es war im Jahre 1980. Wir machten uns, alter Gemeinsamkeiten eingedenk, auf den Weg zu einem Theaterereignis. Es wurde aber zu mehr, und Dank und Bewunderung für dieses Mehr gebühren Peter Stein und seiner Truppe. Allen voran der wunderbaren Jutta Lampe.

Es war der vierte Advent, drei Tage vor Weihnachten, und allerorten bereiteten sich die Menschen mit Heller und Pfennig auf den Heiligen Christ vor. Da opferten an die vierhundert Menschen ihren freien Tag, opferten ihn von ein Uhr mittags an und waren wohl zwölf Stunden später erst wieder zu Hause. Hatten aber Tage zuvor weitere Stunden schon hingegeben, um der Karten willen, die man nur durch langes Anstehen gewinnt. Ab eins also sitzen sie vor

der noch gesperrten Tür, um halb zwei wird sie aufgemacht, es geht darum, mit Glück einen der Plätze
an der Wand zu finden, und die sind rar. Man kann,
merke ich, unter anderem von dieser Jugend etwas
lernen, was der Jugend, wie man sie herkömmlich
sieht, abgeht: Geduld nämlich.

Von diesem Publikum also ist die Rede, ich komme aus dem Staunen nicht heraus. Denn ich bin unter
ihnen allen, es ist leicht zu sehen, wohl der Älteste.
Das passiert mir zwar allmählich immer häufiger, und
man muss es tragen, aber im Theater, im klassischen,
bleibt es doch wunderlich. Auch bin ich mit einer
anderen, aber doch wohl zehn Jahre jüngeren Randfigur (Stoltzenberg nämlich) der Einzige, der sich
traut, Schlips zu zeigen. Freilich, dass Theater nicht
mehr Selbstzelebrierung eines bürgerlichen Publi-
kums ist, dass es nicht länger feierlichen Anspruch
mit feierlicher Antwort verbindet, das ist gar nicht so
neu. Wohl aber irritiert und fasziniert mich diese
Überlegung:

Da wird vorgeführt, was man das klassische Erbe
nennt, da wird inszeniert, was Mitte und Inbegriff
der humanistisch-bürgerlichen Kultur war über Generationen hin, da wird das alte humanistische Gymnasium noch einmal provoziert zu glanzvoller Ver-
herrlichung seiner Inhalte, da ist Aischylos und seine
Welt von Göttern, Helden und Dämonen, da ist Zeus
und Troja, Tantalos und Atreus und Thyest, da sind
Iphigenie und Elektra, da leuchtet Apoll und segnet
Athene, und da morden Klytämnestra und ihr Ge-

liebter Aigisthos, und da werden sie gemordet, – kurzum, die ganze Antike ist da mit ihrem mythologischen Apparat und ihren vorgeschichtlichen Formationen, die Sonne Homers blitzt auf wie seine Unwetter toben.

Generationen haben ihre Kinder solcher Unterweisung ausgesetzt, und die Kinder haben Kinder in die gleiche Schule geschickt, und das Wesen der Bildung war gebunden an die Vorstellung vom Wesen der Antike, und gebildet war nur, wer Latein konnte und auch Griechisch. Dies alles ist vorbei.

Aber wenn nun diese antike Welt der flüchtigen Siege und dauernden Niederlagen, diese Geschichten von Überhebung und Betrug, von Eifersucht und Machtgier, von wilder Liebe und wütendem Verrat, – wenn all dieses einmal seine sinnfällige Darstellung findet in einer großen Inszenierung der trotzigen Gebärden und gewaltig virtuosen Sprechkunst und der entsagungsvollen Hingabe an die den Darsteller gänzlich verschlingende Rolle: Dann stellt nicht einer sich ein, nicht einer von den Rufern nach dem humanistischen Erbe, von den Verkündern der antiken Größe, von den Propheten des Bildungswertes der lateinischen und griechischen Sprache. Sie alle sind zu Hause geblieben, um den Adventskranz geschart, sie, von denen es doch auch in Berlin, gerade im von reifen Jahrgängen reichen Berlin, die große Zahl gibt. Im Berlin von Schinkel und Humboldt, von Schleiermacher und Droysen, von Mommsen und Wilamowitz und Spranger …

Wohl aber sind die da, denen man nachsagt, dass Hekabe ihnen Hekuba sei, und die in der Tat wohl nicht zusammenzucken würden, wollte Iphigenie ihnen und nicht dem König von Tauris das furchtbare Geheimnis anvertrauen: »Vernimm, ich bin aus Tantalos' Geschlecht!« Sie sind da, das Theater belagernd, es voll lagernd, denn die Stuhlreihen sind ausgeräumt und man sitzt gekrümmt und verknäuelt auf dem ansteigenden Fußboden, sie, die Jungen zwischen achtzehn und dreißig sind da in ihrer merkwürdigen Kleidung, die nicht unterscheiden will zwischen Mann und Frau, zwischen Arbeit und Freizeit, zwischen Sonntag und Alltag und Tag und Nacht. Sie sind da und haben das Ihre mit sich gebracht: Decken und Schlafsäcke, Beutel, darin Rotwein und Baguettes und Schmalz und Obst, es kann auch geschehen, dass auf Schrei und Tränen der Bühne das vertraute Plump-Geräusch des glücklich herausschießenden Flaschenkorkens unvermutet antwortet. Und in den zwei Ausruh-Stunden zwischen den drei Stücken legt sich alles lang, einfach hingestreckt auf den Boden des Zuschauerraums, als wär's ein Stück vom Zuhause oder von Wald und Wiese, man schläft oder döst oder liest oder übt sich in Zärtlichkeit, wenn man nicht gerade – wieder einmal – geduldig ansteht, um seinen Gutschein für einen Napf Suppe umzutauschen.

Das also ist sie, die Generation, die nicht Bildung wollte, sondern Gesellschaftstheorie, nicht Griechisch, sondern Unterbau, eine Generation, die in den Augen alter und altersloser Gymnasiallehrer und ihrer Musterschüler gewiss ungebildet ist – und die hier Stunde um Stunde in angestrengter Versammlung hinbringt, nichts rührt sich, manche lesen im dämmerigen Licht den sperrigen Text mit, die Tortur der hingekauerten Körper scheint vergessen, sie schweigen in sichtlicher Betroffenheit, lachen kaum je an falscher Stelle, – aber bei solcher Feststellung machen sie einen schon unsicher, denn was ist das, eine falsche Stelle, wenn sie falsch lachen, möchte man meinen, auf einen falschen Punkt hingewiesen worden zu sein, mag Aischylos ihn verantworten oder Peter Stein. Auch die bedenkliche Bekehrung der wütenden Erinnyen zu stadtfreundlichen Eumeniden nehmen sie gelassen hin, mit ironischer Sanftmut, und dulden milde die Diskreditierung des Weibes, die Proklamation des männlichen Primats, wie ihn Athene, die mutterlos geborene, als Jutta Lampe richtend behauptet, damit der Weltgeschichte Europas das Ende des Matriarchats, den Beginn der Epoche des Patriarchats ankündigend. Die ja nun auf ihre furchtbare Weise neue Atridentragödien zu verantworten hat, aber davon ahnte Aischylos nichts, davon wissen nur seine jungen Zuschauer heute etwas, und da sie es wissen, können sie, was ihnen da deklamiert wird, als historische Position verstehen und in seiner anfechtbaren Gültigkeit skeptisch amüsiert hinnehmen.

Zehn Stunden für die Atriden und ihr fluchbeladenes Geschick. Zehn Stunden für des archaischen Griechenlands furchtbare Gesichte und Geschichte.

Zehn Stunden für Orest und Pylades, für Verbrechen, Wahnsinn und Entsühnung, zehn Stunden Argos, Delphi und Athen in Kreuzberg, lässig und gelassen angenommen im Äußern, und strikt und gespannt innerlich, – irgendwo in jeder der alten Erziehungsanstalten stand es zu lesen, bis zum Überdruss, dass wir nicht für die Schule, sondern für das Leben lernen. Hier wurde es deutlich, am vierten Advent 1980, das Lernenwollen des Lebens mittels der alten Bilder und Zeichen: am Halleschen Ufer von mittags bis nachts.

Wir wussten beide, was Theater vermag. Und Stoltzenberg wusste es genauer noch als ich. Aber dass es einlösen kann, was es seinem Anspruch und seiner Idee nach vermag, das erfuhren wir dank diesem Ereignis. Das für mich noch zum Spiel das Überspiel hatte, nämlich die Belehrung durch den erfahrenen Theatermann, die in dem Ganzen das Teil erkannte und ihm seinen Platz gab: eine Geste, eine Gebärde, ein Tonfall, ein Schritt und ein Sturz, – und all dieses im großen Spektakel mitleben ließ. Dass wir es miterlebten.

Stoltzenberg, ein Mann mit Abenteuerblut, nach der Promotion trieb es ihn in die Welt und er eroberte für die ihm anvertrauten Reisegruppen wie für sich selbst die Sonnenstrände Südeuropas und die Wüsten Afrikas. Aber zum Beruf wurde ihm eine andere Abenteuerwelt: die des Theaters. Beginnend als Dramaturg erst in Mannheim, dann an der Seite Werner Düggelins an der Freien Volksbühne in Berlin.

Sodann Intendant in Heidelberg, danach in Bremen, schließlich wieder in Heidelberg. Und sich unter anderem verdient machend nächst eigenen aufregenden Inszenierungen als Entdecker und Förderer von Talenten, die bei ihm klein begannen und später groß herauskamen. Theater als Festungen des hohen oder niederen Wahns zu behaupten, wurde sein Lebensberuf, – und doch hat er ihm aus jener Distanz, in die rationale Vernunft und klassische Bildungsbindung verwiesen, immer auch mit der Gestik einer *Reservatio mentalis* gegenübergestanden, Hüter in fremdem Haus.

Anders als im Falle Wölfel war es in der Begegnung mit Stoltzenberg die nicht-professionelle Gemeinsamkeit unter dem Dach des Wissenschaftskollegs, was zur Freundschaft führte. Über die Jahre hin danke ich ihm, Stoltzenberg, die dringlichsten und über nicht gezählte Stunden hin sich bewegenden Gespräche zu den bunten Hochzeiten, auf denen ich getanzt habe, – und ich behaupte, er hat fast jede Zeile des von mir Geschriebenen nicht nur gelesen, sondern sich auch mit ihr – wie dem Autor – auseinander gesetzt. Das ist wahrlich ein Grund zur Dankbarkeit, denn Wissenschaftler, die nomadisch arbeiten, sind willentlich-unwillentlich einsam und entbehren des bestätigenden Wider- oder Zuspruchs.

Zu den gelehrten Kollegen, die ich vergeblich nach Berlin in unser Kolleg zu locken versucht habe, wie Joachim Bumke, Albrecht Schöne, Karl Stackmann oder Jürgen Habermas, zählte auch Walter Jens. Den man nicht nennen kann, ohne seine Frau Inge zu nennen, zu deren bedeutenden philologisch-kultur-historischen Verdiensten die Darstellung der Geschichte der Sektion für Dichtkunst der Preußischen Akademie der Künste gehören und die denkmalhafte Edition der Tagebücher Thomas Manns (ab 1944). Überdies Arbeiten zu Max Kommerell und den Geschwistern Scholl. Sie beide, Inge und Walter Jens, waren uns seit langen Jahren nah (auch weil Karlsruhe und Tübingen einander geografisch benachbart sind), – zu schweigen von der uralten ersten (Nicht-) Begegnung des Jahres 1944, wie sie im Freiburg-Kapitel des ersten Bandes geschildert ist. Wir blieben uns nah, – nicht zuletzt durch die Berliner Akademie der Künste, die Jens als Präsident in den Jahren nach dem Mauerfall und in der kollegialen Auseinandersetzung mit Heiner Müller durch bewegte Wogen erfolgreich steuerte. Er und ich haben, nahezu gleichaltrig, oft und oft öffentlich Zeugnis voneinander abgelegt. Es ergab sich mit den Jahren und runden Zahlen, dass er antrat, um auf mich eine Laudatio zu halten in der rhetorischen Fülle seiner Tübinger Latinität, – und ich wiederum durfte auf meine Weise das Meine tun, um ihm gerecht zu werden. Seine Prominenz ist keinem engenden Ressort zuzuschlagen, – was aber immer auch über ihn gesagt wird: Das Rühmen seiner Verdienste versäumt allermeist, der Elbströmung seines Humors gerecht zu werden, darin ihm nur wenige meiner Freunde gleichkommen: Lepenies, Norbert Miller und der Sinologe und Dichter Tilman Spengler (brillanter Fellow auch er).

Auf dem Präsidentenstuhl der Berliner Akademie der Künste folgte Walter Jens György Konrád, in dem der umarmende Charme der nächst Island und Irland literaturbesessensten Nation Europas pulsiert, nämlich Ungarns. Einer Nation, der auch das Wissenschaftskolleg mannigfach verpflichtet ist: in seinen Fellows Péter Nádas und Péter Esterházy – und dem schon erwähnten Nobelpreisträger Imre Kertész – gleich groß als Dichter wie in seiner noblen Gerechtigkeit und gütigen Humanität. In beidem tätig unterstützt durch seine wunderbare Frau Magda.

Zwei Akademien, der Sprache und Dichtung gewidmet

Nächst der American Medieval Academy ehrte mich 1986 die Deutsche Akademie für Sprache und Dichtung durch die Wahl zum Mitglied (fälschlich gern die »Darmstädter« genannt, sie ist aber die »Deutsche«, und mit Darmstadt verbindet sie lediglich das großzügig gewährte Domizil). Zwei Mal im Jahre Tagungen, immer erfreuend durch das Wiedersehen mit Freunden und oft bereichernd durch das jeweilige Programm, herbstlich in Darmstadt, im Frühjahr eine einladende Stadt im In- oder Ausland besuchend. Vier Preise verleiht sie jährlich, an deren Spitze der begehrte Büchner-Preis, der ein Schriftstellerwerk ehrt (hoch dotiert). Wohl ein Dutzend Mal konnte ich dieser noblen Institution nützlich sein durch die Übernahme der Laudatio des jeweiligen Preisträgers. Zu denen auch ich einmal gehörte, als man mir den Sigmund-Freud-Preis für Wissenschaftliche Prosa verlieh, – da war es Adolf Muschg, der das Loben übernahm. Dem ich lang schon vor der Zeit seines Fellow-Jahres und seiner Berliner Akademie-Präsidentschaft in Freundschaft verbunden war. Ihm und seiner samuraistolzen japanischen

Frau Atsuko; und oft haben wir beim Fendant oder Riesling uns klug geredet, wenn wir über das Deutsche im Helvetischen oder das Helvetische im Deutschen grübelten. Und über Dichter, die uns nahe standen.

Es war ein freudiger und künftige Freuden verheißender Tag, als die andere Akademie, die Berliner der Künste, ihn zu ihrem Präsidenten wählte. Ein Amt, das er vor der Zeit aufgab, entmutigt durch die Immobilität dieser stagnierenden Institution und ihrer sich wechselseitig lähmenden Kräfte, die sich verbrauchen im partikularen Egoismus. Im Frühjahr 2006 wählten wir nach langem und verwirrendem Suchen und Überreden den Juristen und Design-Künstler Klaus Staeck zu Muschgs Nachfolger und versprechen uns dank seinen künstlerischen Fantasien und seiner juristisch gebändigten Fantasie die dringend erwünschte und erforderte Renovatio dieses schwerbeweglich dümpelnden Corpus, dem die (Wieder-)Vereinigung mit seinem Ost-Teil nicht nur Gutes gebracht hat.

Ein letztes Mal: Universität

Die TU nahm den Rektor des Wissenschaftskollegs als Mitglied ihres Lehrkörpers prompt und mit offenen Armen auf. Was vor allem das Verdienst des *Decanus illius temporis*, des Althistorikers Werner Dahlheim sowie des Komparatisten Norbert Miller war. Die Verhandlungen verdienten kaum diesen aufwändigen Namen, der Präsident Starnick hieß mich so freundwillig willkommen wie der Kanzler, und sie konzedierten dem Rektor des Wissenschaftskollegs milde Bedingungen, das heißt bürdeten ihm keine allzu lastreichen Lehrverpflichtungen auf. So dass er sie einzurichten vermochte gemäß jeweils den Bedingungen des Rektor-Amtes.

Wie man weiß, ist die Universitätsgeschichte, vergleichbar der des Theaters, voll von lüsternen Berichten der kollegialen Rivalität, der neidvollen Intrigen, der eifernden Boshaftigkeit. In meiner Heidelberger Assistenzzeit, und zwar im Zusammenhang mit Bumkes und meiner Habilitation, hatte ich mehr als bekömmlich die Giftpartikel dieser akademischen Luft atmen müssen. Nachdem diese Phase vorbei und bewältigt war, habe ich nie wieder Handlungen oder Gesten der kollegialen Niedertracht erlebt. Das aber ist noch allzu kleinlaut ausgedrückt angesichts der, man muss sagen: Reinheit der Atmosphäre, wie sie in der reich besetzten Germanistik der TU herrschte. Reich besetzt, denn das Fach wurde repräsentiert zu und während meiner Zeit durch die Lehrstuhlinhaber Miller, Wiedemann, Zimmermann, Hartung, Baumgart und Cramer. Mit ihnen zu kooperieren war eine stimulierende Lust. Thomas Cramer, der sich in Karlsruhe habilitiert hatte und der anschließend auf den Lehrstuhl der Alten Germanistik in Aachen berufen worden war, vertrat jetzt an der TU neben mir, wirkungsvoller und in reicherem Maße lehrend als ich, unser gemeinsames Fach – Harald Hartung und Reinhard Baumgart lehrten die Literatur vor allem der neuen und neuesten Zeit; Conrad Wiedemann erforschte die Epoche der wider den Geist der Gerechtigkeit in den Schatten von Weimar und Jena gerückten Berliner späten Klassik. Und über Norbert Miller wäre ein Buch zu schreiben (zu dem ich weiter hinten nur Stichworte liefere).

Aber das Gedeihen der Geisteswissenschaften an der TU ist nicht zu denken ohne den Mann, der so etwas war wie die gelehrt-intellektuelle Variante der Figur Hans Werner Richters: nicht ohne Walter Höllerer. Den Dichter, Kritiker, Wissenschaftler, Lehrer – und Initiator des Literarischen Colloquiums am Wannsee, das nicht nur eine Lokalität war, sondern eine sich ständig erneuernde Quelle literarischer Kommunikation von Dichtern und ihren Gesellen. Seinem Enthusiasmus, seiner Energie und Überzeugungskraft ist wesentlich auch die Erweiterung und Vertiefung der TU zu einer die Geisteswissenschaften pflegenden Universität zu danken. Wir haben viel mit ihm verloren, als er 2003 starb nach langem Leiden. Und im Jahre 2006 will es scheinen, als entledige sich seine Universität auch seines akademischen Werkes. Unter dem Diktat der sich mindernden Haushaltsmittel und der durch diese Nöte ausgelösten Zwangsmaßnahmen der Um- und Neuordnung von Studiengängen und ihrer Einschränkung nimmt die TU Abschied von ihrer honorigen geisteswissenschaftlichen Fakultät und gibt sich mit Restbeständen der weiten Materie zufrieden.

Was indes meine Person betrifft, so habe ich wenig Anlass, mich als Lehrer und Verwalter bedeutsamer Verdienste um das Gedeihen der TU zu erinnern, – umso tiefer rührte mich an, dass sie mich im Herbst 2002 mit ihrer höchsten Auszeichnung ehrte: Sie ernannte mich zum *Ehrenbürger* (eine Würde, die auch ressortiert unter dem noch eindrucksvoller klingenden Titel eines *Ehrensenators*). Verdient oder nicht, dergleichen Erwägungen sind müßig, wenn es darum geht, das Tatsächliche zu verzeichnen, und so erfreue ich mich denn in Dankbarkeit dieses Status, der mich auch nach der Emeritierung dauerhaft an diese Hochschule bindet, – wiewohl sie mich heute irritiert durch die Produktion von Bachelor- und Masterdegrees ...

Hier ist nun der Ort, zweier weiterer akademischer Ehrungen zu gedenken. Im Mai 2002 verlieh mir die

Philosophische Fakultät meiner alten Universität Heidelberg die Würde eines *Doctor honoris causa*, und man wird verstehen, dass und wie diese Ehrung mich rührte und bewegte. Ich dankte sie innerhalb der Fakultät vor allem dem Vertrauen des Neugermanisten (und Wagner-Forschers) Dieter Borchmeyer und dem Altgermanisten Fritz Peter Knapp sowie dem Dekan Helmuth Kiesel.

Der ehrwürdigen Tradition dieser Universität gemäß verlautbarte die ausladende Pergament-Urkunde meine Verdienste mittels der Sprache der alten Gelehrsamkeit: in einem der goldenen Latinität abgelauschten lateinischen Text. Seine honorige Diktion machte glaubhaft, was in unserer Gegenwartssprache vielleicht als minder bedeutend hätte gewertet werden können.

Staunenswerter aber noch, dass im Jahre 2004 die Philosophische Fakultät der Universität Freiburg mich auf gleiche Weise ehrte. Staunenswert, weil in den Annalen dieser ruhmvollen Hochschule keinerlei Verdienste meiner Person gebucht sind. Es sei denn, man wolle es als »Verdienst« erachten, dass mein Großvater Hennings und ich in den Matrikeln als Studierende eingezeichnet sind – im Abstand eines halben Jahrhunderts. Mein Dank gilt der Fakultät als Korporation wie einem ihrer Mitglieder: dem Romanisten und Linguisten Hans Martin Gauger und seinem Vertrauen in das, was ich als Literaturhistoriker getan hatte und vielleicht noch tun würde.

ABGESANG

Das Alter, – es ist ein Kapitel für sich, und das soll hier nicht folgen. Denn mit seinem Alter und seinem Altern muss ein jeder fertig werden auf seine Weise, – solang er dazu Zeit und Kraft hat. Und wenig Worte dazu machen.

Mit zunehmendem Alter nimmt, wie denn nicht, des Körpers Bresthaftigkeit zu. Auch die der Seele: *vis inertiae*. Schäden, deren Heilung zu betreiben Ärzte, Arzneien und Kliniken sich bereithalten.

Ich kann davon ein Lied singen, – aber es klingt spröd und brüchig und lenkt die Aufmerksamkeit allzu sehr aufs Persönliche, allzu Persönliche. Es mag genügen, wenn ich notiere, dass ich *nel mezzo del cammin di mia vita*, die Wochen und Monate addiert, jahrelang und lange Jahre in Kliniken zugebracht habe. Nach mannigfachen Operationen der Gliedmaßen, des Herzens, des Auges, des Rückenmarks und der Wirbelsäule. Dies alles bleibe ohne Kommentar – mit Ausnahme dankbarer Erwähnung einiger Ärzte, die mehr waren als nur dem gehobenen Feldscher-Handwerk verpflichtet. Das gilt allererst von meinem Jugendfreund Werner Creutzfeldt, als hoch anerkannter Internist in Freiburg und Göttingen wirkend und gepriesen dank der Meisterschaft der rechten Diagnose (also auch Therapie). Da ist dankbar zu nennen der Creutzfeldt befreundete internistische Kollege Ernst-Otto Riecken, den Finessen der Kammermusik wie denen der innersten Organe und der Psyche in souveräner Meisterschaft zugewandt; der virtuose Ophthalmologe Professor M. Foerster; der unermüdlich das Herz wie das Gemüt umsorgende Kardiologe Horst Schmutzler; und der Souverän der Neurochirurgie Professor Mario Brock, – alle drei an Berlins Universitätsklinikum tätig. Ratend und klärend auch, obwohl um ein weniges älter sogar noch als ich, der dem philosophischen Denken verpflichtete Neurologe Dieter Janz, legitimer Erbe des Werkes Viktors von Weizsäcker.

Soweit die Namen, ein jeder von ihnen ist mit einem Stück auch meines Schicksals verbunden. Berichtet aber soll nur von allen Fällen der eine Fall werden, weil in ihm sich auf wunderliche Weise die Kunst der Oper verknüpft mit jenem Netz, das als Sozialfürsorge unterschiedslos jedermann einfängt, der gefangen und aufgefangen werden soll.

Ich rede von dem mich drei Mal treffenden System der so genannten ReHas, das meint: Rehabilitationskliniken, deren Netz sich spinnengleich über das Land ausbreitet vom salzluftigen Norden bis zum südlich umfächelten Bodensee. Hier findet sich ein, was nach Meinung der Heilkundigen der Klinikfürsorge nicht mehr, der weiterbehandelnden Nachsicht jedoch nach wie vor bedarf. Vorzüglich in Begleitung der Familie. Mein vor allem dem Äußeren zugewandter Augenblick beobachtete unter diesen Patienten staunend eine täglich zweimal aufwallende Woge der Esslust: wenn das Abendbrot um 17.15 Uhr angesagt war, dann stauten sich zehn Minuten vorher schon die Rollstühle vor der geschlossenen Schwingtür, den Weg zu den besten Bissen suchend. Wer zu spät kam – ich kam immer zu spät –, den strafte nicht etwa das Leben, eher prämiierte es ihn: Er durfte das Mahl ohne seine schon gesättigten Tischgenossen einnehmen. Der Kiosk nebenan verkaufte, wenn ich recht kalkuliert habe, täglich an die zweihundert BILD-Zeitungen, – und je eine »Süddeutsche« oder FAZ.

Dies alles hat offenbar wenig mit Oper zu tun. Und doch rettete mich Puccini. Ich habe erwähnt, dass meine Mutter sich nicht begnügte mit der Sprechrolle der Maria Stuart und der Iphigenie, sondern – nicht anders als ihre Schwestern – sich auch im Gesangsfach ausbilden ließ. Natürlich bin ich voreingenommen, aber ich liebte der Mutter samten schwingende Mezzo-Alt-Stimme und hörte gern die triumphierende Arie der Marina Mnischek aus dem *Boris Godunow*; oder die Klage der Penelope »Ich wob dies Gewand« – bei Tage, »und löste es weinend zu nächtlicher Zeit« …

Also wusste sich auch die Operndirektion der Städtischen Bühnen Kiel dieser Gabe der engagierten Schauspielerin zu bedienen, wenn es sich so ergab. Und es ergab sich: als das Mittel- und Rührstück in

Puccinis spätem *Triptychon* inszeniert wurde. Für die Altpartie der Äbtissin griff man also auf die Stimme meiner Mutter zurück. Sie hatte Schwierigkeiten mit der Intonation des Einsatzes »Schwester Angelica!«. Und viele Male schickte sie mich ins Nebenzimmer an den Flügel: »Bitte schlag doch mal *d-fis-g* an.« So getan, setzte sie dann voll timbriert ein: »Schwester Angelica!«.

Nun muss man wissen, dass die Kieler Oper (vermutlich nicht unbegründet) kleinmütig war in Bezug auf die Italienisch-Kenntnisse ihrer Besucher. Also wurde das Libretto in deutscher Version gesungen. Und so drangen die klingenden Worte in das Gedächtnis und Gemüt des damals wohl Zwölfjährigen: »Es kam, Euch zu besuchen, Eure Muhme die Fürstin!« Mit diesen harschen Worten kündigte die Äbtissin, also meine Mutter, der gebrochenen Angelica den herzlosen Besuch der erhabenen Verwandtschaft an. Verbunden mit dem strikten Schweigegebot: »Man darf im Sprechzimmer nur das reden, was der Gehorsam gebietet, – oder die Not!«

Das blieb haften. Über siebzig Jahre oder mehr. Und erwies sich als nützlich in der Not jener ReHa. Man wird verstehen, dass es mir nicht gegeben war, mit meinen Mitpatienten und ihrem Anhang plaudernde Konversation zu machen. Der Grund dieser Verweigerung war nicht Snobismus oder Hochmut, – der Grund war einfacher: Ich verstand die anderen schlichtweg nicht. Also schwieg ich.

Schweigsamkeit aber hat für die Plauderfrohen

etwas Irritierendes. So stellte man mich denn eines Tages zur Rede. Und schenkte mir eine nicht erahnte Chance, indem man fragend mein Verhalten auf körperliche Defekte – oder auf eine religiöse Verpflichtung zurückführte. »Religiöse Verpflichtung«, innerlich jauchzend griff ich nach diesem Rettungsring, das Schweigegebot nicht zwar des Trappisten (den hätte man mir nicht abgenommen), wohl aber das über die unselige Suor Angelica verhängte beschwörend. Wie hatte es meine Mutter, wie also die Äbtissin in diesem unsäglichen, aber wohl doch sangbaren Deutsch psalmodiert? »Es kam, Euch zu besuchen, Eure Muhme die Fürstin!« Weiter, auf Angelicas »Ah!«: »Man darf im Sprechzimmer nur das reden, was der Gehorsam gebietet – oder die Not …!« Die Not war's, die mir jetzt die Zunge gab für den lang verschütteten Text, ich bekräftigte das religiöse Gebot, mechanisch repetierend: »… darf nur das reden, was der Gehorsam gebietet oder die Not!«

Von nun an umging man mich mit dezenter Scheu, – und ich trottete dem Ende meiner ReHa-Epoche mit Fassung entgegen.

(Zur Vergewisserung sei hier der originale Text von Giovacchino Forzano nachgeliefert: »*È venuta a trovarvi / Vostra zia Principessa!*« Und weiter: »*In parlatorio / Si dica quanto / Vuole ubbidienza, / necessità*«.)

BERLIN

Wo wird einst des Wandermüden
Letzte Ruhestätte sein
Unter Palmen in dem Süden
Unter Linden an dem Rhein?

K lingt gut. Aber »Haben Sie's nicht ein bisschen
kleiner?«, würde der Berliner in dieser Sache
fragen. Der zum Fragen immerhin aufgerufen ist
dank diesen Versen, in denen Heine auf wunderliche
Weise die Linden ans Rheinufer pflanzt.

Die Linden aber gehören Berlin. Und der Mann,
der jetzt ein alter Mann ist, weiß auf die Frage nach
der »Heimat« nicht ohne weiteres zu antworten,
wohl aber weiß er, dass er nun in Berlin zu Hause ist.

Eine Stadt für Zufälle, wie Ingeborg Bachmann
erfuhr. Aber noch für mehr. Eine Stadt, die man eher
noch beschreiben kann durch Aufzählung dessen,
was ihr fehlt als durch einen Katalog von Gegeben-
heiten, denen eine gewisse Selbstverständlichkeit
eigen ist.

Da ist allererst festzustellen: Es gibt in Berlin
keine Gesellschaft. Es mag uns dieser Begriff preziös
klingen und wie ein Lied aus alten Tagen. Und in der
Tat will eine Binsenweisheit uns erinnern, dass allent-

halben in den modernen Industriestaaten eine Nivel-
lierung der Schichten stattgefunden, eine Einebnung
der Formationen, die eine Grenzziehung zwischen
den Klassen verwischt hat bis zu ihrer Aufhebung.

Das ist das eine. Das andere ist, dass überall da,
wo Geschichte sich noch als gedächtnisfixierte, als
Gegenwärtigkeit einklagende Macht lebendig erhalten hat: dass da auch »die Gesellschaft« noch am
Leben ist. Mag sein, nur leise und längst vergilbte
Privilegien abstreifend, und nicht mehr sich peinlich
abschließend – jedem Neuankömmling den Zutritt
verwehrend. Aber nur der Ahnungslose wird bestreiten können, dass es (um nur von Deutschland zu
reden) in Hamburg oder München oder Köln oder
Düsseldorf oder Bremen noch die Vorstellung »der
Gesellschaft« gibt, der sich zugehörig zu fühlen ein
Stück Lebenssicherheit und Lebensmut verleiht, –
und mehr.

Berlin und der Verlust der Geschichte. Was einst
die geistige Lebensform dieser Stadt ausgemacht hat,
ist dahin. Es gibt den preußischen Adel nicht mehr,
nicht mehr die Tradition des und der Militärs. Gibt
den Landadel aus der Mark nicht mehr, dessen säku-
larer Bezugspunkt die Stadt war. Gibt die großen
Industriellen nicht mehr und nicht mehr die jüdische
Geheimrats-Intelligenz und Gelehrsamkeit. Mit andern Worten, es mangelt dieser Stadt an all dem,
was einst den Geist der Salons segnete und was das
Fontanesche ausmachte: nämlich die sich aus ihrer
Geschichtlichkeit beglaubigende, form- und intellekt-

geprägte Selbstgewissheit. Sie ruht auf den Friedhöfen, – auf dem Dorotheenstädtischen, oder jenem anderen in Weißensee.

Stadt ohne Gesellschaft, – dafür aber mit »Prominenz«. Eine soziologische Größe, die sich mit Hilfe der Medien selbst erfindet und vergisst. Und deren Autorität auf nichts anderem beruht als auf ihrer flüchtigen Präsenz. Das aber ist doch nicht alles, vielmehr, um gerecht zu sein: Es gibt noch »die Gesellschaft« in Berlin. Sie heißt (nachdem Toto und Hellmut Becker von uns gegangen sind) nurmehr Wolf Jobst Siedler. Es ist nicht nur die Lebensleistung eines hochmögenden Publizisten und Verlegers, die ihn auszeichnet, sondern seine Geschichtlichkeit. Zu seinen Vorfahren zählen ein großer Bildhauer und ein großer Musiker. Beide waren wiederum mehr als dies, denn beide waren verkörperter Geist. Berliner Geist. Johann Gottfried Schadow und, ihm zeitlich vorausgehend, Carl Friedrich Zelter. Berlins Musikalität, – in Noten der Singakademie, in steingefertigten Monumenten der Kunstakademie. Klassizismus, das Klassische bewahrend. All dies verdichtet sich in Siedlers Sammlerglück, sein Haus im Dahlemer Falkenried ist, allem Musealen fremd, so etwas wie das Konzentrat des geistgeprägten Kunstsinnes seiner beiden großen Vorfahren.

Die Berliner Luft, sie ist angereichert mit Tönen des Missmuts. Aber dieser Laut hat seine Gründe, gute und ungute. Es ist die irritierende Melodik des verletzten Selbstbewusstseins, der fragenden Unsicher-

heit. Die Stadt, über zwei Generationen hin Objekt
so fremder wie übergeordneter Interessen, findet
(von je) nur langsam zu sich selbst. War sie lange und
allzu lange Gegenstand weltpolitischer Machtspiele,
Faustpfand und Frontstadt und ein »Phänomen besonderer Art«, so drängt sich nunmehr ungebärdig
eine herrische Normalität auf, die weniger normal als
ungewohnt ist. Denn Normalität hat diese Stadt nicht
gelernt, sie passt auch nicht zu ihr. Ein Ort, der keine
Enklave mehr ist und dennoch ein besonderer, ein
Sonderfall, hat Schwierigkeiten mit der Orientierung.
Man weiß nicht recht, wie man die Straßen benennen
soll, denn an den alten Namen hängt dunkle Erinnerung, aber auch die ist gelebte Geschichte; und die
neuen Namen wirken fremd und befremdlich, es sei
denn, es handele sich bei den neuen um die ganz
alten. Der Reichstag, eher berühmt durch Christo als
durch Wallot, hat eine neue Kuppel, aber Reichstag,
wie seit über hundert Jahren schon, soll er nicht mehr
heißen. Man weiß auch nicht, wie die neuen Häuser
aussehen sollen, die großen zumal, aus dem Boden
gestampft und die Herrlichkeit des kapitalistischen
Wirtschaftstriumphes anmaßend in den Himmel he-
bend. Geben sie der Hauptstadt künftig das Gesicht,
und ist es das Gesicht, das die Hauptstadt sich selber
gegeben hätte, wenn man sie hätte ihr Gesicht finden
lassen?

Berlin hat seine Probleme, und es tut sich schwer,
mit ihnen fertig zu werden. Denn das Übergangs-
stadium nach dem Fall der großen Mauer, es währt

schon lang. Ost-Berlin ist immer noch Ost-Berlin und weit entfernt vom West-Teil der Stadt, – auch wenn man im Westen gelegentlich vom »ehemaligen Ost-Berlin« spricht, als ob der Mauerfall die Himmelsrichtungen umgepolt hätte. Immer noch zögert der westliche Berliner, sich den alten neuen Gebieten seiner Stadt vertraulich zu nähern. »Mitte« ist zwar eine schicke Vorzeigetheke geworden, die Hackeschen Höfe und flotte Kaufhäuser und Galerien spielen Urbanität und Weltläufigkeit auf enger Bühne, – und doch ist »Mitte« immer noch am Rande und der Ton zwischen den Bewohnern des einen Teils und denen des andern ist auf bemerkenswerte Weise fremdelnd. Es ist nicht zu bezweifeln: Die mit Gratismoral lange herbeigesehnte Vereinigung mit Menschen und Stadtteilen jenseits der Mauer hat Enttäuschungen gebracht, die die euphorischen Illusionen vom Kopf auf die Füße stellten: und im Westen der Stadt irritiert das freiwillig-unfreiwillige Opfer, im Osten der Widerwille, dessen Begünstigter zu sein. So denkt denn mancher leicht verstört zurück an jene Epoche, da die trennende Mauer Brüder und Schwestern noch harmonisch verband. Das exotische Land aber, das doch so nah gerückt ist, heißt auch jetzt immer noch »Westdeutschland«.

Weltstadt – es ist ja kein Zufall, dass pompöse Begriffe wie dieser und »Metropole« und »Hauptstadt« und »Kapitale« hier eher einen ironischen Beiklang angenommen haben, wir wissen, wie wenig wir vorerst eingelöst haben von den Elementen dieser

Ansprüche. Was Berlin war, ist deutlich: Preußens und Deutschlands Haupt- und spätberufene Großstadt, vital und grenzensprengend emporschießend unter Wilhelminischem Adler zur Zeit der wilden Industrialisierung. Schon damals war wenig nur spürbar von dem, was uns eine schöne Legende als »preußisch« bewahrt: eine Sache um ihrer Selbst willen tun. Mehr sein als scheinen. Pour le roi de Prusse. Dienen als stolzes Privileg. Sparsamkeit als Reichtum des Selbstbewusstseins. Spröde Anmut der Contenance. All dies, und »Üb immer Treu' und Redlichkeit«, – es ging früh schon auf in den Maßlosigkeiten der expandierenden Großstadt, der Hauptstadt des Reiches und der Reichshauptstadt. Und das kolportierte Bild des Berliners verband sich bald nur allzu innig mit der großen Klappe und dem Hackenschlagen und jenem – einen verborgenen Inferioritätskomplex andeutenden – »Wat denn, Berlin is doch keen Dorf ...«. Und damit die Peinlichkeit ein bisschen verbrämt wurde, erfand man dazu die alberne Phrase der »Schnauze mit Herz«.

Es ist wahr, die neue Unübersichtlichkeit macht uns zu schaffen. Früher waren Himmelsrichtungen noch solche politischer Art und eindeutig, die Mauer garantierte den klaren Überblick, auf der einen Seite Osten und auf der anderen Westen. Jetzt ist Berlin die größte Baustelle Europas (oder weist gar mehrere größte Baustellen Europas auf), und unser schönes Wahrzeichen, das Tor, das Brandenburger, ist immer noch eine Sonderbarkeit, so groß, dass jeder feine

Gast von Übersee mit dem Regierenden Bürgerinnen- und Bürgermeister hindurchgehen muss, als sei ein solcher Vorgang nicht eines Tores eigentliche Bestimmung.

Der Kurfürstendamm, die Älteren unter uns erinnern sich noch, war ein Boulevard. Mit herrschaftlichen Bürgerhäusern und Vorgärten, mit eleganten Läden und superben Restaurants. Vom »Romanischen Café« ganz zu schweigen oder der »Johnny-Bar«. Nun aber hat die Weltstadt keinen Boulevard mehr, der Kurfürstendamm ist degeneriert zu einer in Beliebigkeit verschwimmenden Meile von Läden und Imbissstätten mit vorgebauter Glasvitrine. Man kann ihn hintrottend abarbeiten, aber nicht auf ihm flanieren, was, wie wir nicht erst seit Walter Benjamin wissen, zur Lieblingsbewegung des Großstädters gehört. Die Schloßstraße wiederum in Steglitz ist eine wuselige Einkaufsgegend und nichts als das und bar jeglicher Eleganz; und die alte Friedrichstraße in ihrem derzeitigen Zustand bietet sich allenfalls dar als eine wolkengreifende Anspruchsgebärde aus wechselnden Kränen und Baugerüsten und zur Vermietung anstehenden Halbfertigkeiten, und ab und an rieselt Glas aus glitzernden Fassaden auf die überraschten Passanten. Die neuen tausendfältigen Kinos holen Menschenmassen in die neuen Passagen-Labyrinthe, – aber Menschen, die dort wirklich leben (und leben wollen), die scheinen rar.

Eigentlich ist Berlin ein Konglomerat von Dörfern, zur großen Stadt zusammengekoppelt 1920. Viel zu

viele Bezirke hat sie seitdem, und die dringend an-
stehende radikale Verwaltungsreform wird immer und
immer wieder verschoben, obwohl sie eine Forderung der Vernunft ist. Nun höre man die Namen dieser Bezirke oder Reviere: Reinickendorf, Hellersdorf,
Zehlendorf, Schmargendorf, Mariendorf, Dahlem-
Dorf, Wilmersdorf. Nicht minder ländlich weht es
uns an aus Weißensee, Friedrichshain und den vier Be-
zirken mit dem stolzen Zusatz »-berg« (die höchste
natürliche Erhebung Berlins misst übrigens 115 Meter). Das aber ist es, was Berlin so liebenswert macht.
Selbst wenn es eine Weltstadt wäre oder wieder wird,
Weltstädte gibt es andere, und mit ihnen zu konkur-
rieren, wollte man Berlin kaum empfehlen. Selbst
also gesetzt den Fall, es wird eine Metropole, eine
Kapitale, eine richtige und nicht nur oktroyierte
Hauptstadt: dann wird sich sein Substrat beharrlich
erhalten und hindurchschimmern durch die Fassaden
von Glanz und Glitter, von Wichtigtuerei in der Architektur und Großmannssucht in der Stadtplanung.
Das richtige Berlin hat seinen Charme. Das Wort mag
überraschen im Zusammenhang mit dem ruppigen
und mäkeligen und formwidrigen Grundton seiner
Bewohner, aber es hat in der Tat seinen Charme in
seiner Ländlichkeit. Keine Weltstadt hat so viel Landschaft inmitten der Häuserfluchten, so viele Bäume
und so viel Wiese und Park und so viel Grün in jeder
Ecke. Da sitzt man denn unter Linde oder Ahorn
oder Kastanie und lässt das Leben bei Berliner Weiße
mit Schuss oder ohne und einem Klaren und einem

Rollmops Revue passieren. Nicht minder ländlich-idyllisch sind die Berliner Märkte, klein meist und von bescheidenem Anspruch, in ihrer Beschränkung etwa das Gegenstück des barocken Münchner Viktualienmarktes, aber es ist noch so etwas wie einsichtige Begrenzung darin, und Sparsamkeit und Nüchternheit auch. Berlin, den östlichen Steppenwinden eines kontinentalen Klimas wehrlos ausgesetzt, ist eine strahlende Sommerstadt wie nur eine, und wenn das Sonnenlicht durch den Blättervorhang bricht, dann sehnt man sich nicht weiter nach einem anderen Ort. Wenn man sich dann einfach auf den Weg hinaus macht, gleich, in welche Himmelsrichtung, dann breitet sich Landschaft aus in unbegrenzter Weite und Fülle, Seen und Wälder und Felder wie ein Volkslied der Romantik, und man blättert dankbar in seinem Fontane.

Das Provinzielle als die eigentliche Würde der großen Stadt. Bekenntnis zu ihren Ursprüngen, konservativ bewahrt von einem konservativen Menschenschlag. Die Eckkneipe mit der Molle. Das Café mit der Fensterinschrift: *Frühstück von 12 bis 17 Uhr.* Man merkt, in Berlin gehen die Uhren anders, und es stünde der Stadt gut an, wollte sie die läppische Entmündigung des natürlichen fürsorgenden Bürgerbedürfnisses am Gängelband des Ladenschlussgesetzes definitiv sprengen, so wie sie einst die Sperrstunde aufhob.

Berlin hat es nicht leicht, und es macht es sich und den Seinen nicht leicht. Es wird ja alles von ihm verlangt derzeit, und die Ansprüche und Planungen, die Hoffnungen und Visionen sprengen das an das Maß des Fasslichen gebundene Aufnahmevermögen seiner Bewohner. Weltstadt? Die großen Worte helfen nicht, eher die kleinen und harten und strengen. »Berlin hat in den glücklicheren Tagen seiner Vergangenheit als Werkstatt der Moderne gegolten, um heute nicht viel mehr als eine Abstellkammer der Post-Moderne zu sein«, – so konstatiert enttäuscht und nicht ohne Bitterkeit der Schriftsteller Rolf Schneider, wahrlich ein Kenner des einen wie des anderen Berlin. Und: »Das Charisma einer Weltstadt ist im Grunde unbenennbar.« Benennbar aber ist die Tatsache, dass Berlin derzeit dieses Charismas entbehrt.

Der Berliner ist ein Meckerer. Er ist muffig, zickig, mürrisch, ruppig. Er ist immerhin ehrlich genug, diese Eigenart gelegentlich nicht so sehr als rühmlich, sondern eher als peinlich zu empfinden, wissend, dass man der rauen Schale nur verzeiht, wenn sie weichen Kern verhüllt. So werden denn unvermutet von höherer Stelle Kampagnen der öffentlichen Liebenswürdigkeit arrangiert, und die Obrigkeit ermutigt ihre Bediensteten etwa zum gelegentlichen Gebrauch der menschenfrommen Phrase »bitte«. Als, es ist jetzt fünfundzwanzig Jahre her, ein Fremder aus dem fremden Westdeutschland sich – nicht zum ersten Mal – anschickte, zum Bürger dieser Stadt zu werden, da warf er sich, am Flughafen gelandet, in großer Terminnot in ein Taxi, das ihn in hurtiger Fahrt zum Ort der dienstlichen Besprechung brachte. Als Entgelt für dessen flottes Tempo händigte er dem Fahrer über den Tarifpreis hinaus ein Trinkgeld aus von ungewöhnlicher Höhe. Der strich es wortlos ein. Der Gast aber, aller Zeitknappheit zum Trotz, meinte nun doch aus dem Urgrund bürgerlicher Verhaltensnormen heraus eine belehrende Frage anbringen zu sollen: »Hören Sie: sagt man denn hier in Berlin nicht ›danke‹?« Der andere aber antwortete, und seine Augen streiften nur flüchtig den Fahrgast, fanden irgendwo in der Ferne ihren Halt in Bereichen, wo Form und Förmlichkeit und Konvention alle Geltung eingebüßt und abgegeben haben an die vage Substanz des eigentlich Wesentlichen, und sagte: »Manche saren et. Und manche saren et nich.«

Solche Haltung, mag man schließen, ist angesiedelt weit jenseits der Antithese von Welt und Provinz, und sie hat auch zu tun mit Berlin.

In mîner âbentzît ich bin. So singt mit altersspröder Stimme der blinde Spruchdichter Reinmar von Zweter (um 1250). Und bestätigt diesen Selbstbefund mittels des klassischen Symptoms: Er klagt über die Jugend von heute … Mich angehend, so bin ich jetzt immerhin so alt, dass die ausgesprochene Feststellung nichts mehr an sich hat von Koketterie. Und da geschieht es gelegentlich, dass man genötigt wird, sich zu seiner Heimat zu bekennen. Da habe ich, wie schon gesagt, meine Schwierigkeiten, Heimat klingt für mich nach bachhellem Volkslied und Almauftrieb und deutschem Wald und Jugendzeit-Sehnen. Da gehe ich den einfacheren Weg und verberge nicht, dass ich es gut habe in und mit dieser Stadt. Dieses einzigartige Ereignis genießend des *Rus in urbe*, der Landschaft in der Stadt. Einer parkdurchgrünten, flussgezeichneten, seegesprenkelten und -umkränzten Menschenstadt, in der Nachtigallen singen im Mai und Freunde im ganzen Jahr. Es ist wahr, hierorts macht das Klima ein Wetter von spröder Härte, ähnlich die handfesten Manieren und die Küche, aber es gibt Kompensationen, – man muss sie nur zu finden und zu genießen wissen. (Nur mit den Exkrementen der Hunde, täglich tausendfach abgeladen auf Straßen und Rasenflächen, ist schwer Friede zu schließen. Es gab mal die Legende von der preußischen Disziplin, die aber findet man heute im dank rigider Strafen reinlichen New York, nicht aber in Berlin, dessen Bewohnern die Hunde herzlicher ans Herz gewachsen sind als die Menschen.)

Friedrich Dürrenmatt, einst von einem Journalisten misstrauisch nach seinem Verhältnis zur Heimat befragt, erwiderte: »Sie irren sich, Herr Doktor, die Schweiz ist mir kein Problem, halt ein angenehmer Ort zum Arbeiten!« Sehr vereinfacht, gilt das Nämliche wohl auch für mein Verhältnis zu Berlin. Das aber genügt nicht. Denn ich muss hinzufügen: Ein angenehmer Ort für mich, weil einer meiner Freunde.

Und wie immer man das Brandenburgische Preußentum definieren mag, es ist allemal auch eines der Landschaft, der Natur, des immer wieder erneuten Staunens darüber, dass inmitten von Sand und Seen und Kiefern diese Stadt entstehen konnte mit dem Glanz des Schönen inmitten spröder Kargheit. Stendhal 1808: »Wie konnte bloß jemand auf die Idee kommen, mitten in all dem Sand eine Stadt zu gründen?« ...

GALERIE DER FREUNDE

Älter werden, alt werden ist, wie oft gesagt, ein schwieriges und auch dunkles Kapitel in jedes Menschen Leben, die Zeugnisse der Literatur belehren uns, wie die Alten der alten Zeit, wie die Neueren der neuen mit diesem Prozess fertig werden – oder nicht fertig wurden. Das Thema »Alter« nötigt, jene Not zu bedenken, die Goethe mit so schlichten wie eindringlichen Worten immer wieder formuliert und variiert hat: »Lange leben heißt, Viele überleben«. Der Altgewordene wird nicht leicht daran tragen, dass der Kreis der Toten unter seinen Freunden immer weiter, der der Lebenden unter seinen Freunden immer enger wird. Da ist es ein kluges Verfahren, sich Trost und Hilfe suchend an die Weisheit der Weisen zu halten. So auch an die jüdische Bibel. Unter deren »Lehrbüchern« mir das des so genannten Predigers Salomon das liebste ist, der griechisch der *Ekklesiastes* heißt und hebräisch *Kohelet* (was »Versammler« bedeutet oder »Versammlungsmitglied«). In seiner säkularen skeptischen Philosophie ist der Autor dem Hiob-Autor nahe. Er weiß nebst vielen andern und schmerzschweren Traurigkeiten: »Denn wo viel Weisheit ist, da ist viel Grämens, und wer viel lernt, der muss viel leiden« (1,18). Schopenhauer-Vorklang. Weisheit indes ist auch nütze, die Wendung in die Helligkeit des Trostes wiederzufinden: »So sah ich denn, daß nichts Besseres ist, als daß ein Mensch fröhlich sei in seiner Arbeit; denn das ist sein Teil« (3,22). Dieses »Bessere« wagte Sigmund Freud – das mönchische Grundpostulat säkularisierend – »Glück« zu nennen: Lieben und arbeiten …

Das mag einen tröstlich anmuten wie Heimat – und also ist assoziiert, wie die Alten mit Cicero *patria* definierten: *Ubi bene, ibi patria.* Dem auf Innigkeit gestimmten Heimatsinn könnte diese Standortbehauptung frivol erscheinen. Wir nehmen sie ernst, wenn wir nicht an die landmessende Topografie denken, sondern an die ungemessenen Dimensionen des Humanen. Des Menschlichen also. Und das heißt: der Freundschaft. Von ihnen, den Freunden, die alle unmittelbar oder mittelbar zu Berlin gehören, dauerhaft oder gelegentlich, soll hier die Rede sein. Auf diese Weise das letzte Kapitel zu einem des Dankes machend, und des Dankens. Durch sie wird das *bene* (*vivere*) zum *bonum. Patria* zur Heimat. Wie häufig, gelegentlich ungeduldig mir abgefordert auch von wohlwollenden Lesern dieser Erinnerungen, rede ich hier ganz persönlich, rede ich von mir. Denn von mir rede ich, wenn ich von den Freunden rede. So war es ja schon, als ich erzählte von Joachim Bumke (S. 32–36), von Arthur Henkel (S. 29–32), von Eberhard Lämmert (S. 82–84), von Wolf Jobst Siedler (S. 205) und Fritz J. Raddatz (S. 123–125) und Wolf Lepenies

(S. 178–182) und Walter Jens (S. 189–191). Wortlos
seien dazu auf der Tafel der Erinnerung zwei Namen
eingegraben, die lebend zu meinem Leben gehörten
und gegenwärtig bleiben. Walter Boehlich; und Reinhart Koselleck. Gleich ihnen ist dahingegangen Hellmut Becker (1913–1993), aber seine Person ist kausal
allzu unmittelbar verbunden mit meinem letzten Lebensabschnitt, als dass ich nicht auf seinen Anteil an
meinem Teil eingehen müsste. Und ein Gleiches gilt
etwa auch für Peter Glotz, – in fernerer Nähe.

Hellmut Becker

München leuchtete? Also das nun doch nicht eigentlich. Aber es war ein heller Tag im Sommer 1979, dass
ein neuer Lebensabschnitt sich ankündigte. Der auf
seine Weise auch ein letztes Leben sein würde.

München also. Ich war für zwei Tage hingereist in
Sachen des Goethe-Instituts. Und rief routinemäßig
mein Karlsruher Institut an, – um zu erfahren, dass
der Direktor des Max-Planck-Instituts für Bildungs-
forschung in Berlin mich dringend zu sprechen wün-
sche. Hellmut Becker also, mit dem mich seit den
wirren Berliner Universitäts-Jahren 1966 bis 1970
mehr als eine sich nur kollegial verstehende Beziehung verband. So erfuhr ich denn, ihn anrufend, im
trivialen Geviert einer bayerischen Telefonzelle, dass
man in Berlin einiges vorhatte, das auch mich betreffen könne: Die Gründung eines »Institute for
Advanced Study«. Inmitten der vielen mit diesem
kühnen Plan des Wissenschaftssenators Peter Glotz

befassten Gremien und ihrer Beratungen war es die gewichtige Stimme Beckers, die meinen Namen vorbrachte, – und es mit Gewicht und Wirkung tat.

Hellmut Becker war das Produkt einer großbürgerlichen Lebensform, das Kind eines Hauswesens, in dem Gelehrsamkeit, Politik und Geselligkeit beheimatet waren. Er brauchte nicht im Widerstand zu seiner Herkunft aufzuwachsen, der mächtige Vater wurde nie zum Übervater, der Sohn konnte ihn bewundern, anerkennen, respektieren, ohne sich in seinem eigenen Wachstum behindert zu fühlen. Bildung nicht als Programm oder Proklamation, sondern als Lebensform, beglaubigt durch Selbstverständlichkeit. So hielt es auch der Sohn: Das Haus von Antoinette und Hellmut Becker in der Dahlemer Thielallee war die letzte Erinnerung, die letzte Stätte der Salonkultur, die dem 18. und 19. Jahrhundert die Anmut-Geist-Allianz schenkte.

Einheit von Bildung und Tun – ihr war zuträglich jene Mehrheit, die Hellmut Becker organisch in sich trug: Die von Berliner Preußentum; von süddeutschem Wesen der Mutter; vom franko-romanischen Temperament der Ehefrau. Berlin und Straßburg und Kreßbronn, gärtnerisch gepflegt im Haus zu Dahlem.

Einheit von Bildung und Tun: Er war ein Herr, und er konnte durchaus herrisch sein, wo das Widrige menschlicher Unzulänglichkeit allzu sperrig sich äußerte. Aber der Herr hatte jenes Moment des *Seigneuralen*, das ihn mit den Einfachsten unter den

ihm Anvertrauten leichthin jene Vertrautheit her-
stellen ließ, die sich der Gleichgestellte erst verdienen
musste.

Aufklärung als pädagogisches Postulat. Mehrung
von Menschlichkeit durch erfahrenes Wissen, durch
bewusst gemachte Erfahrung. Und da wir dank
Albert Camus wissen, dass wir uns Sisyphus als einen
glücklichen Menschen vorstellen dürfen, erweist sich
in solchem Sinne auch das steinwälzende pädagogische Mühen als ein glückbringendes. Insofern, als
es sich ja bei allem pädagogischen Tun und Forschen
um den Versuch handelt, das krumme Holz, aus dem
der Mensch gemacht ist, gegen alle Regeln der Bota-
nik und Mechanik um einiges gerader zu biegen …

Man hat Hellmut Becker mehr als einmal die
Chance geboten, in den Fußstapfen seines Vaters
politische Verantwortung zu übernehmen. Er hat dieser Versuchung nie nachgegeben. Er wusste, dass er
Macht nicht ausüben wollte, weil er deren Grenzen,
ja die Macht als Ohn-Macht im System der verwalte-
ten Welt erkannte. Und weil er wusste, dass er mit
dem Verzicht auf Machtausübung sich für seine Person die Chance der Wirkung bewahrte. Die er allenthalben wahrnahm: nicht nur über die ihm anvertrauten Positionen in den Systemen der Erziehung, der
Fort- und Weiterbildung, der Forschung, sondern
auch auf dem Weg über die persönliche Beziehung zu
den Exponenten der Regierung, zu den Trägern der
politischen Verantwortung. Er hatte früh gelernt, dass
Politik nicht alles ist – aber dass sie in allem ist.

Hellmut Becker wusste, dass widerstandsloses Konsumieren von Kunst nichts anderes ist als dilettantischer Snobismus, Missbrauch von Kultur zufolge vorgespiegelter Teilhabe, mittels eines beflissenen gesellschaftlichen Aktionismus. Das Elternhaus lehrte ihn früh schon, die Musik zu lieben, vor allem deren dramatische Ausdrucksform als Oper. Um diese extreme Kunstform angemessen zu erfahren, bedurfte es mit Selbstverständlichkeit der Vorbereitung. »Wenn man in die Oper ging« (so führt er es aus im Gespräch mit Frithjof Hager), »war es üblich, dass man mehrere Stunden lang diese Oper am Klavier kennen lernte, wo meine Mutter sie uns vorführte.« Mit der Folge, »dass ich eine wirklich recht gute Opernbildung habe, die man vom reinen Anhören so nicht bekommen würde«. Es ist diese Affinität zur Oper, wenn überhaupt, so nur auf den ersten Blick hin verwunderlich. Da sie doch »das unmögliche Kunstwerk« (Oskar Bie), das kunstgewordene Konzentrat schlechthin alles dessen ist, was der Philosoph, der Anthropologe, der Erforscher der menschlichen Sinne und Leidenschaften und Gedanken auf seine Weise zu erfahren und zu deuten unternimmt. Das Konzentrat der archetypischen Affekte und fundamentalen existenziellen Positionen. Oper, das ist in sinnlicher Abbreviatur Liebe und Eifersucht, Treue und Verrat, Trieb und Leidenschaft, Versagen und Bewährung, Leben und Tod – und Über-Leben. »Oper kann nie schaden«, so sagt es der Pädagoge.

Operngeschehen, als bewegte und bewegende Szene

grenzenaufhebend verstärkt durch die individuellste *und* allgemeinste der Künste; durch die mathematisch am höchsten rationalisierte und emotional am tiefsten aufwühlende der Künste: die *Musik*. Die durch die Mutter wie die Ehefrau ein Teil von Hellmut Beckers Eigenleben war. Er kannte die Bestimmung der *ars musica* durch Hrabanus Maurus (der 847 zum Erzbischof von Mainz eingesetzt wurde – dort, wo heute das ZDF die Musik macht): *Sine musica nulla disciplina potest esse perfecta.*

»Partir c'est mourir un peu« – das sagt sich so. Ich lasse mich ein auf die Umkehrung: »Mourir c'est partir un peu«. *Un peu* – das klingt an an das fromme hymnische *Non omnis moriar*, »Ich sterbe nicht ganz«. Die Alten glaubten, dass »nicht ganz« gestorben sei, wessen Name noch genannt und bewahrt werde.

Und immer wieder ist da die schmerzhafte Erfahrung, die jeden von uns bewegt, wenn ein Nächster uns verlassen hat, für immer. Dann nämlich peinigt uns das Bewusstsein, was alles wir noch hätten mit ihm tun, was alles noch mit ihm besprechen wollen, was alles wir ihn hätten fragen und wofür ihm noch Achtung und Dank bezeugen müssen. Es mag wohl sein, dass wir gelegentlich den Lebenden gerecht werden. Immer aber bleiben wir den Toten etwas schuldig.

In meinem Falle gesellt sich diesem beschwerenden Gefühl übrigens noch das Bewusstsein einer freilich lässlichen Schuld hinzu. Ich stelle fest, dass ich

Hellmut Becker gegenüber in seinem Bereich des Didaktisch-Pädagogischen peinlich versagt habe. Wie hervorgeht aus einer Gesprächs-Bemerkung: Da heißt es beim Blick zurück auf die eigene Schulzeit (nicht im Zorn, sondern in distanziertem Wohlwollen): »Wirklich verdorben wurde mir nur die gesamte Welt des Mittelhochdeutschen; den Lehrern ist es nie gelungen, mir Walther von der Vogelweide nahe zu bringen.« Hier hätte ich etwas nachzuholen gehabt.

Das Mittelalter kannte eine Literaturgattung, die als Anleitung zum Sterben verfasst und benutzt wurde: Die *ars moriendi* (oder *de bono ordine moriendi; à bien mourir.*) Ihr Komplement war die Haltung des *contemptus mundi*. Ihre Begründung die unverrückbare Glaubensgewissheit. Der *contemptus mundi* war Hellmut Beckers Sache nicht – denn: Er lebte gern. Und allemal sah er es im Rahmen dessen, was einem Menschen, einem Lehrer möglich ist, als seine Aufgabe an, die *ars bene vivendi*, die Kunst des richtigen Lebens zu lehren.

Aber in einer letzten Andeutung will ich die Vermutung wagen, dass man auch das andere von ihm hat lernen können: die *ars bene moriendi*. So mag es denn erlaubt sein, sich eines Augenblicks zu vergegenwärtigen aus Hellmut Beckers letzten Lebenstagen. Es verlangte ihn nach Musik. Nicht nach irgendeiner, sondern er forderte den *Tristan*. Jene Musik also, die mit der Definition Beckers von »Welt« mit ihr gemein hat, dass die sinnenhafte Materie, dass die Liebe verlangt nach Transzendenz. Denn alle

Lust will Ewigkeit ... Er wollte die Musik einer »ungeheuren Lösung und Erfüllung« (Thomas Mann).
Klänge, noch von dieser Welt, die schon Verheißung
der anderen sind. Sich in Höhen verlierend, die höher
sind denn alle Vernunft.

N O R B E R T   M I L L E R
Würde und Dignität des Wissenschaftskollegs ist
Reflex der Würde und Ausstrahlung seiner Mitglieder, das heißt der (in der Regel) für ein Jahr berufenen
Gäste. Die wir, nach anderer Benennung vergeblich
fahndend, gemäß angelsächsischem Vorbild »Fellows« nennen. Damit ist die wichtigste Aufgabe der
Leitung gefordert: die Auswahl der »Richtigen«. Ihr
wird ein hohes Maß von Sorgfalt und Genauigkeit
abverlangt, denn eine einzige Fehlentscheidung kann
drei gute Entscheidungen überschatten. Unentbehrlich als Berater, Helfer und Ermutiger sind mithin
die Gutachter, die ihr akademisches Wissen und ihr
moralisches Gewissen in den Dienst der Berufungen
stellen. Es trifft sich gut, dass der nächste hier zu grü-
ßende Freund zugleich einer der wirksamsten Berater
des Auswahlgremiums ist. Und dies aus dem in der
Tat verwunderlichen Grunde, dass ihm die Kompetenz auf nahezu der ganzen Skala der Geisteswissenschaften zugehört: Norbert Miller. Sein Lehrstuhl an
der TU nennt sich »Vergleichende Literaturwissenschaft«, – aber seine Fähigkeit des wissenden Verglei-
chens und des gelehrten Urteils macht ihn zu einer
nicht etwa von ihm behaupteten, aber von seinen

Kollegen erlebten Allkompetenz. Die er nie belehrend ausspielt, aber lehrend in sich trägt. Wann immer es um einen Rat auf dem Felde der Germanistik, der Anglistik, der Romanistik, der Kunstwissenschaft und Archäologie wie der Musikwissenschaft geht: Miller ist zuständig auf eine geradezu entmutigende Weise. Dem unsicher Fragenden damit den Mut zur Entscheidung schärfend. Er hat uns die Traumwelt Piranesis und ihre Dunkelheiten erhellt und ist den Wanderwegen Goethes nachgegangen, hat Noten hörbar gemacht und Worte singbar. Und alles fügt sich zu dem System, darin er uns zeigt, was es auf sich hat mit dem Verfertigen von Literatur, von Kunst als eigentlicher Wirklichkeit. Man sagt, er sei nicht *an* einer Universität, sondern er sei eine, sei *die* Universität. Man nennt ihn einen Universalisten, also das Gegenteil eines Generalisten, und scheut die Banalität einer solchen Charakterisierung nicht, – denn es ist ja das Vertrackte an der Banalität, dass sie allemal einen Kern Wahrheit – oder auch mehr – enthält. Und so schießen sie denn alle zusammen, die Fäden der Namen und Begriffe, die Zitate und Titel zu dem großen Bilde, nicht die Bruchstücke einer großen Konfession, sondern ihre Partikel. »O *splendor, it all coheres!*« (so der sterbende Herakles in Ezra Pounds Nachdichtung der *Trachinierinnen*). Das meint hier, alles hänge mit allem zusammen im Sinne der pädagogischen Provinz-Maxime Hartmuts von Hentig: A-H-M-A-Z. Das meint auch das leidenschaftliche Gespräch über das Spiel Fußball. Dabei geht es nicht um die kokette Scheinkompetenz, kraft derer manche Intellektuelle sich in fadem Blendwerk brüsten; auch nicht um etwa mein bestrebtes Laienwissen, das gerade noch tauglich ist, das fatale Wembley-Tor in mythische Höhen zu steigern; sondern es geht um Zuständigkeiten bis hinab zur zweiten Liga und tiefer, und um subtile Positionen und ihre Besetzung innerhalb eines Zwei-zu-Vier-Systems ... Da tut es ihm allenfalls noch sein Freund Wolf Lepenies gleich. Was Wunder, dass Miller und seine verehrungswürdige Frau Gabi die beliebtesten Gäste landaus, landein sind, – aber auch auf diesem Felde überglänzen sie jeglichen Glanz: Ihr Haus vibriert von der Lebenslust der milden und wilden Gesellen, angelockt von den Töchtern und Enkeln und ihren Sippen, und es kann geschehen, dass der heimkehrende Hausherr zu später Stunde keinen Platz mehr findet in der Herberge und seinerseits die Gastfreundschaft von Freunden erproben muss, hoffend an ihre Tür klopfend.

Wollte also einer bei Nennung des Namens »Miller« allererst an *Kabale und Liebe* denken oder an den *Wendekreis des Krebses*, der hätte nur das kleinste Teil aus dieses Namens Weltfülle und Menschenmöglichkeit herausgelöst. Denn er hängt mit (fast) allem zusammen ...

Peter Raue

»Ich hab hier bloß ein Amt und keine Meinung«, – so redet er sich heraus, der »Herr Wrangel«. Was aber eine Meinung jenseits allen Amtes vermag, das lehrt uns Peter Raue. Ohne je ein öffentliches Amt ausgeübt zu haben (so oft auch und immer wieder man ihm eines anbieten, ja andrängen wollte), hat er mit seiner »Meinung« das Geschehen bewegt. Will sagen, mit der Kraft seines Willens, der Fantasie seiner Einbildung, der Geschicklichkeit seines Handelns und dem Charme seines Verhandelns hat er in den letzten zwanzig Jahren die kulturelle Szene der Hauptstadt bewegt, sie belebt, geformt und umgestaltet. Intensiver, nachhaltiger als jeder Amtsträger, dem professionell auferlegt war, auf diesem von den Rissen und Klüften der Geschichte bewegten Boden »Kultur zu machen«, und den sein Glück doch im Wandel und Wechsel der politischen Gezeiten kaum je hinausgetragen hat über den Vollzug von Verwaltungsakten. Wo die öffentliche Hand weder offen noch wirksam war, da trat das Ereignis Peter Raue ein. Wo andere verzagten, ermutigte er. Wo andere versagten, gründete er. Man weiß, was die Sprache meint, wenn sie eine Sache oder einen Gedanken als »museal« bezeichnet. Raue hat die Bildende Kunst, die der alten Zeit wie die der Gegenwart, im Geviert der Museumsmauern aus dem Musealen erlöst. Hat Mäzenatengeist geweckt und Sponsorenwilligkeit stimuliert. Hat auf diese Weise den Thesaurus der Berliner Museumsschätze auf unschätzbare Weise bereichert und erweitert und hat blinde Augen sehend gemacht. Hat, wo immer sich keimhaft »Kultur« bewegte, das Seine hinzugetan, – und dieses »das Seine« war das Gelingen. So nicht nur inmitten prangender Dokumente der Bildwelt, sondern auch auf den die Halbwelt bedeutenden Brettern der Bühne, der singenden wie der sprechenden. Und der kammermusikalischen wie orchestralen Musik. Wo andere räsonieren, da resoniert er, will sagen, er fängt die Klänge der Welt auf und gibt sie mannigfaltig moduliert zurück.

Ein Münchner in Berlin, er repräsentiert das Alpine wie das Transalpine, ein mediterranes Oktoberfest im Spiel der Formwelt – und er vereint all dies mit dem nüchternen Preußenklang der flotten Sachlichkeit, pflanzt seine Palmen auf den sandigen Boden der Mark und macht, dass der preußische Schritt, der einst so wacker marschierende, nunmehr das leichte Tanzmaß schreitend annimmt. Was aber vor allem andern das Mirakel Raue macht, ist: Er hat im Alleingang, als wär's die leise Bewegung seiner Hand nur gewesen, die Museumswelt New Yorks nach Berlin gebracht, die des Museum of Modern Art und die des Metropolitan Museum. Und machte so über Nacht aus unserer Halbweltstadt eine Weltstadt. Das aber heißt, die Menschen sind gekommen in hellen Scharen, sie haben halbe Nächte und ganze Tage geduldig wartend verbracht und betroffen staunend, und solche unvermutet in unserem nüchternen Gemeinwesen erweckte Passion galt auch den Ausstellungen so dunkler Seelentiefen auf weiter Leinwand wie der schlafenden Nächte Goyas oder der abgründigen Cellotöne der Melancholie.

Bei alledem möchte es scheinen, als habe dieser

Mann der bewegenden Meinung in der Tat kein Amt. Er hat indes einen Beruf, und der bringt ihm im Jargon des Boulevards den Titel des »Staranwalts« ein. Den er redlich verachtet, – auch wenn sein Erfolg eine solche Bestimmung zu rechtfertigen scheint. Seine Kanzlei präsentiert sich, wie denn anders, am »Potsdamer Platz 1«. Und nur à part sei gesagt, weil er es nicht hören mag: dass dieses prominente Vorzugskind der Gazetten (ich weiß, was ich sage) sehr leise und unvermerkt und jenseits aller Erwägungen eigenen Profits, seine professionellen Starqualitäten oft und oft Menschen zugute kommen lässt, die verraten wären ohne seinen Rat: da hilflos den Verwerfungen der eigenen Unzulänglichkeit oder dem Übermut der Ämter ausgeliefert.

Der Mensch: das Wesen, das Vernunft hat? Das genügt nicht. Der Mensch: das Wesen, das Kunst macht? Wieder nicht genug. Richtiger die Kombination von beidem: der Mensch, das Wesen, das aus der Vernunft Kunst macht. Genauer noch ohne den Artikel: das aus Vernunft Kunst macht. (Und wehe uns, wenn sie, die Vernunft, schläft, wir wissen, was sie dann gebiert.)

»Der Name sagt mir was.« So vor einigen Jahren das spielerische Motto einer seiner Festveranstaltungen, zu denen Tout Berlin hofft eingeladen zu sein. Und beinahe Tout Berlin ist dann auch da. Im eigenen Namen, hundertfach. Aber der sagt allemal weniger als der eine Peter Raues.

LORIOT

Umfragen aus jüngerer Zeit, die, wie man weiß, den Anspruch auf Wahrheitsfindung repräsentieren, fördern zu Tage, dass er mit Richard von Weizsäcker und einem Herrn Jauch und einem Herrn Gottschalk »zu den bekanntesten Deutschen zähle«. Ihm dies in Erinnerung rufend (denn natürlich kannte er diese Botschaft längst), winkte er so lebhaft wie entschieden ab, mich sanft verbessernd: »Nicht ich mit denen. Sie mit mir ...«

Darin also ist er uns allen voraus. Auch mir, obschon ich ein Jahr vor ihm geboren bin. Aber er ist mir auch auf andern Feldern überlegen. So sind wir uns zwar nicht ganz darüber im Klaren, wer von uns beiden der Erste war, Richard Wagner zu entdecken. Aber etwa die bezaubernden »Nuits d'été« von Berlioz, sie verdanke ich seiner Kennerschaft; wie auch probate Ratschläge, des Alters in den Rückenwirbeln bohrende Molesten zu bekämpfen.

Vicco von Bülow: als »Loriot« ist er nicht ein geflügelter Name, nicht eine Person, nicht ein Pseudonym. Sondern er ist ein Begriff. Will sagen, es gibt im Geschehen des gelebten Alltags Situationen, die, obwohl unter dem Schein des Normalen, von derart aberwitziger Exzentrizität sind, von derart skurriler Abnormität, von derart aparter Entlegenheit, dass man ihrer Begreiflichkeit schlagartig inne wird, wenn man feststellt: »Typisch Loriot!« Denn das ist sein großes, sein einzigartiges Verdienst: Er hat den Loriot in uns entdeckt. Das will sagen, er hat spezifische

Eigentümlichkeiten der menschlichen Natur und ihrer Art, sich zu äußern, bildhaft bewusst gemacht. Deren wir ahnend schon inne waren, deren in uns mächtige Natur wir aber noch nicht fassten. Tiefenschichten, die auch Freud aufzublättern nicht gelang (denn sie haben wenig oder gar nichts im Sinne mit den Dämonen oder Grazien der Sexualität); und die sich, ans Tageslicht des skizzierenden Strichs gebracht oder des dialogisierenden Sketches, als Archetypen unseres Selbst preisgeben. Angesichts der absurdesten Situationen, der exzessiven Ab-Seitigkeiten, erfahren wir urplötzlich: *das bist du*. Die Grunderkenntnis des Selbst. Die philosophische Urfrage.

Vicco und Romi, Monica und ich: Zu viert haben wir, von Wagner ausgehend und meist auch zu ihm zurückkehrend, des Lebens widerspruchsvolle Fülle beredet, zerredet, verlacht und beweint. Und nie setzt Loriot sich selbst in Szene. Er bestimmt sie, ohne bestimmend zu sein. Sie ist mit ihm – und hebt ihn in ihrer Regie auf. Er ist immer hörbar, nie aber ist er laut. Und immer wieder gibt er uns die Chance und die Not, jenes anthropologische Urelement fragend zu erkennen, das sein Wesen auszeichnet vor uns allen, und das mit gängigen Begriffen nicht zu fassen ist: Was es auf sich hat mit der ihm eigenen Haltung des zugespitzten Humors, des gewitzten Witzes, der hier vorder- und dort hintergründigen Ironie, des wechselbalgigen Maskenspiels, der gaukelnden Lust am Rollentausch, der ingeniösen Lust an der Imitation … Imitation, die wirklicher ist als das nachgeahmte Original, weil sie dessen Substanz in der Abstraktion bloßlegt. Wie definieren wir ihn und sein sehr ernstes Possenspiel? Killys Literaturlexikon – um eines der zuständigen Nachschlagewerke zu Rate zu ziehen – sagt zu ihm: »Humorist, Cartoonist, Satiriker«. Nichts davon! All dies zielt und trifft vorbei. Sein Welttheater, seine Theaterwelt, die Träume handfest macht und dem Handfesten Traumgestalt gibt: All diesem wird man wohl nur gerecht, wenn man solche zentrifugale Vielfalt versammelt unter dem Begriff, dem viel missbrauchten, des »Humors«. Der ja nichts zu tun hat mit Spaßmacherei, – vielmehr hört bei ihm der Spaß recht eigentlich auf.

Der wahre Spaßmacher, der Komiker im Humor ist ein Mensch, der das Leben ernst nimmt. Wir steigen tiefer hinab, zu des Begriffs Ursprüngen: Das lateinische Wort *humor* meint »Feuchtigkeit«. Die Bestimmung eignet sich eine zeichenhafte Bedeutung an über die antik-mittelalterliche Säftelehre, die so genannte Humoral-Pathologie. Die sich versteht als die Vorstellung, es sei die menschliche Natur zusammengesetzt aus (vier) Säften. Deren Eigentümlichkeit die Eigentümlichkeiten des menschlichen Charakters und Temperamentes ausmacht. So etwa den Melancholiker (dessen Traurigkeit sich nicht hemmend, sondern nährend auswirkt auf seine kreativen Stimmungen); den Phlegmatiker, den Sanguiniker; den Choleriker. Aus diesen Wurzeln entwickelt sich im Laufe der Jahrhunderte eine all dies umfassende, in sich aufnehmende und angemessen verwandelnde

Humoralpsychologie. Und von ihr aus ein gewisser Modus, Welt und Leben zu betrachten. Und es tragend zu ertragen. Eine recht moderne Form menschlicher Verhaltensweisen, einsetzend eigentlich erst mit dem 18. Jahrhundert, dem alles aufklärenden. Etwa von Cervantes und Laurence Sterne über Jean Paul und Goethe bis zu Fontane, zu Thomas Mann, zum Schelmenroman, zu Grass und Thomas Bernhard.

Wenn man dann fragt – und ich bin immer noch und immer näher bei Loriot –, welcher Art die Gegenstände sind und die Vorgänge, die solche Geisteshaltung beglaubigen: als da sind lächelnde Heiterkeit, versöhnliche Gelassenheit, tolerierendes Hinnehmen und verstehende Nachsicht angesichts der aus krummem Holze gemachten Menschennatur, dann begreift man schließlich: Das Wesen des Humors bestimmt sich aus der Fähigkeit, inmitten des fehlbaren Zustands der Dinge die Unzulänglichkeit des eigenen Ich, seine Schwäche und Bresthaftigkeit zu erkennen – und zu ertragen. Das Komische nicht als des Schrecklichen Anfang – sondern als sein Ende. Das scheinhaft Wesentliche wird unwesentlich: Dialektik als humorige Denkfigur.

Dies alles bedacht, und des Weiteren das sich unzähligen Begegnungen in Bayreuth und Berlin und am Starnberger See und anderwärts zu Verdankende und dem persönlichen Bericht sich Entziehende, wird man resümierend statuieren: Dieser Vicco von Bülow ist die Inkarnation der allem Lernen und Erfahren vorausgehenden, sie treulich begleitenden Maxime,

ridens dicere verum; im Lachen die Wahrheit zu sagen. Sie in ihm zu entdecken. Sie dem Lachen preiszugeben. Im Lachen auch den Schmerz zu (ver)ber-
gen.

Und das ist viel. Um nicht zu sagen, es ist alles,
was die Kunst vermag, was ein Künstler, ein Lehrer,
ein Aufklärer vermag. Solche Kunst und die Fertig-
keit, sie auszuüben, verdankt sich dem leisen Pathos
der Überzeugung. Vicco von Bülow ist ein Überzeu-
gungstäter. Und mehr noch: Er ist ein Wohltäter.

So wird es nicht verwundern, dass ihm als Dank
der Welt die Ehrendoktorwürde verliehen wurde.
Und die des honorigen Professors. Sie ist ihm ganz
und gar gemäß, denn als Professor lehrt er. Und ist
glücklich in solchem Tun, denn schon früh hat er,
meine Art der Berufsausübung skeptisch abwägend,
mir gestanden, dass es ihm immer noch leichter falle,
selber zu reden, als den Reden anderer zuzuhören …

»Ainsi nous ne vivons jamais, mais nous espérons de vivre.«
(Blaise Pascal)

»Die Frage nach dem Zweck des menschlichen Lebens ist ungezählte Male gestellt worden; sie hat noch nie eine befriedigende Antwort gefunden, läßt eine solche vielleicht überhaupt nicht zu.«
»Man möchte sagen, die Absicht, daß der Mensch ›glücklich‹ sei, ist im Plan der Schöpfung nicht enthalten.«
(Sigmund Freud, Das Unbehagen in der Kultur)

»Disce, puer, virtutem ex me, verumque laborem,
Fortunam ex aliis …«
(Aeneis, 12. Gesang)

»Darum sollten die Menschen nie leichten Abschied von einander nehmen, damit sie unter Umständen doch sagen können: Wenigstens habe ich ihn noch recht an mein Herz gedrückt.«
(Thomas Mann, Der junge Joseph)

»Victrix causa Diis placuit,
sed victa Catoni.«
(aus den Pharsalia des Lucanus)

»Der Mensch soll um der Güte und Liebe willen dem Tode keine Herrschaft einräumen über seine Gedanken.«
(aus dem Schneekapitel des Zauberbergs)

Vorlesung in der Alten Aula der Universität Heidelberg (1961).

Fackelzug anläßlich eines auswärtigen Rufes, Heidelberg 1962.

Im Gespräch mit Reinhard Lettau in Kalifornien (1972).

Während einer Lesung der Gruppe 47 in Saulgau, zwischen Jürgen Becker und Reinhard Baumgart.

Mit dem Wissenschaftssenator Professor Stein und Günter Grass, Berlin 1967.

Gespräch mit Alexander Mitscherlich in Frankfurt (1971).

Zu dritt lernend in den USA: Jochen Stoehr, Christoph Schneider, P. W. (1980).

Der erste Fellow:
Gershom Scholem.

Bei der Eröffnung
des Wissenschaftskol-
legs mit Marianne von
Weizsäcker.

Runde im Wissenschaftskolleg mit Wilhelm Kewenig, Jean Bollack, Stanislaw Lem, Karl Carstens, Christian Graf von Krockow, Nicolaus Sombart.

Pausengespräch im Wissenschaftskolleg mit Wolf Jobst Siedler und Jochen Stoehr.

Zwei Rektoren mit Vor- und Rückhand: Wolf Lepenies und P. W.

Karl Popper erhält die Goethe-Medaille, Weimar 1992.

Anwalt der Künste und des Rechts: Peter Raue.

Rundfunkaufnahmen im SFB.

Claudia Baumhöver und Fritz J. Raddatz (7. September 2002).

Mit Monica und dem
Bundespräsidenten
Johannes Rau
in der Paris Bar am
7. September 2002.

Mit Romy und Vicco
von Bülow anlässlich
Loriots Berufung zum
Professor an der UdK
(1. Juni 2003).

Tagung der Deutschen Akademie für Sprache und Dichtung in Turin 2002, mit Norbert Miller, Harald Hartung, Reinhart Koselleck, Uwe Timm.

Norbert Miller (Turin).

Vor dem Haus von Inge Feltrinelli mit der Gastgeberin, Reinhard Baumgart und Hartmut von Hentig.

Mit Monica und mit
Nike Wagner im Lichthof,
anlässlich der Ehrensenator-
würde der TU (Herbst 2002).

NAMENVERZEICHNIS